HISTOIRE

DE

L'UNIVERSITÉ.

HISTOIRE

DE

L'UNIVERSITÉ

DE PARIS,

PAR M. E. DUBARLE,

JUGE D'INSTRUCTION AU TRIBUNAL DE LA SEINE,
MEMBRE DU CONSEIL GÉNÉRAL DE SEINE-ET-MARNE.

NOUVELLE ÉDITION REVUE ET AUGMENTÉE.

..... Mihi pulchrum imprimis videtur,
non pati occidere, quibus æternitas debeatur.
C. PLINII *Epist.*, lib. v, cap. vIII.

Tome Second.

PARIS,

TYPOGRAPHIE DE FIRMIN DIDOT FRÈRES,
IMPRIMEURS DU ROI ET DE L'INSTITUT,
RUE JACOB, 56.

1844

HISTOIRE
DE L'UNIVERSITÉ.

CHAPITRE PREMIER.

Avénement de François Ier. — Pouvoir du Parlement sur l'Université. — Abolition de la pragmatique sanction. — Luther. — Il prend l'Université pour arbitre. — Charles-Quint et François Ier. — Écoliers étrangers obligés de quitter Paris. — Avocats de l'Université. — Brigues pour les élections. — Création d'un tribunal civil affecté à l'Université. — Captivité du roi. — Arrêt contre les représentations dramatiques dans les colléges. — Institution des *professeurs royaux*. — Défense aux maîtres ès-arts de porter de la barbe. — Divorce de Henri VIII approuvé par la Sorbonne. — Recteur Luthérien. — Ouvrages d'Érasme proscrits. — Calvin élève de l'Université. — Profession de foi rédigée par la faculté de théologie. — Tentative des professeurs en droit pour se marier. — Ordonnance contre l'imprimerie. — Foire du Lendit interdite aux écoliers. — Aliénation du Petit-Pré-aux-Clercs. — Ramus. — Ses disputes au sujet d'Aristote. — Concile de Trente. — L'Université n'y envoie pas de députés. — Henri II. — Priviléges confirmés. — Querelle entre Ramus et l'Université au sujet de la lettre K. — Édit de Châteaubriant. — Arrêt concernant les petites écoles.

LE tombeau de Louis XII avait été arrosé des larmes de ses sujets : ce prince avait emporté avec lui les regrets d'une nation tout entière, et les senti-

II.

I

ments de douleur qui survivaient au monarque que
l'on venait de perdre, auraient dû faire accueillir
avec moins d'allégresse l'avènement au trône de son
successeur. Mais, heureusement pour lui, François Ier
se présentait avec toutes les qualités propres à éblouir
la multitude [1] ; il portait le nom du peuple qu'il était
appelé à commander, et il arrivait au trône le 1er de
janvier 1515. Ces deux circonstances paraissaient au
plus grand nombre d'un favorable augure pour un
règne qui, de quelque éclat dont il brillât, devait
être pour la France le commencement d'un siècle
de calamités.

L'Université partageait la joie générale ; malgré la
considération dont elle jouissait sous Louis XII, la
compagnie n'avait pas oublié la rigueur dont ce
prince avait usé envers ses priviléges [2]. Elle regret-
tait les temps encore voisins de sa puissance, et elle
espérait de la générosité du nouveau roi le rétablissement de ses anciennes immunités. Son espoir
ne fut pas déçu ; François confirma tous ses priviléges [3], il lui rendit même ceux qui lui avaient été enlevés par son prédécesseur, et elle en aurait joui de
nouveau si le parlement, attentif à s'opposer à tout
ce qui tendait à rompre l'égalité entre les citoyens,
n'avait refusé d'enregistrer cette partie de l'édit.

Depuis long-temps, comme on a pu s'apercevoir, la magistrature acquérait sur l'Université un

[1] VELLY, *Histoire de France*, XII, 2.
[2] *Voyez* I, page 345.
[3] *Priviléges de l'Université de Paris*, pag. 36.

pouvoir que celle-ci, après l'avoir en vain contesté, finissait par reconnaître. Tout ce qui tenait à la police était alors du ressort du Parlement, sa jurisdiction s'étendait sur les écoliers, et les maîtres n'étaient plus tentés de décliner un tribunal qu'ils s'étaient habitués à considérer comme leur protecteur. Cette union entre l'Université et les corps judiciaires, qui avait pris naissance sous le règne de Louis XI, devait se resserrer encore sous celui de François Ier. A mesure que l'Université perdait de sa puissance, elle s'appuyait davantage sur le Parlement, et si elle avait quelque chose à craindre, c'était à lui qu'elle recourait aussitôt. Il venait de condamner les administrateurs de l'Hôtel-Dieu à renoncer au projet qu'ils avaient conçu de faire un pont sur la Seine, parce qu'il devait nuire à la rue du Fouare, qui était comme le chef-lieu des écoles, lorsque l'alliance de François avec la cour de Rome, et sa condescendance pour ses volontés, vinrent jeter l'alarme au milieu de la France religieuse.

Jaloux de réparer en Italie l'échec qu'avaient reçu les armes de Louis XII, et de faire valoir sur le Milanais les droits de sa maison, François avait voulu signaler le commencement de son règne par des conquêtes; et la bataille de Marignan, gagnée en 1515 sur les Suisses jusqu'alors invincibles, lui avait ouvert le chemin de l'Italie. Mais, pour conserver ses nouvelles possessions, pour les étendre même, il devenait nécessaire de ne pas avoir le pape pour ennemi. Des négociations furent entamées à Bologne

avec Léon X, et le cardinal de Luxembourg fut
nommé légat en France. Lorsqu'il présenta ses bulles
au Parlement pour y être enregistrées, l'Université
l'arrêta par une opposition, sous le prétexte qu'elles
blessaient les décrets du concile de Bâle, et qu'elles
portaient atteinte à la pragmatique sanction [1]. La bulle
effectivement ne fut enregistrée qu'avec la clause que:
« le légat ne ferait rien de contraire aux droits et pré-
« rogatives du roi et du royaume, ni aux saints dé-
« crets des conciles, pragmatique sanction et libertés
« de l'église gallicane [2]. »

Ces précautions attestaient l'attachement que tous
les corps de l'État portaient au maintien de nos libertés religieuses, et surtout à la conservation de la
pragmatique sanction contre laquelle les papes avaient
constamment réuni leurs efforts. On a vu que sous
Louis XI peu s'en était fallu qu'elle ne fût sacrifiée
à sa politique; mais Charles VIII et Louis XII l'a-
vaient respectée, et il était réservé à François Ier de
la détruire.

Sous le précédent monarque, lorsque le concile
de Pise fut convoqué, Jules II, qui le redoutait, indiqua, pour en atténuer l'effet, un autre concile à
Rome dans Saint-Jean-de-Latran. Tous les soins du
pontife dans cette nouvelle assemblée se tournèrent
contre la pragmatique; et lorsque la mort fut venue
le surprendre, Léon X, son successeur, marcha

[1] BULLEUS, *Historia Universitalis*, VI, 77.
[2] *Arrêt du Parlement du 17 février* 1517.

dans les mêmes voies. Un décret fut lancé, qui
sommait tous les fauteurs de la pragmatique sanction, fussent-ils rois ou princes, à venir se présenter
à Rome pour y déduire les raisons qu'ils alléguaient
en sa faveur. Cette injonction s'adressait évidemment
au roi de France ; et dans ces circonstances, la raison
et la politique conseillaient peut-être de mépriser
ces ordres d'un prince étranger, et de conserver une
institution chère à la nation. Mais François avait
besoin de ménager le Saint - Père pour avoir en
Italie la supériorité qu'il ambitionnait, il préféra
transiger avec la cour de Rome, et le concordat fut
décidé. Le chancelier Duprat et deux cardinaux le
rédigèrent. La victoire resta ainsi aux partisans de
l'ultramontanisme, la pragmatique sanction fut abolie
par le concile de Latran dans sa onzième session ; et,
par suite de ce changement, les élections aux dignités ecclésiastiques furent transférées à la couronne,
et les annates, autrefois supprimées, redevinrent exi-
gibles.

Le premier pas était fait, mais le plus difficile
restait à faire ; il fallait faire agréer à la France la
nouvelle constitution, et on redoutait surtout les
remontrances du Parlement qui déja avait manifesté
un esprit d'opposition au sujet de l'ordonnance sur
les chasses [1]. Le 15 février 1517, le roi vint en personne au Parlement où se trouvaient réunis des évêques, et les députés de l'Université et du chapitre

_____

[1] VELLY, *Histoire de France*, XII, 74.

de Paris [1] ; et le chancelier Duprat, après un long
discours dans lequel il faisait valoir les avantages de
la loi nouvelle, « également favorable, disait-il, aux
« droits de la couronne et des Universités, » demanda l'enregistrement du concordat. Il fut répondu
que la cour en délibérerait.

Quelques jours après, l'avocat général, Jean le
Lièvre, interjeta appel de la révocation et abolition
de la pragmatique sanction, et l'Université de Paris,
ainsi que les autres Universités du royaume, demandèrent à être entendues sur la question de l'enregistrement. Ces retards impatientèrent le roi, qui voulut
avoir un arrêt définitif. Il fut rendu le 24 juillet 1517,
et la complaisance ne le dicta pas. La cour déclarait
« qu'elle ne pouvait ni ne devait enregistrer le con-
« cordat, que la pragmatique sanction devait être
« maintenue, qu'il fallait assembler l'église gallicane,
« et qu'elle donnerait audience à l'Université de Pa-
« ris et aux autres compagnies opposantes [2]. » Cet
arrêt fut apporté, le 14 janvier 1518, au roi qui était
alors à Amboise, par les députés du Parlement : il
devint furieux, réitéra de nouveau le commandement
d'obéir à sa volonté, menaça de faire jeter dans les
fers tous les membres de la cour, et fit partir pour
Paris le duc de la Trémouille, avec ordre au Parlement d'enregistrer le concordat, « sans plus en opi-
« ner, sinon qu'il ferait chose dont la cour aurait à

[1] CRÉVIER, *Histoire de l'Université*, V, 103.
[2] BULLÆUS, *Historia Universitatis*, VI, 82.

« se repentir. » Dans cet instant critique, l'Université agit avec courage ; elle tint des assemblées générales, renouvela ses oppositions, ordonna des prières et des processions comme dans les calamités publiques, et déclara qu'elle n'épargnerait ni peine ni argent pour soutenir l'affaire avec fermeté [1]. Le roi cependant se roidissait contre les difficultés, voulait absolument être obéi ; et le Parlement, pour éviter les malheurs que pouvait causer une plus longue résistance, se décida enfin à enregistrer, mais en déclarant « que l'arrêt du « 24 juillet précédent sortirait son plein et entier ef- « fet; que la lecture et publication qui se feraient du « concordat, seraient par l'ordre et commandement « exprès du roi, et non de la cour, laquelle faisait « protestation qu'elle n'entend en aucune manière « autoriser ni approuver ladite publication, et que les « procès en matière bénéficiale seraient jugés par la- « dite cour selon la pragmatique sanction [2]. » Pour mettre leur conscience à l'abri, les conseillers firent en outre une protestation entre les mains de l'évêque de Langres, et déclarèrent à l'Université « que la pu- « blication du concordat ne lui porterait aucun pré- « judice, ni à ses suppôts, touchant leurs priviléges, « et que dans tous les procès la cour, nonobstant l'en- « registrement, jugerait selon la pragmatique sanction,

[1] CRÉVIER, *Histoire de l'Université*, V, 108.— VELLY, *His-toire de France*, XII, 97.

[2] DUPUY, *Histoire de la Pragmatique Sanction et du Con-cordat*, I, 50.

« ainsi qu'elle avait accoutumé : » ces promesses ne
furent pas vaines, le Parlement persévéra dans ses
principes, et le roi, voyant qu'il continuait de juger
les causes bénéficiales d'après les dispositions d'une
loi qu'il avait abolie, lui retira en 1530 la connaissance de ces sortes d'affaires pour l'attribuer au grand
conseil [1].

Si, dans cette circonstance, les magistrats avaient
jugé à propos de se soumettre, l'Université, indignée
qu'on eût passé outre malgré son opposition, ne crut
pas devoir suivre leur exemple. Elle convoqua aux
Bernardins une assemblée générale de ses membres,
où furent invités les avocats de la compagnie, et on
y convint (27 mars 1518) « d'appeler du concordat
« au futur concile, au pape futur et au Parlement;
« de notifier cet appel au Parlement; de défendre
« aux libraires (qui étaient, comme on sait, sous la
« dépendance de l'Université), d'imprimer et de ven-
« dre le concordat, sous peine de perdre leur état ;
« et enfin de prier l'archevêque de Lyon, primat du
« royaume, d'assembler l'église gallicane. » Le procès-verbal de ces délibérations fut affiché le même
jour dans toute la ville, et les prédicateurs firent
retentir les églises de leurs plaintes [2]. Une aussi vive
résistance irrita le monarque, il fit marcher des

[1] VELLY, *Histoire de France*, XII, 105. — CRÉVIER, *Histoire de l'Université*, V, 257.

[2] BULLEUS, *Historia Universitatis*, VI, 86. — VELLY, *Histoire de France*, XII, 104.

troupes sur Paris, on arrêta quelques-uns des plus exaltés, et l'Université, menacée de toute la colère du prince, fut obligée de fléchir, et finit par se conformer à la volonté royale.

La chaleur que l'Université avait mise dans la défense des libertés de l'Église Gallicane, depuis le moment où le roi avait paru vouloir y porter atteinte, avait dès le commencement indisposé le monarque: il n'avait plus pour elle les égards de ses prédécesseurs, et il n'attachait plus comme eux de l'importance à la splendeur d'un corps qui s'opposait si énergiquement à ses volontés : il ne craignit donc pas de lui donner des rivales, en créant des Universités nouvelles. C'était ce que l'Université redoutait le plus. Le roi venait (1516), à la prière de sa mère, d'en ériger une à Angoulême, et on la menaçait du crédit du chancelier Duprat, pour en établir une seconde à Billom en Auvergne [1]. Malgré l'opposition qu'elle avait formée auprès du Parlement, il était à craindre qu'elle n'échouât, lorsque des difficultés locales vinrent entraver l'établissement de ces deux écoles, que les jésuites un siècle plus tard s'efforcèrent inutilement de relever [2].

Les soins, les dépenses qu'avaient occasionnés toutes ces affaires avaient appauvri encore une compagnie qui n'avait jamais été riche ; elle sentit le besoin

---

[1] BULLEUS, *Historia Universitatis*, VI, 114.
[2] CRÉVIER, *Histoire de l'Université*, V, note de la page 131.

de l'économie, et la nécessité de restreindre ses dépenses. Un règlement de la nation de France, du 31 mars 1521, supprima les repas de corps qu'elle donnait à tous ses membres, et ordonna qu'à la place on ferait une distribution de quatre sols par tête, qui, l'année d'ensuite fut réduite à trois sous.

Après toutes ces tribulations, qui avaient agité l'Université pendant les premières années du règne de François Ier, il eût été à désirer qu'elle eût joui d'une tranquillité qui aurait tourné à l'avantage des études. Mais elle devait bientôt se ressentir des troubles, qui tourmentaient déja l'Église, et dans lesquels sa renommée théologique la forçait en quelque sorte de prendre un parti. La réputation de ses docteurs qui depuis des siècles ne s'était pas démentie, donnait toujours une grande puissance à leur opinion, et dans toutes les contrées de l'Europe on continuait d'invoquer leurs décisions. C'était sur leur avis qu'on avait condamné à Cologne, en 1516, un ouvrage du célèbre Reuchlin, intitulé le *Miroir oculaire* [1]; c'était encore sur des livres publiés en Allemagne qu'ils allaient être appelés à prononcer.

Depuis que le voluptueux Léon X avait ceint la tiare, ce pontife, dévoué plutôt à ses plaisirs qu'aux intérêts de l'Église, préparait par sa conduite une de ces révolutions étonnantes, qui devait ébranler le

---

[1] BAYLE, *Dictionnaire critique et philosophique*, article. HOGSTRATE. — CRÉVIER, *Histoire de l'Université*, V, 91.

trône pontifical jusque dans ses fondements, et renverser un jour, si l'on en croit Montesquieu [1], la communion catholique.

Une croisade était alors prêchée en Europe (1517), et des prédicateurs mercenaires, partisans des exactions de la cour de Rome, et qu'on appelait par dérision *porteurs de pardons*, *questeurs de rogatons*, annonçaient au peuple : « que quiconque met « au tronc de la croisade un teston ou sa valeur, « pour une ame étant en purgatoire, il délivre la- « dite ame incontinent et s'en va infailliblement la- « dite ame en paradis : *itaque*, en baillant dix tes- « tons pour dix ames, voire mille testons pour mille « ames, elles s'en vont incontinent et sans doute en « paradis [2].

La Faculté de théologie de Paris, le 15 mai 1518, avait condamné comme scandaleuses de semblables propositions : ces sentiments étaient partagés par toute l'Europe; mais ailleurs ils se manifestaient avec plus de violence. Un moine augustin dont le nom est devenu depuis si célèbre, Luther, s'éleva contre les indulgences, et, s'abandonnant peu à peu à toute la fougue de son indignation, il ébranla les points principaux de la doctrine catholique, attaquant surtout la suprématie et l'infaillibilité du Pape.

Des sentiments si hardis avaient d'abord étonné l'Europe, mais ils n'avaient pas tardé à trouver des

[1] MONTESQUIEU, *Lettres persannes*, lettre CXVII.
[2] CRÉVIER, *Histoire de l'Université*, V, 135.

partisans. Le pouvoir pontifical était vivement menacé par les réformateurs, et il était impossible que
l'Université de Paris n'intervînt pas dans la querelle.
Prise pour arbitre en 1519, par Luther lui-même
dans sa dispute contre Eckius [1], long-temps elle fit
attendre sa décision; enfin en 1521, à l'instigation
du chancelier Duprat, elle condamna sa doctrine;
mais, par égard et pour Luther et pour ses puissants
protecteurs, elle employa les termes les plus modé-
rés. Mélancton répondit à sa censure, son écrit fut
brulé par l'ordre du Parlement qui poursuivait avec
sévérité les novateurs, et l'Université, qui avait la surveillance sur les libraires, reçut à cette occasion des
réprimandes pour l'avoir laissé débiter à Paris. C'est
à cette époque (1521) que mourut à Rome le pape
Léon X, laissant dans la chrétienté des ferments de
discordes, qui devaient causer les plus vives inquiétudes à ses successeurs et inonder l'Europe de sang.

Cette même année avait vu éclater, entre François Ier
et Charles-Quint récemment élu à l'Empire, une guerre
qui devait se prolonger pendant toute la vie du monarque français. L'Université, selon sa coutume, avait
fait célébrer une procession solennelle pour attirer la
bénédiction du ciel sur les armes du Roi. La guerre
était toujours pour elle une époque de calamités, parce
que c'était alors qu'on redoublait d'efforts pour
éluder ses priviléges. Dès la première année du règne

---

[1] BULLEUS, *Historia Universitatis*, VI, 108. — VELLY, *Histoire de France*, XII, 121.

de François, on avait voulu la comprendre dans les taxes qu'on levait sur le peuple, et elle n'avait évité de payer qu'en implorant la protection de la régente, Louise de Savoie [1]. En 1521 on avait cherché de nouveau à la faire contribuer aux charges générales, et si elle avait encore échappé cette fois à l'avidité des fermiers-généraux, elle n'avait pu empêcher de renouveler une mesure impolitique dont Louis XI avait le premier donné l'exemple, et qui marquait la haine qui existait entre les deux souverains. Tous les écoliers de l'Université, Flamands, Espagnols ou Allemands qui étaient sujets de l'empereur furent mis en prison, et ce ne fut qu'après de longues démarches que la compagnie put obtenir leur liberté. Ces précautions violentes, prises sous le règne d'un prince que l'on a appelé le père des lettres, causèrent le plus grand préjudice à l'Université, dont elles éloignèrent tous les étudiants étrangers ; préjudice qui ne fut pas réparé, par la confirmation authentique de ses priviléges que le Roi lui accorda en 1524, au moment de partir pour l'Italie [2].

Ces priviléges étaient toujours extrêmement enviés, à cause des avantages qu'ils procuraient aux possesseurs, et les professions que l'Université avait prises sous sa protection et associées à ses franchises étaient principalement recherchées. Pour mettre un terme aux abus dont on se plaignait depuis long-

[1] *Priviléges de l'Université*, pag. 110.
[2] VELLY, *Histoire de France*, XII, 315. — BULLEUS, *Historia Universitatis*, VI, 158.

temps, Charles VIII, par son ordonnance de 1489, avait limité le nombre des individus qui, dans chaque état, auraient droit à l'exemption. Ce nombre qui était de vingt-quatre pour la librairie, fut augmenté en 1533 d'un vingt-cinquième par François Ier, et toutes les places qui devenaient vacantes étaient sollicitées par un grand nombre d'aspirants, qui souvent n'avaient d'autre but que de profiter de l'avantage attaché au titre. Pour détruire les inconvénients qui pouvaient en résulter, le Parlement enjoignit à l'Université, en 1522, de ne nommer à l'avenir à ses offices « que des « personnes qui soient de l'état, qualité et profession « convenables, et propres auxdits états et offices, et « qui les exercent *continuellement, actuellement* et « sans fraude [1]. «

Ces fréquents rapports que l'Université avait avec le Parlement, l'obligeaient d'avoir des avocats qui lui fussent spécialement attachés, et qui fussent toujours préparés à soutenir ses droits devant la Cour. Ces charges, ordinairement confiées aux membres les plus distingués du barreau de Paris, se perpétuaient dans les mêmes familles ; Jean Bochard qui s'était conduit avec beaucoup de courage dans l'affaire de la pragmatique avait fait admettre à sa place son gendre, Antoine Minard, qui fut depuis président à mortier, et Montholon devenu avocat du roi s'était fait remplacer auprès de l'Université par Pierre Séguier, son beau-frère. Chaque année faisait sentir la néces-

[1] CRÉVIER, *Histoire de l'Université*, V, 158.

sité d'avoir de bons conseils qui pussent diriger la
compagnie dans les fréquents procès qu'elle avait à
soutenir. En effet, toutes les dignités de la république
académique étaient tellement ambitionnées, et le désir
de l'emporter sur les concurrents rendait si souvent
les élections violentes, qu'on était sûr de les voir
presque toutes attaquées, et que la plupart du temps
l'autorité était obligée de prendre des précautions qui
fissent cesser le scandale. En 1524 surtout, l'un des
prétendants au rectorat s'était emparé de la salle d'assemblée avec des hommes en armes ; l'élection avait
été des plus tumultueuses, toutes les portes et les
fenêtres furent brisées, et le prévôt de Paris qui s'y
était rendu avec ses sergents pour appaiser le trouble,
fut contraint de se retirer [1]. Le Parlement saisi de la
connaissance de l'affaire, afin d'éviter le retour de
pareilles scènes, jugea à propos, dans son arrêt, de
rappeler les anciens statuts qui défendaient qu'on
puisse être nommé Recteur, avant d'avoir sept ans
de maîtrise ès-arts ; ou d'être bachelier *formé* [2]
en théologie, ou licencié en droit ou en médecine. Les *Entrants*, qui élisaient le Recteur, devaient avoir au moins trente ans ; et comme plus
tard il fut permis d'être bachelier à vingt et un ans,
il en résulta une chose assez bizarre, c'est qu'on pouvait être nommé Recteur à un âge où l'on n'avait pas

---

[1] BULLEUS, *Historia Universitatis*, VI, 167.
[2] On appelait ainsi ceux qui avaient déjà fait des cours.

capacité pour concourir à son élection [1]. Mais les
efforts des magistrats pour maintenir la tranquillité
dans des réunions que la cabale et l'intrigue agitaient à l'envi, ne furent pas toujours couronnés
de succès, et quelques années après, nous voyons la
cour être obligée d'ordonner de nouveau que quatre
conseillers, assistés du lieutenant criminel et des
archers, se rendraient dans le lieu de l'assemblée,
pour y rétablir le bon ordre.

La dignité rectorale, objet alors de tant de brigues, exigeait réellement dans celui qui en était revêtu, des talents et une fermeté qui pussent être
utiles à la compagnie dans les circonstances où l'on
se trouvait, et à une époque où le pouvoir spirituel
et l'autorité séculière semblaient prendre à tâche de
porter atteinte à ses droits. Le pape Adrien VI, en
envoyant en France un légat (1522), lui avait accordé par ses bulles le pouvoir de conférer le doctorat et la licence, avec les priviléges qui y étaient
attachés; l'Université avait eu beaucoup de peine à
s'opposer à leur enregistrement, et elle était à peine
remise des fatigues que lui avait données cette affaire,
lorsque le roi voulut l'enlever à la jurisdiction de
ses juges naturels, pour la placer sous la dépendance
d'un nouveau tribunal.

François Ier, épuisé par ses guerres contre Charles-Quint, avait, comme on sait, introduit en France,

[1] CRÉVIER, *Histoire de l'Université*, V, 185.

malgré les représentations des corps judiciaires, la vénalité des charges. Pour se procurer de l'argent et augmenter ses ressources, il jugea à propos d'enlever au Châtelet la connaissance des causes de l'Université, et de l'attribuer à un tribunal spécial, composé d'un bailli et de douze conseillers, qui devaient être seuls chargés d'en connaître [1] (1523). Le Châtelet, dont on réduisait la jurisdiction, s'opposa à l'enregistrement de l'édit, et l'Université suivit son exemple, malgré les instances du confesseur du roi, et les lettres de ce prince, qui la priait de *daigner recevoir le bailli qu'il venait d'instituer.*

Néanmoins, l'édit fut enregistré au Parlement, après plusieurs jussions et du très-exprès commandement du roi, et le nouveau bailli, Jean de la Barre, prêta serment à l'Université. Mais le Châtelet, qui voyait avec douleur ce tribunal élevé à ses dépens, résolut de réduire à rien sa jurisdiction, et dans ce but il tenait audience tous les jours, de sorte que les avocats ni les procureurs ne pouvaient s'y présenter. De là, procès au Parlement, assignation des lieutenants civils et criminels, et arrêt qui accorda au bailli deux jours de la semaine pour vaquer aux expéditions de sa jurisdiction. Ce fut l'origine des deux jours affectés au jugement des causes de l'Université devant le Châtelet, car cet usage se maintint lorsque le bail-

[1] FÉLIBIEN, *Histoire de Paris*, II, 946. — *Priviléges de l'Université*, 286.

II. 2

lage eut été supprimé et réuni au Châtelet en 1531 [1].

C'était pour pourvoir aux frais de sa nouvelle campagne en Italie, que le roi avait créé ce tribunal; mais cette expédition n'avait pas répondu à son attente, et il avait perdu devant Pavie la victoire et la liberté. La nouvelle de ce désastre avait plongé la France dans la consternation ; et, pour étouffer les troubles qu'on pouvait avoir à redouter, la régente convoqua à Paris un conseil extraordinaire pour délibérer sur les dangers de l'État [2]. L'Université y fut appelée, et de concert avec le Parlement, elle défendit d'agiter dans les thèses aucune question relative au gouvernement. La mauvaise administration du royaume faisait saisir alors avec avidité toutes les allusions qui pouvaient présenter quelque malignité. Les pièces de théâtre surtout en étaient remplies, et l'Université, qui les avait toujours proscrites, avait renouvelé, mais inutilement, en 1516, ses défenses contre les représentations faites dans les colléges. Le Parlement crut à cette époque devoir aussi interposer son autorité. Dès long-temps auparavant, en 1477, il avait défendu aux clercs de la Bazoche de jouer aucune farce, moralité ou sottie, sous peine d'être battus de verges par les carrefours de Paris, et bannis du royaume [3]. En 1516 il manda à sa barre

---

[1] *Priviléges de l'Université*, pag. 291.
[2] VELLY, *Histoire de France*, XII, 333.
[3] DULAURE, *Histoire de Paris*, III, 509.

les principaux des colléges pour leur ordonner d'empêcher de jouer dans leurs maisons des comédies qui
attaquassent l'honneur du roi, des princes et prin-
cesses et des grands [1]. En 1525, après la captivité
du roi, il rendit un nouvel arrêt renfermant les mêmes prohibitions. Ces esquisses grossières, qui excitaient l'animadversion des magistrats, et qui servaient
d'aliment à la satyre, étaient cependant les germes
d'un théâtre qui devait bientôt jeter tant d'éclat. Les
colléges furent le berceau de la poésie dramatique,
et un quart de siècle s'était à peine écoulé que Jodelle avait fait représenter à l'Université de Rheims
sa Cléopâtre et sa Didon, les premières tragédies
régulières que la France ait produites.

Le roi ne resta pas étranger à ce mouvement de la
littérature et des arts. Malgré les calamités de son
règne, il avait protégé les savants, il les avait appro-
chés de sa personne; et si, jaloux de son autorité, il
s'était montré quelquefois sévère envers l'Université,
il n'avait jamais cessé d'honorer ses membres d'une
bienveillance particulière. La célèbre ordonnance
de Villers-Cotterets en 1539, qui abolit l'usage du
latin dans les actes judiciaires, pour y substituer la
langue nationale, fut un des bienfaits du monarque,
et l'époque d'une révolution heureuse qui, en fixant
sur elle l'attention et les travaux des savants, devait
contribuer à lui donner cette supériorité qu'elle a
depuis acquise. La France avait applaudi à d'aussi

[1] DULAURE, *Histoire de Paris*, III, 527.

sages réformes, mais ce n'était pas là les seuls titres
que le monarque eût à sa reconnaissance; il avait
rendu aux lettres, quelques années auparavant, un
service dont les savants le récompensèrent par les
éloges dont ils le comblèrent à l'envi.

Malgré la splendeur de l'Université, qui tout récemment encore s'était augmentée de deux colléges,
celui de la Merci, fondé en 1515 rue des Sept-Voies,
n° 9[1], et celui du Mans, fondé en 1526, rue de
Rheims, par le cardinal de Luxembourg, pour douze
boursiers en philosophie ou humanités[2], les études,
sous certains rapports, laissaient encore beaucoup à
désirer. La théologie était florissante; mais le droit
était toujours réduit aux décrétales; le droit civil,
proscrit par Honorius, n'avait pu jusqu'alors se débarrasser de ses entraves, et l'Université fortifiait en
1536, par un réglement nouveau, cette antique et
absurde défense. La faculté des arts exigeait également des améliorations importantes : l'étude des langues anciennes, de leur mécanisme et de leur génie,
si nécessaire pour bien écrire, avait été, malgré quelques essais infructueux, presque constamment négligée; et lorsque l'on rencontrait dans les explications
quelques passages d'un auteur grec, ces mots étaient
passés en proverbe : « *græcum est, non legitur*[3]. » Le
roi, excité par les savants qui l'entouraient, et parmi

BULLEUS, *Historia Universitatis*, VI, 72.
FÉLIBIEN, *Histoire de Paris*, II, 974.
PASQUIER, *Recherches de la France*, liv. IX, ch. 18.

lesquels on remarque son médecin Guillaume Cop, Jean Lascaris, Guillaume Budée et le cardinal du Bellai, résolut de donner une nouvelle impulsion à ce genre d'études, et l'année 1530 fut signalée par l'établissement pour l'étude des langues, de professeurs payés par le trésor.

Ces professeurs qu'on appelait *lecteurs royaux*, et dont le traitement était de deux cents écus d'or, ne formaient pas de corporation particulière; ils faisaient partie de l'Université, comme l'attestent des lettres-patentes de Charles IX, du 8 mars 1567. « Le feu Roi François, notre très-honoré seigneur « et aïeul, y est-il dit, aima tant en son vivant les « lettres et les lettrés, qu'il voulut qu'en l'Université « de Paris il y eût des professeurs à ses gages en « toutes langues et sciences [1]. » Ils étaient destinés à répandre le goût des belles-lettres, en expliquant les langues anciennes dans des leçons publiques et gratuites. Leurs chaires, qui n'étaient alors qu'au nombre de trois pour les langues latine, grecque et hébraïque, furent successivement augmentées des mathématiques, de la médecine, de la philosophie, etc. Pendant toute la vie de François Ier, ils ne furent pas réunis en corps, et continuèrent de faire leurs leçons dans les colléges de l'Université. Mais Henri II leur affecta le collége de Tréguier; et enfin, sous

[1] DUVAL, *Histoire du Collége de France*, I, 49. — VELLY, *Histoire de France*, XII, 284. — CRÉVIER, *Histoire de l'Université*, V, 237.

Louis XIII, en 1610, on construisit exprès pour
eux, sur l'emplacement des colléges de Tréguier et
de Cambrai, l'édifice connu aujourd'hui sous le nom
de collége de France, qui leur est spécialement consacré.

L'Université n'avait pas vu sans quelque cha-
grin une institution qui devait lui faire du tort,
puisque les professeurs royaux donnaient gratuitement des leçons que ses maîtres faisaient payer.
Néanmoins, frappée du résultat avantageux de leurs
travaux, elle avait fini par les accueillir avec faveur,
et avait voté des remerciements au roi [1]. Cependant
tous les membres ne partageaient pas ses sentiments,
et quelques-uns considéraient les nouveaux professeurs
comme s'arrogeant un droit qu'ils n'avaient pas. De
ce nombre était un thélogien fameux, Noël Béda.
Il entreprit de priver le professeur royal d'hébreu,
Vatable, du droit d'expliquer l'Écriture, prétendant
que cet enseignement ne pouvait être fait que par
des théologiens. L'affaire fut portée au Parlement,
qui repoussa les prétentions de Béda; mais celui - ci
qui, dans l'excès de son zèle, avait offensé la personne
même du roi, fut arrêté, jeté dans les prisons de
l'officialité, condamné en 1535 à faire amende honorable devant l'église Notre-Dame, et ensuite ren-
fermé au Mont-Saint-Michel, où il mourut bientôt.

L'Université, qui n'avait soutenu en aucune manière ses prétentions, avait compris qu'une réforme

---

[1] VELLY, *Histoire de France*, XII, 287.

des abus qui pouvaient s'être glissés dans son sein était le meilleur moyen de diminuer le préjudice que devait lui causer l'établissement de François Ier. Elle s'en occupa avec activité, et le Parlement, sur sa requête, nomma deux conseillers pour s'occuper de cette réforme, conjointement avec des députés des facultés et des quatre nations [1]. La mésintelligence qui existait déja entre la théologie et les arts, qui s'accusaient réciproquement, l'une de négliger Aristote, l'autre de ne plus s'attacher aux saintes écritures, retarda les travaux de la commission; enfin, après quelques années d'attente, le Parlement rendit en 1534 un arrêt qui concernait principalement les facultés de droit et des arts.

La cour qui déja, en 1521, avait ordonné aux docteurs en droit d'être plus exacts à faire leurs leçons, renouvela cette injonction, et fixa à six le nombre des professeurs, en exigeant qu'ils fussent permanents. C'est à cette époque que remonte la formation de la faculté de droit, telle qu'elle existe encore de nos jours. Jusqu'alors tous les docteurs en avaient fait partie : elle fut réduite par le Parlement aux seuls professeurs, et leur nombre resta long-temps sans être augmenté; car ce ne fut que sous Louis XIV que l'on leur adjoignit douze professeurs suppléants [2].

Quant à la faculté des arts, Aristote est toujours

[1] BULLEUS, *Historia Universitatis*, VI, 216.
[2] CRÉVIER, *Histoire de l'Université*, V, 265.

recommandé comme devant former la base des études. On exige que les écoliers parlent latin dans les
colléges, et pour ce qui concerne la discipline, il est
défendu aux maîtres de laisser pousser leur barbe,
« *parce que c'était un air trop mondain* [1]; » mais
cette défense, qui s'appliquait à un usage de mode,
ne s'établit que difficilement, et cinq ans après,
en 1539, le recteur, Jacques de Govea, fut obligé
de la renouveler.

La discorde qui régnait sans cesse entre Charles-
Quint et François Ier, portait toujours ce dernier à
favoriser ce qui pouvait être contraire à son adversaire. Henri VIII, roi d'Angleterre, était alors amou-
reux d'Anne de Boulen, et il avait formé le projet
de rompre le mariage qui, depuis vingt ans, l'unis-
sait à Catherine d'Aragon, tante de Charles-Quint.
François Ier s'efforça de le seconder. Dans une affaire aussi délicate, où il s'agissait de discuter sur la
validité des dispenses accordées par la cour de Rome,
l'avis de la faculté de théologie devait être d'un grand
poids, on l'obtint [2], mais non pas à l'unanimité; car
un théologien dont nous avons déja parlé, Noël Béda,
s'y opposa avec d'autant plus de force que Henri VIII
était déja (1533) vu avec défiance par l'Église
catholique, dont il commençait à s'éloigner, et
que Béda s'était surtout fait remarquer par la violence avec laquelle il poursuivait les nouvelles doc-

[1] BULLEUS, *Historia Universitatis*, VI, 248.
[2] VELLY, *Histoire de France*, XII, 478.

trines. Peu de temps après, en effet, il dénonça
hautement comme hérétique un ouvrage de la reine
de Navarre, intitulé : *Miroir de l'ame pécheresse*,
dans lequel cette princesse, appui des réformateurs,
se déclarait pour leurs opinions [1]. Le roi, irrité de
tant d'audace contre sa sœur, avait exilé Béda et
quelques autres de ses collégues, et l'Université en
corps désavoua leur ouvrage.

La compagnie était présidée, à cette époque, par
un recteur, chez lequel les idées nouvelles avaient
trouvé accès. C'était Nicolas Cop, fils du médecin du
roi. Il s'était élevé avec force contre l'inconvenance
de la censure de l'ouvrage de la reine de Navarre, et
cela joint à ses relations avec Calvin, qui habitait le
collége de Fortet, avait suffi pour le rendre suspect.
Poursuivi sur l'ordre du président Lizet, il se déroba
par la fuite aux recherches qu'on dirigeait contre
lui. Mais la contrainte n'était pas susceptible d'arrêter
les progrès que faisait la réforme; de l'Allemagne elle
s'était répandue jusqu'en France; et un grand nombre d'hommes distingués par leurs connaissances et
leurs lumières, frappés depuis long-temps des abus,
avaient saisi avec empressement l'idée de les anéantir. Parmi eux se trouvaient plusieurs membres de
l'Université, et Louis de Berquin, docteur en théologie, était le plus marquant. Arrêté et livré à la
justice de l'évêque, à qui appartenait la connaissance de ces sortes d'affaires, une première fois il

---

[1] DULAURE, *Histoire de Paris*, IV, 133.

échappa au péril par la protection du chancelier Duprat. La duchesse d'Angoulême, régente du royaume
pendant la captivité du roi son fils, était mal disposée pour les novateurs, et, suivant l'avis que la
faculté de théologie lui avait donné (1523) d'employer la force et la contrainte [1], les condamnations
doctrinales se multiplièrent, les procès criminels les
suivirent, et Berquin, dénoncé par l'évêque d'A-
miens, fut de nouveau arrêté. Traduit non pas devant la justice, mais devant les commissaires du
pape, il fut déclaré hérétique et livré au bras sécu-
lier. Il allait périr, lorsque François Ier le délivra ;
mais la protection de ce prince ne pouvait pas le
soustraire long-temps au supplice que lui préparait l'intolérance, et, en 1529, il fut brûlé sur la
place de Grève [2]. Érasme, son ami, et dont il possédait les ouvrages, fut aussi enveloppé dans sa condamnation, non quant à sa personne, mais quant
à ses écrits ; déja, en 1528, l'Université avait défendu
la lecture de ses *Colloques*, et en 1531 ses ouvrages
théologiques furent également interdits [3].

Les supplices pour cause de religion commençaient à devenir fréquents ; celui de Berquin n'était
pas le premier, et avant lui plusieurs savants qui
s'étaient établis à Meaux, où l'évêque Guillaume
Briconnet les avait attirés, avaient aussi éprouvé la

[1] D'ARGENTRÉ, *Collectio judiciorum de novis erroribus*, II.
[2] BAYLE, *Dictionnaire critique*, article BERQUIN.
[3] BULLEUS, *Historia Universitatis*, VI, 210.

rigueur des magistrats [1]. Cependant leur nombre augmentait sans cesse; et c'était surtout parmi les gens de lettres qu'ils trouvaient des partisans. Dans le but de rendre la paix à l'Église et de ramener les dissidents aux principes dont ils s'écartaient, François Ier avait conçu le projet d'établir à Paris des conférences entre les plus célèbres docteurs des deux opinions : il écrivit à cet effet le 25 juin 1535 à Mélancton, pour l'engager à venir à Paris, lui promettant l'accueil le plus favorable; mais la faculté de théologie, dans le sein de laquelle on devait choisir les adversaires de la réforme, représenta au roi qu'une semblable lutte avec des hommes dont l'opinion était formée, présentait plus de dangers que d'avantages[2]; d'un autre côté, Mélancton retenu en Allemagne ne put venir, et le projet du roi resta sans exécution : seulement Mélancton envoya, en douze articles, l'exposition de sa doctrine, qui fut réfutée par les théologiens de Paris.

Toutes les résolutions violentes qu'on prenait contre la nouvelle religion étaient inspirées par la faculté de théologie. L'Université en corps, comme l'a remarqué Crévier [3], ne partageait pas toujours son zèle ardent, et elle laissait retomber sur ceux de

---

[1] VELLY, *Histoire de France*, XII, 387. — CRÉVIER, *Histoire de l'Université*, V, 202.

[2] BAYLE, *Dictionnaire critique*, article MÉLANCTON. — CRÉVIER, *Histoire de l'Université*, V, 294.

[3] CRÉVIER, *Histoire de l'Université*, V, 216.

ses membres qui y étaient plus spécialement appelés
par leurs connaissances, la responsabilité des mesures
acerbes qu'on employait. Un élève de l'Université parisienne marchait alors sur les traces de Luther, que
bientôt il devait dépasser, c'était Calvin. Obligé de fuir
le collége de Fortet, il se retira à l'Université de Poitiers, où ses talents ne tardèrent pas à lui attacher
des prosélytes, qui bientôt se répandirent par toute
la France, et jusque parmi les théologiens. Alarmée
de leurs progrès, la faculté de théologie, afin de se
préserver de l'erreur, rédigea, en vingt-neuf articles, une profession de foi approuvée de tous ses
docteurs, et qu'elle fit jurer par tous ses membres.
Cette déclaration devint bientôt une règle pour
le royaume ; sanctionnée par des lettres - patentes
(23 juillet 1543), elle fut imprimée et publiée dans
Paris à son de trompe [1]. En même temps on renouvela les anciens édits qui punissaient de mort tous
ceux qui tenaient des assemblées illicites, ou qui
possédaient des livres défendus, et la même compagnie dressa une liste qu'elle déféra au procureur-
général, de tous les livres qu'elle considérait comme
dangereux, et dans lesquels on remarque les psaumes de Marot, les Bibles du célèbre imprimeur
Robert Étienne et les œuvres de Rabelais [2]. Le roi

---

[1] BULLEUS, *Historia Universitatis*, VI, 384. — VELLY, *Histoire de France*, XIII, 187. — D'ARGENTRÉ, *Collectio judiciorum de novis erroribus*, I, 143.

[2] D'ARGENTRÉ, *Collectio judiciorum de novis erroribus*, II,
178. — CRÉVIER, *Histoire de l'Université*, V, 258, 287, 461.

qui, dit un écrivain [1], avait défendu le 13 janvier 1536, sous peine de la hart, toute impression
de livres dans son royaume, témoigna la grande confiance qu'il avait dans le zèle de l'Université, en ordonnant qu'on ne pourrait plus désormais imprimer
aucun ouvrage, sans qu'auparavant il n'eût été examiné par le recteur et les doyens des facultés [2].
L'imprimerie avait déja, à cette époque, une assez
grande activité à Paris, et nous voyons, dans un
procès élevé en 1538 entre l'Université et les sept
fabricants de papiers qui faisaient partie de son corps,
que deux imprimeurs seulement avaient chacun
quatorze presses, deux cent cinquante ouvriers, et
qu'ils employaient deux cents rames de papier par
semaine.

Pendant que la faculté de théologie consacrait
ainsi tous ses soins et son attention à combattre les
réformateurs, l'Université, fidèle à ses anciennes doctrines, veillait toujours avec la même persévérance à
éloigner d'elle les religieux mendiants. Long-temps,
comme on sait, elle avait combattu pour s'opposer à
leur admission, et lorsqu'elle avait été forcée de les
recevoir, elle avait pris contre leur envahissement
toutes les précautions que lui suggérait sa répugnance,
et elle avait limité leur nombre. Ceux-ci s'efforcèrent constamment de rompre cette barrière; mais elle

[1] DULAURE, *Histoire de Paris*, IV, 141.
[2] D'ARGENTRÉ, *Collectio judiciorum de novis erroribus*, II,
134.

était défendue avec tant de courage, que leurs tentatives étaient toujours repoussées ; et l'Université, sans
égard pour les protections puissantes dont ils étaient
appuyés, se renfermait rigoureusement dans les termes de ses statuts. C'est ainsi qu'en 1534 et en 1544,
des Jacobins avaient échoué dans leurs espérances,
malgré la recommandation du chancelier Antoine du
Bourg, et du duc d'Orléans, fils du roi. Mais ces religieux revenaient sans cesse à la charge ; et c'était
à l'autorité de la cour de Rome qu'ils allaient demander de renverser l'obstacle que l'Université leur
opposait ; aussi la compagnie était-elle obligée de
lutter contre presque tous les légats qu'on envoyait
en France, et dont les bulles étaient souvent de
nature à exciter ses craintes. Les papes leur accordaient ordinairement le droit de conférer la
licence et le doctorat à tous ceux qu'ils en jugeaient
dignes, et un rescrit de Jules III, adressé au
cardinal-légat Verallo (1551), enjoignait à l'Université d'admettre à chaque licence quatre Cordeliers, au lieu de deux, suivant l'usage. L'Université
s'y refusa ; mais le Parlement devant qui l'affaire fut
portée, crut devoir ordonner l'exécution du rescrit,
seulement par égard pour les craintes que manifestait l'Université : il prescrivit « qu'après que lesdits
« religieux auront reçu le degré de doctorat, ils
« seront tenus eux retirer ès-couvents, esquels ils
« auront fait leur profession [1]. »

---

[1] CRÉVIER, *Histoire de l'Université*, V, 466.

L'Université avait succombé dans cette circonstance sous le crédit de ses adversaires, et la faculté
de théologie avait été obligée d'admettre à ses grades
des religieux qu'elle n'aimait pas. La faculté de médecine, qui n'était pas moins jalouse que sa sœur de
ne recevoir dans son sein que des membres dont
elle pût être sûre, eut plus de succès auprès des magistrats. Elle avait, de temps immémorial, défendu
par ses statuts, à tous médecins étrangers, d'exercer
leur art à Paris avant d'avoir été examinés par elle.
Elle venait de redoubler encore de sévérité. Une maladie
affreuse que le nouveau monde avait communiquée à
l'ancien, faisait alors les plus horribles ravages; des
arrêts du parlement en avaient proscrit, *sous peine
de la hart*, les malheureuses victimes [1], et la faculté,
pour seconder, autant qu'il était en elle, les efforts
de l'autorité civile et arrêter les maux que le char-
latanisme pouvait causer en exploitant la crédulité
humaine, s'adressa au Parlement, qui prescrivit de
se conformer à ses statuts, et enjoignit (1536) aux
médecins étrangers de se faire de nouveau approuver par elle avant que de pratiquer.

Cependant, l'échec de l'Université dans l'affaire
des religieux mendiants, était plus que compensé à
ses yeux par le respect que l'on avait eu pour ses
priviléges, pendant la plus grande partie du règne
de François Ier. La situation critique des affaires
avait quelquefois nécessité des impositions extraor-

---

[1] VELLY, *Histoire de France*, XIII, 107.

dinaires, mais on avait toujours écouté ses réclamations; car, disait, en 1339, le chancelier du Bourg
à ses députés : « le roi ne veut en sorte du monde
« diminuer les priviléges de l'Université, mais seu-
« lement tollir les abus [1] ». Aussi témoigna-t-elle sa
reconnaissance au garde-des-sceaux de Longuejoue
et au cardinal du Bellay, qui l'avaient aidée de leur
crédit, en leur offrant, selon l'antique usage, des
gants et un cierge.

Ce qui occupait le plus alors la compagnie,
c'était la prétention nouvelle, élevée par la faculté de
décret (1534), à jouir d'une exemption dont les
médecins étaient depuis long-temps en possession,
c'est-à-dire, à ne pas être soumis à la loi du célibat.
Malgré leurs efforts, les anciens usages l'emportè-
rent, et leur demande fut rejetée, quoiqu'une partie
des membres de l'Université eût proposé de s'en
rapporter à la décision du Parlement. Cette tentative
eut pour résultat de disposer le Parlement à accueillir les vœux des professeurs, et vingt ans s'étaient à
peine écoulés (1552) que la cour permit par arrêt,
pour la première fois, au docteur Larivière, de se
marier [2]. Mais l'Université se montra moins facile à
céder; elle continua long-temps de punir, par la
perte de la régence, ceux de ses maîtres qui osaient
enfreindre ses statuts [3]; et ce ne fut qu'en 1556, sur

---

[1] BULLEUS, *Historia Universitatis*, VI, 350.

[2] PASQUIER, *Recherches de la France*, liv. III, chap. 29.

[3] CRÉVIER, *Histoire de l'Université*, V, 474.

les observations de Jacques Charpentier, principal du collége de Bourgogne, qu'elle consentit à permettre aux maîtres ès-arts de se marier [1]. La faculté de droit, qui n'avait pas réussi dans la prétention dont nous venons de parler, fut plus heureuse deux ans après, et le Parlement lui donna gain de cause dans une contestation survenue entre elle et la faculté des arts, qui prétendait obliger les décrétistes à obtenir la maîtrise ès-arts, pour pouvoir posséder des bénéfices. La querelle qui durait depuis plus de cinquante années se termina enfin, en 1538, par un arrêt entièrement à l'avantage de la faculté de décret, qui de plus obtint une augmentation dans le nombre des candidats qu'elle avait le droit de présenter.

En même temps que les maîtres acquéraient ainsi des avantages, les écoliers de leur côté se réunissaient en corps, et se nommaient un syndic. Cette association, qui subsista long-temps parmi les étudiants en droit, prétendait se rendre juge du mérite des professeurs et avoir qualité pour s'opposer à leur élection, lorsqu'elle les jugeait inhabiles ; plusieurs fois ils les traînèrent devant le Parlement, et il fallut des arrêts pour les faire renoncer à l'exercice d'un semblable contrôle [2].

Pendant que ceci se passait, la faculté des arts, attentive à tout ce qui pouvait être utile à ses membres, fixait à huit heures l'ouverture des classes,

---

[1] CRÉVIER, *Histoire de l'Université*, VI, 23.
[2] BULLÆUS, *Historia Universitatis*, VI, 373.

qui autrefois commençaient à cinq heures du matin, et proposait d'abréger encore d'une année la durée des cours de philosophie qui, par les statuts du cardinal d'Estouteville, avaient été réduits de cinq ans à trois et demi. Ce projet que les facultés supérieures soutenaient avec force, fut combattu par les théologiens, et leur opposition empêcha l'exécution de cette réforme, qui ne put s'effectuer que fort longtemps après. Parmi ceux qui s'étaient le plus fortement déclarés pour la réduction, se trouvait le chancelier de l'Université, Spifame. Mécontent d'avoir échoué, il voulut par dépit faire revivre les anciennes prétentions de ses prédécesseurs, et contester au recteur le titre de chef de l'Université. Il ne tarda pas à abandonner un projet ridicule ; mais l'Université, pour donner à ses règlements et à ses statuts plus de force et plus d'authenticité, dans le cas où l'on voudrait encore renouveler de semblables entreprises, ordonna (1541) qu'on les réunît en un tout, et qu'on en fît une collection [1]. Malheureusement on ne s'empressa pas d'exécuter un aussi utile règlement ; la collection ne fut pas faite, et on ne commença à s'en occuper qu'en 1598, à partir de la réforme ordonnée par Henri IV, et nous sommes privés ainsi de matériaux précieux pour l'histoire de la compagnie, et qui auraient servi à nous fixer sur l'état des études pendant cette période.

La cause de cette négligence doit probablement

---

[1] BULLEUS, *Historia Universitatis*, VI, 361.

être attribuée aux craintes que pouvait concevoir alors l'Université. La guerre venait d'éclater de nouveau entre François Ier et Charles-Quint, et le premier acte d'hostilité de la part de la France avait été une ordonnance qui enjoignait à tous les étrangers de sortir du royaume. L'Université eut quelque peine à préserver ses membres de cette mesure; cependant elle en vint à bout, grâce à la protection du cardinal de Bourbon; mais le Parlement, pour empêcher toutes les occasions de troubles, défendit à tous les maîtres et écoliers, de sortir comme ils en avaient l'habitude avec des tambours et des trompettes, pour aller soit au Lendit, soit à d'autres divertissements; et, pour que les chefs de la compagnie s'assurassent eux-mêmes de la tranquillité, il fut prescrit aux recteurs de faire toujours la visite des colléges pendant la durée de leur magistrature.

Ces défenses que le Parlement prononçait à cause de la guerre, avaient déja été faites bien des fois, soit par les magistrats, soit par l'Université elle-même, mais sans beaucoup de succès. Toutes les réunions étaient des causes de tumultes, et on s'était vu dans la nécessité de s'opposer même à la plantation des mais, sous peine de privation des priviléges académiques [1].

De toutes les fêtes de l'Université, celle qui faisait naître les plus grands désordres, celle qu'on aurait le plus désiré abolir, mais que son antiquité rendait

---

[1] Crévier, *Histoire de l'Université*, V, 344.

chère aux écoles, c'était la foire du Lendit. Cette fête
brillante, dont l'origine se perdait dans la nuit des
temps, réunissait sans exception toute la jeunesse
académique. C'était à cette époque que se payaient
les honoraires dus aux régents. On les apportait en
grande pompe, au son des fifres et des tambours, et on
les présentait aux maîtres dans des bourses ou dans
des citrons, renfermés sous une cloche de cristal [1].
On se réunissait ensuite en cavalcade sur la place de
Sainte-Geneviève, et tous les écoliers à cheval mar-
chant sur deux lignes, tambour battant, enseignes
déployées, accompagnaient le recteur jusqu'à Saint-
Denis, où il allait, dit-on, bénir la foire [2], qui ne
pouvait s'ouvrir qu'après cette cérémonie. Les plaisirs
auxquels cette fête donnait lieu, étaient également
partagés par les maîtres et les écoliers, et ils appor-
taient tous la même résistance à ce que l'on n'y mît
aucune entrave. Tous les efforts qu'on avait faits
à cet égard, avaient été jusqu'alors infructueux,
et le principal de Sainte-Barbe, ayant voulu l'inter-
dire dans son collège, ses ordres furent méprisés par
les maîtres qui, à la tête de leurs élèves, forcèrent
les portes de la maison, pour célébrer la solennité
accoutumée : et il fallut bien des règlements, bien
des arrêts, avant que l'Université pût se décider à
l'abandonner.

1 *Priviléges de l'Université*, page 214. — CRÉVIER, *Histoire
de l'Université*, V, 347, VI, 66.

2 PASQUIER, *Recherches de la France*, liv. IX, chap. 22.

C'était pendant la durée de cette foire que se faisait la vente du parchemin, sur lequel l'Université,
comme on l'a vu dans le volume précédent, préle-
vait par chaque botte un droit de seize deniers pa-
risis. Le parchemin qui entrait dans Paris était
soumis au même impôt, et devait être déposé aux
Mathurins dans la halle de l'Université, pour être
marqué du sceau du recteur, sous peine de saisie.
Ces droits, qui formaient le principal revenu du
recteur, étaient impatiemment supportés par les parcheminiers qui tâchaient constamment de s'en affranchir; et l'Université, pour se débarrasser de l'ennui
que lui causaient leurs chicanes, prit, en 1561, le
parti de les affermer[1]. Mais la compagnie conservait
l'autorité qu'elle avait de tout temps exercée sur
les parcheminiers; et comme il arrivait fréquemment que, pour éviter de payer les droits, on cachait le parchemin dans des maisons de Saint-Denis,
l'Université ordonnait des visites domiciliaires, et le
recteur menaçait les jurés parcheminiers qui s'acquit-
taient négligemment de leurs fonctions, « de les
« condamner, s'ils ne se corrigeaient, à une amende
« arbitraire, et de faire faire les visites à leurs frais
« par d'autres parcheminiers[2]. »

L'Université avait souvent ainsi à combattre, soit
pour le maintien de ses droits, soit pour la conservation de ses propriétés. Le Pré-aux-Clercs, qui lui

---

[1] BULLEUS, *Historia Universitatis*, VI, 544.
[2] CRÉVIER, *Histoire de l'Université*, V, 346.

appartenait depuis des siècles, était l'objet d'usurpations continuelles qui amenaient tantôt des rixes,
tantôt des procès dont les suites étaient toujours dé-
sagréables. Fatiguée de voir se renouveler à chaque
instant des scènes fâcheuses, et de voir diminuer
peu à peu un bien sur lequel les voisins, et surtout
les moines de Saint-Germain, empiétaient à l'envi,
elle prit en 1540 la résolution de se défaire d'une
propriété devenue plutôt onéreuse qu'utile, et de
vendre la partie du Pré-aux-Clercs, qu'on appelait le
Petit-Pré, et qui était renfermée entre les rues de Seine,
des Petits-Augustins, du Colombier et des Marais.
Cette vente fut faite moyennant deux sous de cens,
et dix-huit livres cinq sous de rente par arpent, à
charge par l'adjudicataire de bâtir[1]. Mais cette aliénation, vue de mauvais œil par les écoliers et un
grand nombre de maîtres, comme préjudiciable à
l'Université, qu'elle dépouillait d'un de ses domaines,
n'eut pas une longue existence, et, en 1549, l'ac-
quéreur consentit à résilier son contrat; alors la
compagnie rentra dans la jouissance de son bien.

Parmi les maîtres qui s'étaient le plus élevés contre
la vente du Petit-Pré-aux-Clercs, on remarquait la
Ramée ou Ramus, qui déja à cette époque faisait
retentir les écoles du bruit de ses disputes au sujet
d'Aristote, qui lui suscitèrent tant d'ennemis, et lui
attirèrent une fin si déplorable. Aristote était depuis
long-temps dans l'Université la base de toute instruc-

[1] *Mémoire sur le Pré-aux-Clercs*, cité par CRÉVIER, V, 159.

tion. L'union intime de sa philosophie avec les études
théologiques avait rendu les écrits du philosophe grec
sacrés pour la plupart des savants, et l'on croyait
qu'attaquer ses ouvrages, c'était saper la religion
par ses fondements. Ramus, qui devait à lui-même
ses connaissances et son élévation, et qui, de valet
au collége de Navarre, était parvenu, à force de
travail et de persévérance, au grade de maître ès-
arts, attribuant à cette admiration exclusive l'im-
mobilité de l'esprit humain, résolut de détruire
ce culte fanatique, et sa thèse fut le développement
de cette proposition. « Tout ce qu'Aristote a en-
« seigné n'est que fausseté et chimère (*quæcumque*
« *ab Aristotele dicta sint, falsa et commentitia*
« *esse*), » il la soutint. Tant de hardiesse étonna et
irrita des esprits trop prévenus : l'Université se souleva en masse, et un procès criminel fut intenté à
l'audacieux professeur. Du Châtelet, l'affaire fut portée au Parlement, et de là évoquée au conseil du roi,
qui, irrité de l'opiniâtreté de Ramus, voulait, dit-on,
l'envoyer aux galères [1]. Les choses n'en vinrent cependant pas à cette extrémité. François Ier s'arrêta assez tôt
pour ne pas faire intervenir la force dans une discussion philosophique ; mais l'arrêt qui fut rendu (1544)
condamna les opinions de Ramus, en lui prodiguant
les épithètes de téméraire et d'impudent, prohiba

[1] BAYLE, *Dictionnaire critique*, article RAMUS. — VELLY,
Histoire de France, XIII, 288. — BULLÆUS, *Historia Universitatis*, VI, 392.

deux de ses ouvrages intitulés : *Aristotelicæ animad-
versiones*, et *Institutiones dialecticæ*, et lui défendit
de les expliquer dans les écoles où ses talents atti-
raient un grand nombre d'auditeurs.

Cette persécution, suscitée par l'intolérance pé-
dantesque, subsista pendant tout le règne de François Ier. Après sa mort, l'arrêt du conseil fut cassé,
et Ramus, protégé par le cardinal de Lorraine, put
de nouveau élever la voix contre Aristote. Ses opinions, qui en France lui avaient fait tant d'ennemis,
trouvèrent en Allemagne des partisans, et la secte
des Ramistes bannit des écoles la philosophie péripaté-
ticienne pour adopter la doctrine de son adversaire[1].

A peine l'Université était-elle remise de l'agitation
que lui avaient causée les propositions de Ramus,
qu'elle eut à s'occuper d'objets plus importants, et
qui fixaient l'attention de toute l'Europe. Le concile
de Trente, convoqué en Allemagne dans la ville de
ce nom, venait de s'ouvrir (1545), et, comme les
partisans de Luther l'avaient eux-mêmes demandé,
dans le but de chercher s'ils ne pourraient pas rentrer dans le sein de l'Église, on espérait qu'il ap-
porterait quelques remèdes aux maux qui depuis
long-temps la tourmentaient. L'Université de Paris,
qui avait pris tant de part aux délibérations des
conciles précédents de Constance et de Bâle, ne
pouvait rester étrangère aux travaux du clergé ; déja
l'année d'avant (1544), le roi avait assemblé à Me-

---

[1] PASQUIER, *Recherches de la France*, liv. IX, ch. 18.

lun l'élite de la faculté de théologie, pour préparer
les matières qu'on agiterait dans le concile[1], et le
cardinal du Bellai avait engagé la compagnie à y
envoyer une députation. Mais la lenteur avec laquelle
on procéda aux premières opérations de cette assemblée ; les difficultés qui environnèrent ses commencements, influèrent tellement sur l'Université, qu'elle
négligea de profiter de l'invitation qui lui était faite,
et qu'elle abandonna le rôle brillant qu'elle était accoutumée à remplir dans les réunions solennelles de
l'Église. Sa ferveur était cependant toujours la même,
et sa réputation de savoir n'avait pas décliné en
Europe ; car à cette époque elle était consultée par
l'Université de Cologne, qui lui demandait son ad-
jonction contre l'archevêque-Électeur, Hermann de
Weiden, qui protégeait ouvertement Luther et ses
disciples. François Ier, qui dans ses États s'était montré plus que rigoureux envers les réformateurs, ne
croyait pas devoir toujours suivre cette même ligne
de conduite, la religion cédait chez lui aux exigences de sa politique, et le besoin de résister à Charles-Quint l'avait rapproché des princes protestants
d'Allemagne, qu'il avait intérêt à ménager. Il défendit donc à l'Université de se mêler en rien de cette
affaire[2], laissant le clergé de Cologne se débattre
avec son archevêque, qui, bientôt après excommunié par le pape, ne tarda pas à donner son abdication.

[1] Launoy, *Regii Navarræ Gymnasii Historia,* pag. 275.
[2] Crévier, *Histoire de l'Université,* V, 410.

Le roi offrait ainsi dans sa conduite des exemples
d'une contradiction, qui se faisait remarquer dans
presque tous les actes de son gouvernement; en
France il faisait brûler les réformés; en Allemagne
il contractait avec eux des alliances, et leur prodi-
guait ses trésors. Au commencement de son règne,
il avait traité sévèrement l'Université; plus tard il
l'avait défendue contre les généraux des aides. Il avait
créé des professeurs payés sur son trésor, il avait
approché des savants de sa personne, leur avait accordé sa confiance, et en même temps tourmentés
par une susceptibilité excessive, il sacrifiait l'imprimerie au ressentiment de son amour-propre blessé;
et, pour empêcher la malignité de s'égayer sur ses
excès, il proscrivait sous des peines excessives l'art
sublime de Guttemberg, et retardait par là les progrès qu'il devait faire faire à l'esprit humain. Mais
ce prince auquel, malgré ses fautes, la France est redevable de l'essor rapide qu'elle prit vers une civilisation perfectionnée, succombait sous le poids des
maladies qui depuis long-temps menaçaient son
existence, et qui finirent par l'emporter. Il mourut
au château de Rambouillet le 31 mars 1547, à l'âge
de cinquante-trois ans, laissant le trône à son second
fils, Henri II, que la mort prématurée de son aîné
appelait à la couronne.

L'Université, selon sa coutume, s'empressa de demander au jeune roi la confirmation de ses priviléges
qui furent ratifiés aussitôt par Henri, qui se déclara

son *bon père et son protecteur* [1] ; et quelques années après (1557), il les confirma de nouveau,
l'exemptant formellement de tout impôt par des lettres-patentes qui contiennent cela de remarquable,
que le roi y fait remonter la fondation de l'Université
à l'année 790, sous le règne de Charlemagne, « *il y
a, dit-il, sept cent soixante et six ans* [2] :» L'Université, touchée de ses bienfaits, voulut témoigner
sa reconnaissance au monarque qui les lui avait oc-
troyés; et lorsque, en 1549, il fit à Paris son entrée
solennelle, elle délibéra que tous ses membres iraient
à cheval au-devant de lui, et qu'il serait harangué
par le recteur lui-même [3]. C'était une innovation :
jusqu'alors la parole dans les cérémonies n'avait jamais été portée par le recteur, à cause de l'éminence
de ses fonctions, c'était toujours un théologien qui
en était chargé; mais, à partir de cette époque, l'u-
sage contraire prévalut malgré les efforts de la faculté
de théologie, et le chef de l'Université conserva,
dans toutes les occasions importantes, ce privilége
dont la première idée est due au recteur Jean Maréchal.

Ce même chef de l'Université, si jaloux des prérogatives de sa dignité, entreprit aussi, pendant la
durée de sa magistrature, de faire prêter serment au

---

[1] BULLEUS, *Historia Universitatis*, VI, 405. — *Priviléges de
l'Université*, page 123.

[2] CRÉVIER, *Histoire de l'Université*, V, 418.

[3] BULLEUS, *Historia Universitatis*, VI, 433.

recteur et à l'Université, par tous ceux de ses membres qui, n'étant pas maîtres ès-arts, n'avaient pas rempli cette formalité. Cette mesure était principalement dirigée contre la faculté de théologie, qui n'exigeant pas la maîtrise ès-arts pour arriver au doctorat, était souvent encombrée par des moines qui avaient des intérêts contraires à ceux de l'Université. Aussi éprouva-t-elle une grande opposition. Cependant, en 1550, sous le rectorat de Charpentier, devenu si fameux par sa haine et sa vengeance contre Ramus, l'Université rendit un décret qui astreignait tous ses membres à la formalité du serment, mais il ne reçut jamais d'exécution [1].

Ramus, à cette époque, avait cessé d'être courbé sous le poids des persécutions qui, pendant longtemps, s'étaient élevées contre lui. Malgré sa condamnation à propos d'Aristote, il avait toujours continué d'enseigner avec beaucoup d'éclat la rhétorique et la philosophie. Sa réputation avait augmenté l'inimitié que lui portaient certains hommes dont il avait eu le malheur de froisser l'amour-propre et de blesser les opinions. Jacques Charpentier était de tous le plus animé, et devenu recteur en 1550, le premier usage qu'il fit de son autorité fut de s'en servir contre l'homme qu'il détestait. Jaloux de ses succès, il lui contesta le pouvoir de faire des leçons de rhétorique, et le cita devant le tribunal de l'Université. Elle avait, comme on sait, le droit de juger ses mem-

bres en premier ressort, et ce pouvoir venait tout
récemment encore (1550) d'être considérablement
étendu. Un bref du pape Jules III avait autorisé la
faculté de théologie à poursuivre et à punir, nonobstant tout appel, et en l'affranchissant de toute
forme judiciaire, ceux de ses membres qui s'écar-
teraient dans leurs thèses ou leurs prédications, de
la pureté des dogmes de l'Église [1]. Quoi qu'il en soit,
Ramus avait tout lieu de redouter la décision du tribunal académique. Les partisans d'Aristote ne pouvaient lui pardonner ses attaques contre leur maître,
et leur animosité venait d'être augmentée par une
querelle ridicule, qui, dès cette époque, servit
d'aliment à la plaisanterie, et dans laquelle Ramus
prit parti contre eux. Il s'agissait de savoir comment
on devait prononcer la lettre Q dans les mots qui
commençaient par elle. L'Université, à ce qu'il paraît,
avait l'habitude de lui donner la prononciation d'un
K, de sorte qu'on disait : *kiskis*, *kamkam*, au lieu
de *quisquis*, *quamquam* [2]. Ramus combattit cet
usage ; le collége royal, dont Henri II, en 1551,
l'avait nommé un des professeurs, se joignit à lui,
et il en résulta, s'il faut en croire Bayle, un procès
devant le Parlement, dans lequel la Sorbonne l'accusa d'hérésie [3]. Ce procès n'avait pas contribué à

[1] D'ARGENTRÉ, *Collectio judiciorum de novis erroribus*, II,
206.

[2] CRÉVIER, *Histoire de l'Université*, V, 470.

[3] DUVERNET, *Histoire de la Sorbonne*, I, 257. — BAYLE,
Dictionnaire critique, article RAMUS.

ramener vers lui l'Université; aussi fut-il obligé de lutter contre elle pendant trois années avant d'obtenir la permission d'enseigner la rhétorique, et ce ne fut qu'en 1553 que la compagnie se relâcha de sa rigueur, et permit à Ramus de faire des leçons *extraordinaires*, dans lesquelles il pouvait se consacrer à l'enseignement de cette partie des humanités.

Pendant que ces débats intérieurs agitaient l'Université, elle se ressentait par contre-coup des événements qui tourmentaient alors l'Europe. L'Allemagne entière s'était soulevée contre Charles-Quint; et, fortifiée de la protection de la France, elle avait forcé l'ambitieux rival de François Ier de renoncer à son projet de monarchie universelle. L'aide que dans cette circonstance Henri venait de donner à la confédération germanique avait indisposé l'empereur, et la guerre contre lui devenait inévitable. C'est en vain que le pape avait offert sa médiation; son légat, le cardinal Verallo, n'était venu en France que pour voir ses bulles attaquées par l'Université, qui craignait toujours pour ses priviléges [1], et l'invasion de la Lorraine, par une armée impériale que Charles-Quint commandait en personne, avait rendu tout rapprochement impossible, surtout depuis que l'ennemi avait été obligé de quitter le territoire de la France et que ses propres États étaient devenus le théâtre de la guerre. Elle était poussée avec vigueur; et le roi,

[1] De Thou, *Histoire Universelle*, livre VIII. — Crévier, *Histoire de l'Université*, V, 463.

imitant, dans l'excès de son zèle contre Charles-Quint, l'exemple de son père, publia un édit qui ordonnait à tous les étrangers de sortir de France. L'Université, dans sa sollicitude pour ses membres, s'empressa d'adresser des remontrances au gouvernement et de demander une exemption en faveur de ses suppôts, mais ses espérances furent déçues; elle fut obligée de se soumettre à la loi commune et de laisser partir des élèves qu'une politique méticuleuse exilait.

Dans le temps même où le roi rendait des ordonnances si défavorables à la splendeur des lettres, il promulguait contre les hérétiques l'édit fameux, connu sous le nom d'*Édit de Châteaubriant*, qui contenait toutes les mesures répressives qu'on croyait propres à arrêter les progrès du luthéranisme. L'entrée dans le royaume de tout livre imprimé à Genève était défendue, sous peine de confiscation de corps et de biens; les imprimeurs ne pouvaient travailler ailleurs que dans leur domicile, sinon ils étaient poursuivis comme faussaires; on ne pouvait recevoir aucun écrit sur des matières théologiques, ni ouvrir aucune caisse venant de pays étrangers, qu'en présence de deux théologiens; les magistrats devaient obtenir des certificats de catholicité, et quiconque faisait partie de l'enseignement et aspirait aux places de principal de collége, de régent ou de maître d'école, ne pouvait être nommé qu'après une enquête constatant la pureté de ses doctrines reli-

gieuses [1]. Sous ce dernier rapport, pour concourir
autant que possible à l'exécution de l'ordonnance, le
roi, dans des lettres du 13 juin 1553, écrivait à l'U-
niversité de travailler à sa réforme [2]. L'Université, qui
venait de nommer (1552) pour son conservateur apostolique le cardinal de Châtillon, qui depuis devint un
des protecteurs de la nouvelle Église, mais qui alors
ne s'était pas encore éloigné de l'orthodoxie, n'avait
pas besoin des insinuations de l'autorité pour introduire dans les études les améliorations qu'on pouvait
désirer; elle savait apprécier aussi bien que personne les avantages qui résultaient pour l'État d'une
bonne éducation donnée à la jeunesse; et un plaidoyer, prononcé à cette époque par son avocat dans
une cause qui l'intéressait, exprime d'une manière
très-remarquable quelles étaient à cet égard ses idées:
« Tout bien, dit l'orateur, vient des bonnes écoles.
« Si les enfants écoliers sont bien institués et ins-
« truits, et en bonnes mœurs, le bien qui en vient
« est que, quand ils sont grands, et gens de bien,
« s'ils sont appelés au gouvernement d'une chose pu-
« blique, cette chose publique se sent de la bonne
« institution et bonne instruction de tels gouverneurs.
« S'ils sont mal institués et instruits, quand ils sont
« préposés au maniement de la chose publique, ils
« n'y apportent que tout mal et pauvreté [3]. » Ces sages

[1] VELLY, *Histoire de France*, XIII, 460.
[2] BULLEUS, *Historia Universitatis*, VI, 462.
[3] CRÉVIER, *Histoire de l'Université*, V, 472.

maximes, dignes du corps enseignant de la France,
étaient également recommandées par le Parlement;
et, dans un arrêt rendu le 7 février 1554, il prescrivait au chantre de Notre-Dame, sous la direction
duquel se trouvaient depuis fort long-temps, car on
en fait remonter l'origine à l'année 1357 [1], les écoles
de l'enfance, aujourd'hui appelées *écoles primaires;*
il lui prescrivait, dis-je, de donner ordre et de veiller
à ce que « hors les petites écoles, qui sont et seront
« destinées par ledit chantre en la ville de Paris, ne se
« tiennent aucunes autres écoles *buissonnières,* et ce,
« pour obvier aux inconvénients qui en pourraient
« advenir pour la mauvaise et première doctrine que
« l'on pourrait donner aux petits enfants en perver-
« tissant leur bon esprit [2]. »

La réforme, dont le roi avait engagé la compagnie
à s'occuper, ne fut alors suivie d'aucun effet, quel
qu'eût été le désir de la compagnie de déférer aux
vœux du monarque. Les circonstances qui survinrent,
en absorbant en quelque sorte toutes ses pensées, ne
lui permirent pas de se livrer à ces soins. Cette
année-là même (1554), l'Université engagea, avec
un ordre religieux récemment institué, une lutte qui
devait se prolonger pendant deux siècles; et nous
allons la voir menacée dans sa propre existence, com-

[1] JOLY, *Traité des petites Écoles.* — DULAURE, *Histoire de Paris*, II, 229.

[2] CRÉVIER, *Histoire de l'Université*, V, 484. — HÉNAULT, *Abrégé chronologique de l'Histoire de France*, ANNÉE 1552.

II. 4

battre avec le courage du désespoir, et déployer contre les Jésuites une vigueur qui rappellera les premiers
siècles de son histoire.

CHAPITRE II.

Les Jésuites. — L'Université s'oppose à leur admission en France.
— Le cardinal de Lorraine proviseur de Sorbonne. — Nouvelle
querelle au sujet du Pré-aux-Clercs. — Meurtre d'un écolier.—
Sédition des élèves. — Arrêts sévères du Parlement. — Coquastre est pendu. — L'Université députe vers le roi. — Rétablissement de la tranquillité. — Bataille de Saint-Quentin. — Assem_
blées des protestants dans le Pré-aux-Clercs. — Arrêts concernant les facultés de médecine et de théologie. — Puissance des
Guise. — États généraux d'Orléans. — Discours de Jean Quintin. — Colloque de Poissi. — Les Jésuites admis en France par
l'assemblée de Poissi, malgré l'Université. — Thèse séditieuse
de Tanquerel. — Ramus protestant. — Massacre de Vassi. —
Serment de catholicité. — Clôture du concile de Trente. — Le
Parlement permet l'enseignement du droit civil à Paris. —
Impôt sur le papier. — Les Jésuites demandent à être aggrégés
à l'Université. — Elle s'y refuse. — Les Jésuites se pourvoyent
devant le Parlement. — Plaidoyer remarquable de Pasquier. —
Arrêt qui appointe l'affaire. — Chaires des professeurs royaux
mises au concours. — Les protestants exclus de l'Université.
— Le cardinal de Châtillon destitué. — Cérémonie des *para-
nymphes*.

———

L'ANNÉE 1540 est célèbre dans les fastes de la chrétienté par l'établissement d'une société dont nous
verrons l'histoire et les débats se mêler avec celle de

4.

l'Université, d'une société qui devait pendant des siècles fixer sur elle l'attention de l'Europe; qui, dès sa naissance, trouva des défenseurs enthousiastes, et des adversaires plus habiles et plus persévérants encore; qui rendit de grands services à la civilisation, mais porta le trouble chez tous les peuples qui l'accueillirent; qui, fidèle à ses premières doctrines, s'efforça toujours de séparer les peuples des rois, et de placer l'encensoir au-dessus du sceptre; et qui enfin, bannie avec éclat des royaumes de l'Europe, n'a pas pour cela cessé d'exister, et s'efforçant aujourd'hui de resaisir son ancienne influence, en appelle à la génération actuelle des jugements de la génération passée. Cette société, c'est celle de *Jésus*, fondée en 1540 par l'espagnol Ignace de Loyola, et approuvée par une bulle du pape Paul III, du 27 septembre de la même année.

L'Université de Paris se rattache aux premiers événements qui signalèrent l'établissement des Jésuites, puisqu'elle posséda dans ses écoles les hommes qu'on peut regarder comme la tige de la société. François Xavier enseignait déja la philosophie au collége de Beauvais [1], lorsque le romanesque Ignace, devenu le chevalier de la Vierge, et dégoûté d'un monde où ses blessures l'empêchaient de briller, résolut de se vouer à la vie monastique, et de fonder un ordre religieux dont lui-même était loin sans doute de prévoir la future célébrité. Il vint à Paris pour acquérir les con-

[1] CRÉVIER, *Histoire de l'Université*, VI, 2.

naissances qui lui manquaient; et, après avoir successivement étudié dans les colléges de Sainte-Barbe
et de Montaigu, où il se trouvait en. février 1528 [1],
il y acquit le degré de maître ès-arts, et y fit connaissance de ses premiers compagnons, qui tous, dans
la bulle du pape dont nous venons de parler, sont
qualifiés, comme lui, du titre de maître ès-arts en
l'Université parisienne [2].

A peine existaient-ils comme corps, que déja ils
songeaient à s'étendre : l'instruction de la jeunesse
était surtout l'objet de leurs désirs, parce qu'elle était
un moyen de domination. Bientôt la France, et surtout Paris qui renfermait la plus célèbre école de
l'univers, fixa leurs regards; et de Rome, où il ré-
sidait, Ignace, le nouveau général, y envoya Pasquier
Brouez, accompagné de quelques néophytes. Quoique
protégés par l'évêque de Clermont, Guillaume Duprat, fils du fameux chancelier de ce nom, dans la
maison duquel ils demeuraient, rue de la Harpe [3], les
premières années de leur séjour à Paris s'étaient écoulées dans l'obscurité, lorsque les faveurs du pape vinrent leur donner une existence; et, dit Pasquier, *ils
commencèrent alors à lever les cornes* [4]. Aux priviléges énormes accordés par Paul III dans ses nouvelles bulles des 14 mars 1543 et 18 octobre 1549,

---

[1] Pasquier, *Plaidoyer pour l'Université contre les Jésuites.*
[2] Crévier, *Histoire de l'Université*, VI, 2.
[3] Pasquier, *Plaidoyer pour l'Université contre les Jésuites.*
[4] Pasquier, *Plaidoyer pour l'Université contre les Jésuites.*

Jules III, son successeur, y ajouta, en 1550, le pouvoir de conférer à leurs disciples les grades de bacheliers, licenciés et docteurs, sans les soumettre aucunement à la juridiction des universités [1].

L'établissement d'une compagnie nouvelle, formant à elle seule un corps distinct qui ne reconnaissait d'autre pouvoir que celui du pape, vicaire de Dieu sur la terre [2], qui ne se rattachait à rien dans le royaume, et qui était même affranchie de la surveillance de l'Université, cette ancienne gardienne des franchises et des droits de l'Église gallicane, devait nécessairement trouver des contradicteurs. Aussi, lorsqu'ils voulurent faire enregistrer au Parlement les lettres-patentes du roi, qu'ils avaient obtenues par le crédit du cardinal de Lorraine, et qui les autorisaient à s'établir en France, des oppositions furent formées au nom du parquet par l'avocat général Pierre Séguier (26 janvier 1552), sur le fondement « que les or- « dres religieux, déjà si nombreux, devaient être plu- « tôt restreints qu'augmentés, et que cette société lui « paraissait superflue [3]. » Le Parlement, sans admettre ni rejeter ces conclusions, ordonna, avant faire droit (3 août 1554), « que les bulles et lettres-

[1] CRÉVIER, *Histoire de l'Université*, VI, 3.

[2] Soli domino, atque romano Pontifici, ejus in terris vicario, servire : *Bulle du 27 septembre* 1540. Voyez *Annales des soi-disants Jésuites*, I. *Introduction*, page 21.

[3] Sibi videbatur hæc congregatio, nimia. *Conclusion de l'avocat général Séguier, extraite des registres du Parlement.* Voyez *Annales des soi-disants Jésuites*, I, 2.

« patentes seraient communiquées à l'évêque de Paris,
« Eustache du Bellai, et aux doyen et faculté de cette
« ville et Université de Paris, pour être, sur icelles,
« ouï et dire ce qu'il appartiendra. »

Les réponses ne furent pas favorables aux Jésuites.
On s'étonnait principalement de l'orgueil qui avait
présidé au choix de leur nom, qui est celui de l'É-
glise universelle; on signalait les dangers que présentaient leurs priviléges : « Puisque leur mission est de
« prêcher les infidèles, qu'ils aillent, ajoutait-on,
« dans les pays où le nom de Jésus-Christ n'est pas
« connu, car ici nous n'avons nul besoin d'eux; » et
l'évêque de Paris, après avoir élevé contre leurs statuts
onze objections, finissait en disant : « La cour pèsera
« que toutes nouveautés sont dangereuses, et que
« d'icelles proviennent plusieurs inconvénients non
« prévus ni prémédités [1]. »

La faculté de théologie surtout, après une mûre
délibération, s'exprime ainsi à leur égard, dans un
avis rendu le 1er décembre 1554. « Cette nouvelle
« société, qui s'attribue comme un titre spécial la dé-
« nomination insolite de compagnie de Jésus; qui
« admet avec une si pleine liberté et sans aucun choix
« des sujets de toute espèce, *criminels*, *illégitimes*,
« *infames*, nous paraît, tout bien sérieusement et
« soigneusement examiné, dangereuse en ce qui con-
« cerne la foi, propre à troubler la paix de l'Église,
« propre à ruiner l'ordre monastique, en un mot,

---

[1] BULLEUS, *Historia Universitatis*, VI, 750.

« plus capable de détruire que d'édifier [1]. » La répugnance qu'inspiraient déja alors les jésuites, qui,
comme on voit, n'étaient pas dès le commencement
fort scrupuleux sur le choix de leurs membres, le concert qui existait entre l'évêque et l'Université de Paris,
et la vigueur avec laquelle on repoussa leurs premières
tentatives, leur fit sentir que le moment n'était pas
favorable. Ils gardèrent le silence, et attendirent du
temps et de l'intrigue, la réussite de leurs projets.

L'Université venait, dans cette affaire, de signaler son esprit d'opposition à la multiplicité des ordres religieux; et quoique ses intérêts parussent menacés par les prétentions des jésuites, ses docteurs
les avaient oubliés, pour ne voir que les dangers
qui, selon eux, allaient fondre sur l'Église. Ils redoutaient aussi l'influence que pouvaient exercer les
disciples de Loyola sur les affaires et sur la société
qu'ils ne quittaient pas, malgré l'apparence de leur
vie monastique. Quoique composée presque entièrement d'hommes qui appartenaient au clergé, l'Uni-

---

[1] Hæc nova societas insolitam nominis Jesu appellationem pe-
culiariter sibi vendicans, tam licenter et sine delectu quaslibet
personas, quamtumlibet *facinoras*, *illegitimas* et *infames* ad-
mittens, etc., etc.... Itaque his omnibus atque aliis diligenter
examinatis et perpensis, hæc societas videtur in negotio fidei peri-
culosa, pacis ecclesiæ perturbativa, monasticæ religionis eversiva,
et magis in destructionem quam in ædificationem. BULLEUS, *Historia Universitatis*, VI, 552. — D'ARGENTRÉ, *Collectio judiciorum de novis erroribus*, II, 194. — PASQUIER, *Plaidoyer
contre les Jésuites.*

versité cependant, par une conduite qui lui fait le
plus grand honneur, s'était souvent opposée à l'accroissement vers lequel tendait la puissance spirituelle; elle était restée constamment soumise à l'autorité des rois.

Depuis que l'Église faisait un corps dans l'État,
et qu'elle était régie par ses lois particulières, il y
avait à Paris un juge ecclésiastique dont le pouvoir
émanait de l'évêque, et qu'on nommait l'*official*.
Il y avait aussi le tribunal du conservateur apostolique, tribunal également ecclésiastique, mais destiné spécialement à connaître des causes de l'Université. Ces juridictions s'élevaient à côté des parlements, et ces tribunaux d'exception, dont on avait
souvent à craindre les préjugés ou les passions,
étaient vus d'assez mauvais œil. L'Université qui déja
(en 1456) s'était opposée au pouvoir de l'Inquisition,
trouva, en 1556, l'occasion de manifester de nouveau les sentiments qui l'animaient, en combattant,
quoique avec moins de succès, pour la défense de
nos libertés judiciaires. Plus de trente ans s'étaient
écoulés depuis que François 1er, cédant aux sollicitations du pape, avait sacrifié à ses exigences la
pragmatique sanction, sans égard aux vœux de la
France, dont le Parlement et l'Université s'étaient
rendus les organes. Depuis cette époque, les appels
des tribunaux ecclésiastiques étaient portés en cour
de Rome. Le cardinal de Lorraine, archevêque de
Reims, et légat né du Saint-Siége en France, voulut,
dans le but d'éviter les frais d'appel, créer à Paris

une nouvelle officialité qui remplacerait les tribunaux romains, et il obtint, à cet effet, l'autorisation
de Paul IV et des lettres-patentes du roi. L'Université prit l'alarme, protesta contre l'érection de ce
nouveau tribunal ecclésiastique, et de concert avec
le cardinal de Châtillon, son conservateur apostolique, elle forma opposition à l'enregistrement des
lettres-patentes. Le Parlement y eut égard, et après
avoir entendu les avocats, dont l'un était de Thou,
il défendit, par son arrêt, « de déroger aucunement
« à la juridiction des conservateurs apostoliques de
« l'Université de cette ville, dont ils jouiront tout
« ainsi qu'ils ont fait par ci-devant [1]. »

Les entraves que l'Université avait apportées aux
projets du cardinal de Lorraine, n'eurent pas pour
effet de semer la désunion entre elle et lui, car l'année d'après (1557), la place de proviseur de Sorbonne, qui n'était jamais occupée que par des personnages élevés en dignité, étant devenue vacante
par la mort du cardinal de Bourbon, le cardinal de
Lorraine en fut investi.

Ce même prélat fut, à cette époque, nommé
président d'une commission composée de deux présidents, deux conseillers au Parlement, de plusieurs
savants, parmi lesquels était Ramus, et chargée
de s'occuper de la réforme de l'Université. Cette
réforme, si souvent entreprise et jamais terminée,
devait cette fois encore rester imparfaite. On allait

[1] CRÉVIER, *Histoire de l'Université*, VI, 21.

s'en occuper sérieusement, et l'Université, désirant concourir à son exécution, venait de nommer plusieurs députés pris dans les diverses facultés [1], lorsque la gravité des événements politiques vint suspendre toutes les opérations, en fixant tous les regards du gouvernement sur l'invasion dont la France était alors menacée.

De son côté, l'Université était assez vivement agitée pour ne pouvoir pas donner à la réforme tous les soins qu'elle aurait exigés. La compagnie, comme on l'a vu, avait consenti, en 1540, à se défaire d'une partie de ses propriétés, et elle avait vendu le *Petit-Pré-aux-Clercs*, plus tard, en 1546, on proposa d'aliéner également le *Grand-Pré*. Cette proposition, ayant trouvé des contradicteurs, n'eut aucune suite; mais elle fixa sur cette portion de ses domaines l'attention de l'Université. Dans un écrit violent, Ramus signala les usurpations commises par les moines de l'abbaye de Saint-Germain; et les écoliers, excités par ses discours, se réunirent, s'armèrent, et leur troupe, grossie par la populace, courut (1548) attaquer le couvent, dont ils dévastèrent les jardins. Les religieux appelèrent la force publique à leur secours, et plusieurs des assaillants furent blessés et emprisonnés [2]. Le calme cependant ne tarda pas à être

[1] BULLEUS, *Historia Universitatis*, VI, 518.

[2] *Mémoire sur le Pré-aux-Clercs*, 166, 196. — FÉLIBIEN, *Histoire de Paris*, II, 1025.

rétabli. Mais les moines n'étaient pas satisfaits. Ils
portèrent plainte devant le Parlement. L'Université
alors ne resta pas inactive, elle réclama ses droits
foulés aux pieds depuis si long-temps, et dont la
violation était la cause des troubles. La cour était
bien disposée pour elle, et l'avocat-général, Marillac,
la recommandant à la bienveillance des magistrats,
disait : « L'Université est la mère, le séminaire et la
« pépinière de tous gens de bien, de vertu et de sa-
« voir ; en sorte que non seulement elle serait plus
« à favoriser que l'église de Saint-Germain, sans
« comparaison, d'autant qu'une mère est plus à fa-
« voriser que la fille ; mais parce que, sans l'Uni-
« versité, l'Église ne serait rien, c'est-à-dire que
« sans les gens de bonnes lettres, de bon savoir et
« de vertu, qui viennent de l'Université, l'Église
« ne pourrait subsister [1]. « L'arrêt qui intervint
(10 juillet 1548) consacra l'existence de tous ses
droits. Le pré fut de nouveau mesuré, le chemin
que les religienx avaient ouvert pour aller à la Seine,
fut supprimé, ainsi que le marché aux chevaux
qu'ils y avaient établi ; il leur fut enjoint de boucher
les fenêtres qu'ils avaient fait ouvrir, et enfin le Parlement, par égard pour la noble indigence de l'U-
niversité, l'exempta de tous les frais, et ordonna
qu'ils seraient supportés par les religieux.

Cet arrêt cependant ne satisfit pas l'Université[2];

---

[1] Crévier, *Histoire de l'Université*, V, 435.
[2] *Mémoire sur le Pré-aux-Clercs*, 240, 253.

elle se trouvait lésée par le nouveau mesurage, et
elle ne pouvait voir sans douleur des constructions
s'élever sur un terrain dont elle se croyait pro-
priétaire. A diverses reprises, les écoliers en tumulte
s'étaient efforcés de détruire ces maisons, et des rixes
violentes s'étaient élevées entre eux et les propriétaires.
Des coups de fusil partis un soir (12 mai 1557)
d'une maison occupée par un procureur au Châtelet,
nommé Bailli, vinrent frapper un écolier et un avocat qui se promenaient sur le pré [1]. Cet assassinat
excita l'indignation générale, et l'espèce de protection accordée au procureur, qu'on avait mis en prison
pour le soustraire à la vengeance des écoliers plutôt
que pour le punir, vint augmenter encore l'effervescence. Les élèves s'attroupent, s'arment, et malgré
la présence des archers, ils détruisent par le fer et
le feu les maisons, premier objet de leur colère.

Le procureur - général, Gilles Bourdin, célèbre
depuis par la fureur avec laquelle il poursuivit l'infortuné Anne du Bourg (1559), lança un réquisi-
toire terrible contre les perturbateurs. Le Parlement,
imitant sa rigueur, et afin d'effrayer par l'exemple,
fit élever une potence au milieu du pré, et le 20 mai
il fit exécuter un écolier nommé Coquastre, dont le
corps fut ensuite brûlé [2].

[1] FÉLIBIEN, *Histoire de Paris*, II, 1052.—VELLY, *Histoire
de France*, XIV, 145.

[2] CRÉVIER, *Histoire de l'Université*, VI, 34. — VELLY,
Histoire de France, XIV, 145.

Cet acte de cruauté n'était pas propre à rétablir
le calme; des placards menaçants furent affichés, et,
le 21 mai, le Parlement rendit un nouvel arrêt plus
sévère encore que le précédent. Il défendait les attroupements et le port des armes *sous peine de la hart*,
et ordonnait que les contrevenants fussent aussitôt
pendus, *sans figure de procès*[1]. Les portes des colléges devaient être fermées à six heures; toutes les
fenêtres donnant sur la rue, murées; et il était enjoint aux principaux de se faire remettre les armes,
et de les déposer à l'Hôtel de ville. L'exécution d'un
semblable arrêt était difficile, la voix des maîtres
n'avait plus d'empire sur la jeunesse, elle refusa d'y
obéir, et lorsque le lieutenant-criminel et le lieutenant civil, accompagnés de leurs gens, se présentèrent pour le faire exécuter, des désordres plus grands
encore éclatèrent. La rue de la Harpe devint un
champ de bataille; des hommes à cheval, armés de
toutes pièces, envoyés, dit-on, par un prince du sang,
le comte d'Enghien, prirent la défense des écoliers[2],
et les magistrats furent obligés de s'enfuir, après
avoir perdu une partie de leur escorte. Nouvel arrêt
du Parlement qui ferma toutes les écoles et suspendit
toutes les leçons. Le roi, alors en Picardie où le rete-
naient les soins de la guerre, écrivit aux magistrats,
pour leur ordonner de continuer les poursuites, et à
l'Université pour lui annoncer qu'il faisait marcher

---

[1] DULAURE, *Histoire de Paris*, IV, 455.
[2] VELLY, *Histoire de France*, XIV, 146.

des troupes sur Paris, que si la rebellion continuait il lui enleverait tous ses priviléges, et que la punition qu'il lui infligerait « serait de perdurable mé-
« moire. » L'Université, effrayée, envoya à la Fère, où
était Henri, une députation dont Ramus était membre ; mais en même temps arrivaient de nouveaux
ordres, dans lesquels le roi déclarait qu'il *mettait*
sous sa main le Pré-aux-Clercs, cause première de
tant de troubles, défendait à tous membres de
l'Université d'y mettre le pied, sous peine de confiscation de corps et de biens, et ordonnait en outre
que les écoliers externes (*martinets*) se logeassent
avant six jours dans l'intérieur des colléges, ou quit-
tassent Paris, et que tous les étudiants étrangers
sortissent de France dans le délai de quinze jours,
sinon qu'ils seraient arrêtés comme prisonniers de
guerre [1].

La publication de cette seconde lettre occasionna
encore des malheurs; des arrestations furent faites,
de nouvelles condamnations à mort prononcées, mais
non suivies d'exécution.

Les députés de l'Université cependant avaient reçu
du roi un accueil assez favorable. Jean de Salignac
qui portait la parole, le ramena à des sentiments plus
doux. L'Université obtint la révocation de toutes les
ordonnances rendues pendant les troubles, et l'an-
nulation des procédures commencées contre ses membres. Le Parlement se montra moins facile, il refusa

---

[1] DULAURE, *Histoire de Paris*, IV, 460.

d'abord d'enregistrer les lettres du roi, et il fallut des
ordres réitérés pour l'y contraindre. L'Université vit
enfin se terminer assez heureusement une affaire qui
était de nature à lui causer de vives inquiétudes. Ce
résultat cependant n'était pas propre à la satisfaire,
et elle put s'apercevoir alors combien sa puissance
était déchue. Cette compagnie naguère si jalouse de
ses droits, qui poursuivait avec tant de hauteur les
moindres atteintes portées à ses priviléges, qui souvent avait osé résister aux volontés du trône, avait
plié dans cette circonstance devant l'autorité du
Parlement. Oubliant jusqu'au souvenir de ses forces,
on ne l'avait pas même vue faire usage des armes,
autrefois si terribles dans ses mains, au contraire, on
les avait tournées contre son sein, et le Parlement,
en prononçant pendant les troubles la fermeture de
tous les colléges, savait bien la frapper d'un coup
sensible. Ce résultat, si différent de celui qu'elle avait
obtenu un siècle auparavant dans les affaires de Sa-
voisi et de Tignonville, était la conséquence des progrès qu'avait faits la civilisation. Sous Charles VI,
l'Université possédait seule l'instruction et les lumières, elle était en quelque sorte le flambeau qui éclai-
rait la France. Sous Henri II, les institutions de
François Ier commençaient à porter des fruits. De
nouvelles Universités s'élevaient dans diverses provinces, et les professeurs royaux faisaient participer
une jeunesse nombreuse aux bienfaits de la science.
L'Université perdit par conséquent de son influence,
elle devint moins nécessaire, elle fut moins ménagée.

Paris était à peine remis de ces troubles lorsque
la France vit commencer une nouvelle série de malheurs. La bataille de Saint-Quentin, perdue par le connétable de Montmorency (août 1557), vint jeter l'effroi
dans le royaume et rappeler le souvenir des funestes
journées de Crécy et d'Azincourt. Des prières furent ordonnées par toute la France, et le 19 septembre on fit à Paris la grande procession de sainte-
Geneviève. Cette procession qui ne se célébrait que
dans les plus tristes calamités, et dans laquelle on
suivait pieds nuds la châsse de la sainte pour mieux
mériter sa protection, était très-ancienne : « moult
« honorablement la faisait porter le roi Charles V,
« quart quand il la faisait porter, celx de notre dame,
« celx des autres colléges tant réguliers que séculiers
« allaient nuds-pieds, et il en venait toujours aucuns
« bons offices [1] ». L'Université y assista avec tous ses
membres. Cette religieuse cérémonie ne diminua en
rien les maux de l'État, et l'Université se ressentit
bientôt de leur influence. Ses priviléges furent sacri-
fiés aux besoins du gouvernement, et une déclaration du 2 novembre portait que les exemptions d'impôts ne concernaient que les principaux, régents, professeurs et écoliers, mais que les clients de la compagnie, les libraires, papetiers etc. etc. en étaient exclus [2].

Le Parlement défendit en même temps par arrêt

---

[1] LE BEUF, *Histoire de la Ville et du Diocèse de Paris*, II,
376.

[2] BULLÆUS, *Historia Universitatis*, VI, 520.

(26 juillet 1558) toutes les réjouissances qui contrastaient avec la détresse générale : la foire du Lendit fut de ce nombre, et l'Université, suivant cet exemple, étendit cette prohibition à la Fête des Rois.

Les malheurs qui accablaient la France à cette époque, avaient augmenté le nombre des réformés ; ils disaient publiquement que c'était une punition du ciel, pour les venger des rigueurs qu'on exercait contre eux [1]. Ces discours ne laissaient pas que de produire de l'effet, et la protection que le roi de Navarre, Antoine de Bourbon, sa femme Jeanne d'Albret et le prince de Condé leur frère, accordaient aux protestants, leur avait donné du courage. Ils commençaient à tenir des assemblées nombreuses, et ils avaient choisi le Pré-aux-Clercs pour le lieu de leur réunion. Ils s'y rendaient pendant la nuit, pour y chanter les psaumes de Marot. Le roi crut devoir faire cesser ces rassemblements ; par son ordre on ferma les portes de Paris qui communiquaient avec le quartier de l'Université et le faubourg Saint-Germain [2]. Des ordonnances sévères furent promulguées contre eux, et l'Université imitant le zèle du monarque indiqua une procession solennelle pour purifier ses propriétés profanées [3].

Ces mesures violentes étaient un moyen peu efficace pour anéantir les hérétiques ; ils se multipliaient

1 VELLY, *Histoire de France*, XIV, 207.

2 VELLY, *Histoire de France*, XIV, 246.

3 CRÉVIER, *Histoire de l'Université*, VI, 65.

avec les persécutions, et la mort malheureuse de
Henri II, tué aux noces de sa fille, en joutant contre
le comte de Montgommeri (29 juin 1559), était
venue en quelque sorte réaliser leurs prophéties.

Le Parlement était de tous les corps celui qui se
montrait le plus ardent défenseur de l'orthodoxie, et
les présidents le Maitre et Minard, ainsi que le procureur général Bourdin, se distinguaient surtout par
la haine qu'ils déployaient contre les réformateurs.
L'Université partageait leurs sentiments; mais cette
conformité d'opinions n'avait pas empêché l'harmonie d'être troublée entre ces deux compagnies. Le
Parlement qui avait montré une grande sévérité
contre elle, lors des troubles de 1557, n'était pas
encore revenu de sa prévention, et saisissait toutes les
circonstances pour le lui témoigner. Il reprocha avec
amertume à la faculté de médecine de Paris, illustrée
alors par Fernel, la jalousie qui régnait entre ses
membres, et manda à sa barre le doyen pour lui faire
des réprimandes sur ce que, dans les maladies,
« les docteurs prenaient toujours des avis opposés les
« uns aux autres, et sur ce qu'ils ne voulaient con-
« sulter qu'avec ceux qui partageaient leurs doctrines
« médicales ».

Le tour de la faculté de théologie vint ensuite.
De tous temps ses membres avaient le droit de prêcher dans Paris, sans être astreints à aucune formalité : on voulut le leur ravir sous le prétexte que
quelques prédicateurs virulents avaient abusé de leur
ministère, et fait entendre des paroles séditieuses du

haut de la chaire de vérité. Le Parlement, par arrêt du
16 décembre 1559, leur défendit de prêcher à l'avenir sans avoir obtenu l'agrément de l'évêque de Paris [1]. Cette dépendance dans laquelle on voulait les
placer, alarma non seulement les théologiens, mais
encore l'Université tout entière. Elle réclama auprès
de la cour, et un nouvel arrêt du 20 février 1560
vint modifier le premier; il ordonna que la faculté
présenterait à l'évêque une liste de ses membres,
dont elle garantirait les opinions, et que ceux-là pourraient prêcher librement.

C'était porter atteinte à son ancienne liberté; mais
la compagnie fut obligée de se soumettre, espérant
que le temps lui rendrait les avantages qu'elle se voyait
enlever. Il est vrai que le Parlement ne se montrait
pas toujours aussi sévère, et vers le même temps il
rendait, sur la requête et à la grande satisfaction de
l'Université, un arrêt qui obligeait, malgré le refus
qu'il en avait fait, un professeur de l'Université de
Poitiers, élu à une chaire de droit à Paris, à prêter
serment à la compagnie [2]. Cette affaire fournit à
l'Université l'occasion de s'élever contre l'explication
des *Institutes*, faite par les professeurs en décret. Malgré quelques efforts infructueux, la prohibition portée
contre le droit romain par Honorius subsistait toujours; l'Université demanda que les professeurs se

[1] FÉLIBIEN, *Histoire de Paris*, II, 1071.

[2] BULLEUS, *Historia Universitatis*, VI, 530. — CRÉVIER,
Histoire de l'Université, VI, 76.

renfermassent dans le droit canon, mais elle ne s'opposa pas à ce que les heures qui n'étaient pas consacrées aux décrétales, fussent données au droit civil. C'était un pas de fait vers un affranchissement que réclamaient les besoins du siècle.

Le zèle rigoureux que Henri II avait déployé contre les hérétiques, n'avait pas eu un heureux résultat. Loin de les abattre, les persécutions les avaient au contraire augmentés. Tous les jours leur nombre s'accroissait de nouveaux prosélytes; parmi eux se trouvaient une foule d'hommes élevés et puissants, et ils étaient arrivés au point de pouvoir obtenir par la crainte les sûretés que leur refusaient l'humanité et la justice. Les Guises jetaient alors les fondements de leur énorme puissance; alliés à François II lui-même, qui avait épousé Marie-Stuart leur nièce, ils avaient pris sur l'esprit faible de ce jeune prince une influence proportionnée à leurs grands talents. Leur empire sur le roi avait mécontenté les princes du sang; leur zèle ardent contre les protestants, qu'on commençait à cette époque à appeler *huguenots*, du nom d'une porte de la ville de Tours, où ils avaient coutume de s'assembler [1], les avait rendus leurs ennemis irréconciliables. Les deux partis se réunirent pour les renverser : tel était le but de la conjuration d'Ambroise en 1560. Découverte et étouffée dans des flots de sang, le calme pour cela ne fut

---

[1] Pasquier, *Recherches de la France*, liv. VIII, ch. 55. — Mezeray, *Histoire de France*, III, 773.

pas rétabli. Chaque jour des placards injurieux contre les Guises étaient affichés à Paris ; les écrits, les brochures se multipliaient, et les supplices ne pouvaient en arrêter le cours. C'est en vain qu'un libraire chez lequel on trouva un exemplaire d'un libelle, intitulé le *Tigre*, fut pendu [1] ; le lendemain il en reparaissait de nouveaux. L'Université, comme on sait, exerçait sur les libraires du temps un pouvoir assez étendu, que le gouvernement a fini par lui enlever ; ils étaient, ainsi que les imprimeurs, sous sa juridiction immédiate. Le Parlement, composé d'hommes dévoués aux Guises et auxquels le chancelier de l'Hôpital reprochait leur asservissement, enjoignit (20 avril 1560) à l'Université de s'assembler, et de délibérer sur les moyens propres à arrêter les impressions furtives. Elle obéit aux ordres qu'elle recevait, mais elle ne put empêcher un mal qui prenait sa source dans les malheurs du moment et l'exaspération générale des esprits.

Pour porter un remède aux maux de l'État et de l'Église violemment tourmentés , le vœu général de toutes les classes du royaume était pour la convocation des États-généraux. On sait sous quels auspices ils devaient s'ouvrir ; c'était en présence de l'échafaud du prince de Condé. Les Guises menacés par l'opinion publique, odieux aux protestants qu'ils persé-

[1] De Thou, *Histoire Universelle*, livre XXV. — Bayle, *Dictionnaire critique*, article François de Guise. — Velly, *Histoire de France*, XIV, 471.

cutaient, avaient formé le projet de les anéantir.
Arrachant à l'oubli dans lequel elle gissait, la profession de foi en vingt-neuf articles, rédigée sous le règne
de François Ier en 1543 par la faculté de théologie,
ils devaient la faire jurer par tous les Français, envoyant au supplice quiconque aurait hésité. Après
avoir ainsi purgé la France, ils devaient, aidés par
la maison d'Autriche et l'Espagne, marcher sur Genève et noyer ses habitants dans le lac, dont ils voulaient, suivant l'expression de Mézeray, *faire renfler
les truites* [1]. Les États-généraux pendant la tenue
desquels ces projets devaient être mis à exécution,
avaient été convoqués pour le mois de décembre à
Orléans. L'Université fut invitée d'y envoyer des députés pour donner son avis sur les matières qui devaient s'y traiter; elle s'empressa de le faire, et dans
les articles qui furent dressés par elle, se trouvait
la demande du rétablissement de la pragmatique, et
de l'abolition de la vénalité des charges [2].

La mort de François II (5 décembre 1560), enlevé à la fleur de son âge, après un règne de courte
durée, n'empêcha pas la tenue des États. Charles IX
son frère, âgé à peine de dix ans, lui succéda, et ils
s'ouvrirent le 13 décembre. Jean Quintin, professeur
en droit canon, et l'un des députés de l'Université,
porta la parole au nom du clergé [3]. Son discours,

[1] MÉZERAY, *Histoire de France*, II, 794.
[2] CRÉVIER, *Histoire de l'Université*, VI, 85.
[3] VELLY, *Histoire de France*, XV, 38.

qu'il fut obligé de désavouer le lendemain, est empreint du fanatisme de son époque; il invoqua contre
les protestants les supplices et la mort : « Votre majesté,
« dit-il au roi, forte et armée de fer, doit résister
« aux hérétiques, c'est à cette fin, non autre, que
« Dieu lui a mis le glaive en main pour défendre les
« bons et punir les mauvais ; car nul ne peult nier
« que l'hérétique ne soit mauvais *capitalement*, ergo
« punissable *capitalement* et suject au glaive du ma-
« gistrat,.... et nous vous supplions, sire, que si quel-
« que fossoyeur de vieille hérésie par impiété s'ingérait
« et voulait introduire et renouveller aucune secte
« jà condamnée et à ceste fin présentast requeste, de-
« mandast temple et permission d'habiter en ce royau-
« me, que tel porteur de requestes, comme fauteur
« d'hérétique, soit lui mesme tenu et déclaré pour
« hérétique, et que contre lui soit procédé selon la
« rigueur des constitutions canoniques et civiles, *ut*
« *auferatur malum de medio nostri* : car les paro-
« les de Dieu sont telles, garde-toi des hérétiques,
« de jamais faire amitié, d'estre confédéré, de con-
« tracter mariage avec eux ; garde-toi qu'ils n'habi-
« tent en la terre; n'aye aucune compassion d'eux ; bats-
« les ; frappe-les jusques à internecion [1] ».

Le Tiers-État et la noblesse à la tête de laquelle se
trouvait le célèbre amiral de Coligni, demandèrent
la liberté de conscience et le libre exercice des
cultes.

[1] BAYLE, *Dictionnaire critique*, article QUINTIN.

L'ordonnance d'Orléans, rédigée d'après ces principes, sanctionna d'aussi justes demandes, et renfermait plusieurs dispositions remarquables et utiles, si elles eussent été suivies. Les décrets des conciles de Bâle et de Constance furent proclamés, les élections canoniques remises au suffrage, les annates supprimées, et l'administration de la justice établie sur des bases plus conformes à l'équité et aux vœux de la nation.

Il fut aussi question dans cette même assemblée d'une réforme de l'Université. Les trois ordres de l'État avaient indiqué les améliorations nécessaires, ils avaient fait sentir le besoin de favoriser l'éducation primaire, et d'établir dans toutes les paroisses du royaume des écoles gratuites, où les enfants pussent puiser quelque instruction; et le Tiers-État, en son particulier, avait demandé la fondation dans toutes les Universités de France d'une chaire de morale et de politique [1]. Ramus, dans un discours adressé à Charles IX, et imprimé en 1562 [2], indiqua, relativement à l'Université de Paris, les points sur lesquels la réforme devait porter : c'était sur la diminution des frais d'études, et la méthode d'enseignement.

Les frais d'étude, en effet, étaient devenus tellement exorbitants, que les gens riches seuls pouvaient y atteindre : car, si l'on en excepte la faculté de décret, dont le prix de tous les cours pour parvenir au

[1] VELLY, *Histoire de France*, XV, 67, 76, 82.
[2] *Avertissement de Ramus*, Paris, *André Wechel*, 1562.

doctorat ne s'élevait pas au-delà de *vingt-huit écus*, tous les autres étaient excessifs. Ainsi la maîtrise ès-arts coûtait seule *cinquante-six livres treize sous*; le doctorat en médecine, *huit cent quatre-vingt-une livres cinq sous*; le doctorat en théologie, *cent deux livres*. Ramus proposait une réduction sur toutes ces sommes, et demandait que les honoraires des professeurs fussent prélevés « *sur tant de rentes et tant* « *de revenus*, que possèdent les moines, chanoines, « abbés et évêques [1]. »

Quant à l'enseignement, excepté encore la faculté de décret, dans laquelle cependant il demanda l'introduction du droit civil, il se plaint de l'absence de leçons publiques et périodiques, telles qu'on les faisait autrefois rue du Fouare, et qui depuis plusieurs années étaient interrompues. Il s'élève contre les disputes scolastiques, alors fort à la mode, et qui n'étaient d'aucune utilité pour la science, et il ramène tout à l'étude des textes, à cette époque complètement oubliés.

L'attention que l'Université avait donnée à l'assemblée des États-généraux, où s'agitaient des questions si importantes pour elle, ne lui avait pas fait oublier un usage qu'elle avait l'habitude de faire renouveler au commencement de chaque règne; c'était la confirmation de ses priviléges. Ils ne l'avaient pas été pendant le règne si court de François II; Jean Quintin, en partant pour Orléans, avait été chargé

---

[1] CRÉVIER, *Histoire de l'Université*, VI, 91.

d'obtenir cette confirmation de Charles IX, et elle
eut lieu par des lettres-patentes en date du 30 mars
1561 [1]. Mais ces confirmations, qui pendant long-
temps eurent des effets réels, avaient fini par n'être
plus considérées que comme une coutume qu'on ne
se faisait aucun scrupule d'enfreindre. Aussi verrons-
nous la compagnie, qui déja plusieurs fois avait pu
s'apercevoir combien elle devait peu compter sur les
promesses royales, adresser en plusieurs circonstances
ses doléances à Charles IX, se plaindre d'avoir perdu
la plupart de ses priviléges, et supplier pour qu'on
respecte au moins ceux qui lui sont restés.

On avait à cette époque bien peu de temps pour
écouter ses prières; la cour était le théâtre de mille
intrigues, et l'on attendait avec anxiété le résultat de
la lutte qui s'établissait entre les Guises et la maison
de Bourbon, qui s'était déclarée protectrice des réformés. Ceux-ci devenaient de jour en jour plus puissants. Le prince de Condé et l'amiral de Coligni
étaient à leur tête : c'est en vain que le Parlement,
défendait (1561), « sous peine de la hart, et *sans*
« *espérance de grace*, toutes assemblées illicites,
« et toutes impressions de livres sur la religion,
« qui n'auraient pas été approuvés par deux doc-
« teurs en théologie [2]. » Les assemblées et les livres
se multipliaient. Le Pré-aux-Clercs était toujours
le rendez-vous des protestants : il fut encore ensan-

---

[1] *Priviléges de l'Université*, pag. 139.
[2] VELLY, *Histoire de France*, XV, 107.

glanté par les écoliers qui plusieurs fois s'y portèrent pour en chasser des hérétiques qui leur étaient
odieux, et il fallut faire à l'Université des défenses
sévères pour arrêter l'effervescence de ses suppôts.
Ces défenses furent faites, car la cour était disposée à la tolérance. La reine Catherine de Médicis,
dominée par la faction des Guises, cherchait, en
s'appuyant sur leurs adversaires, à échapper à la domination des princes lorrains. Ses sentiments étaient
partagés par la plupart de ceux qui l'entouraient;
aussi le recteur ayant voulu présenter au roi une requête de l'Université, pour le supplier de protéger
la religion catholique, il eut de la peine à obtenir
audience, et en se retirant il fut sifflé par les courtisans[1].

C'est alors que fut résolue cette fameuse conférence
entre les protestants et les catholiques, connue sous
le nom de *colloque de Poissi*, et dans laquelle on
devait discuter sur les points contestés. L'Université,
qui craignait les conséquences d'une lutte ainsi publique, s'y opposa en vain, ses efforts furent sans
succès; et on refusa d'admettre une requête présentée
par la faculté de théologie, et tendant à ce que les
hérétiques ne reçussent *aucune audience*[2]. L'Université, mécontente de voir ses craintes méprisées, se dis-

---

[1] BULLEUS, *Historia Universitatis*, VI, 541. — CRÉVIER,
Histoire de l'Université, VI, 103.

[2] D'ARGENTRÉ, *Collectio judiciorum de novis erroribus*, II,
292. — MÉZERAY, *Histoire de France*, II, 818.

pensa, malgré l'invitation expresse qui lui en avait été faite, d'envoyer des députés à une assemblée qu'elle n'approuvait pas. Le roi, comme on sait, la présida sous la direction du chancelier de l'Hôpital; et après bien des disputes, bien des controverses, on se sépara, plus éloigné que jamais de se réunir. Là brillèrent des deux côtés les plus célèbres docteurs; Théodore de Bèze, le cardinal de Lorraine, Claude d'Espense, Jean de Salignac, membres de l'Université, et Jacques Lainez, successeur d'Ignace, et général des jésuites.

L'établissement à Paris de ces religieux avait éprouvé en 1554 les plus vives oppositions de la part du Parlement, du clergé et de l'Université. Mais le temps était venu où ils devaient enfin, à la faveur des querelles religieuses, sortir de l'état précaire dans lequel ils se trouvaient[1]. Protégés par les Guises qui s'étaient déclarés leurs patrons, ils obtinrent, en 1560, de François II des lettres-patentes qui enjoignaient au Parlement d'enregistrer les bulles relatives à leur admission et à leurs priviléges. La cour, avant de prononcer, ordonna (10 juillet 1560) communication des pièces à l'évêque de Paris, « pour être or- « donné ce que de raison. »

Revenant sur ses premiers sentiments, Eustache du Bellai donna son approbation à leur institut, à condition toutefois qu'ils prendraient un autre nom que celui de *Jésuites*, et qu'ils ne pourraient ensei-

[1] De Thou, *Histoire Universelle*, livre XXXVII.

gner qu'autant qu'ils auraient été *reçus et approuvés
par des Universités fameuses* [1].

Malgré ces précautions, le danger devenait immi-
nent, l'Université le sentit ; elle s'assembla extraordinairement, et, par une délibération du mois d'août
suivant, elle refusa solennellement son approbation [2].

Cette opposition inspira des craintes aux Jésuites,
à cause de l'influence de l'Université. Ils résolurent
d'en paralyser l'effet, et déclarèrent en conséquence
que, quels que fussent leurs priviléges, ils ne voulaient
préjudicier en rien, ni aux lois du royaume, ni aux
libertés de l'Église gallicane. Munis de cette déclaration,
ils se présentèrent de nouveau devant le Parlement :
mais la cour ne voulant pas se charger de la responsabilité de leur introduction en France, les renvoya
devant l'assemblée de Poissi, et rendit, le 22 février
1561, un arrêt dans lequel, « tout considéré, elle
« ordonne que les suppliants se pourvoiront, si bon
« leur semble, au conseil général, ou assemblée pro-
« chaine qui se fera en l'Église sur l'approbation de
« leur dit ordre [3]. »

C'est dans cet état qu'ils se présentèrent à Poissi où
s'était réuni le clergé français, sous la présidence du
cardinal de Tournon, qui leur était dévoué. Il leur
importait d'obtenir cette approbation, car l'évêque

---

[1] D'ARGENTRÉ, *Collectio judiciorum de novis erroribus*, II,
première partie, 523.

[2] *Annales des soi-disants Jésuites*, I, 10. — BULLEUS, *Historia Universitatis*, VI, 573.

[3] *Annales des soi-disants Jésuites*, I, 13.

de Clermont, Guillaume Duprat, qui les avait attirés
en France, venait de mourir, en leur léguant des
sommes considérables (quarante mille écus[1]) pour
construire deux colléges sous leur direction, l'un à
Paris, l'autre à Billom en Auvergne ; et comme ils
n'étaient pas encore légalement reconnus, le Parlement avait refusé de leur accorder la délivrance du
legs. A Poissi ils n'eurent pas de peine à réussir, car
ils se trouvèrent sans contradicteurs, l'Université
n'ayant pas voulu y envoyer des députés. Ils obtinrent
donc des prélats assemblés cette approbation si dési-
rée : elle ne fut néanmoins donnée qu'avec de grandes
restrictions. En voici les termes : « L'assemblée a reçu
« et reçoit, a approuvé et approuve ladite société et
« compagnie, par forme de *société et collége*, et non
« de *religion nouvellement instituée*, à la charge
« qu'ils seront tenus de prendre autre titre que de
« *Société de Jésus* ou *Jésuites*, et que sur icelle dite
« société et collége, l'évêque diocésain aura toute
« superintendance, jurisdiction et correction de chas-
« ser et ôter desdites compagnies les *forfaiteurs* et
« *malvivants*. N'entreprendront point les frères d'i-
« celle compagnie, et ne feront ne en spirituel, ne en
« temporel, aucunes choses au préjudice des évêques,
« chapitres, curés, paroisses et *Universités*, ni des
« autres religions ; ains seront tenus de se confor-
« mer entièrement à la disposition du droit commun,
« sans qu'ils aient droit ne jurisdiction aucune ; et

[1] MEZERAY, *Histoire de France*, II, 831.

« renonçant au préalable et par exprès à tous pri-
« viléges portés par leurs bulles aux choses susdites
« contraires. Autrement et faute de ce faire, ou que
« pour l'avenir ils en obtiennent d'autres, les présentes
« *demeureront nulles* et de nul effet et vertu[1]. »
(15 septembre 1561.)

Le Parlement approuva, le 14 janvier 1562, leur
institut, leur fit les mêmes défenses que le clergé, et
leur ordonna de porter le nom de *collége de Clermont*, en mémoire de leur premier protecteur.

On vient de voir les concessions que firent les Jésuites, les précautions qu'on apporta à leur établissement; on verra comment ils ont tenu leurs promesses,
et comment ils se sont conformés aux ordres qu'ils
avaient reçus.

La dissidence des opinions religieuses, et les disputes théologiques avaient jeté, à cette époque, les
esprits dans l'exagération la plus outrée. Les uns,
c'étaient les protestants, attaquaient le pape avec violence; les autres prétendaient lui attribuer un pouvoir universel et dangereux. Cette opinion de la suprématie du pape était professée par la plupart des
membres de l'Université composant la faculté de théologie; et souvent les propositions les plus dangereuses,
les plus subversives de l'ordre social et politique,
étaient agitées dans son sein, et approuvées. Une thèse
entre autres, soutenue au collége d'Harcourt par un

---

[1] BULLEUS, *Historia Universitatis*, VI, 582. — CRÉVIER,
Histoire de l'Université, VI, 112. — *Annales des soi-disants
Jésuites*, I, 15.

bachelier en théologie nommé Tanquerel, fixa l'attention du gouvernement. On y soutenait que « le
« pape, vicaire de Jésus-Christ sur la terre, et mo-
« narque, possédait les deux puissances temporelle
« et spirituelle, et qu'il pouvait priver de leurs royau-
« mes et États les princes rebelles à ses ordres [1]. »
Le chancelier de l'Hôpital ordonna au Parlement de
poursuivre, et le président Christophe de Thou fut
commis. Tanquerel, et le docteur Cahun qui avait
présidé la thèse, furent arrêtés et obligés de faire une
rétractation publique devant la cour. Le doyen de la
faculté, Nicolas Maillard, et quatre docteurs, furent
également appelés, et reçurent de l'avocat-général
Dumesnil une sévère réprimande pour avoir souffert
la discussion de semblables doctrines. Par arrêt du 2
décembre 1561, l'exercice de la théologie fut interdit
pendant quatre ans au collége d'Harcourt; défense fut
faite d'avancer à l'avenir de semblables propositions,
sous peine de cent marcs d'or d'amende et de privation de tous priviléges, et on enjoignit aux théologiens
d'envoyer une députation au roi pour implorer sa
clémence [2]. Il paraît que cet exemple et les paroles

[1] Quod papa Christi vicarius, monarcha, spiritualem et tem-
poralem habens potestatem, principes, suis præceptis rebelles,
regno et dignitatibus privare potest. PASQUIER, *Recherches de la
France*, liv. III, chap. 18. — DUVERNET, *Histoire de la Sorbonne*, I, 278.

[2] MEZERAY, *Histoire de France*, II, 831. — PASQUIER, *Recherches de la France*, liv. III, chap. 16. — VELLY, *Histoire
de France*, XV, 210.

II. 6

du ministère public firent sur eux peu d'impression;
car le doyen de théologie, ayant voulu disculper sa
compagnie, s'excusa en disant: « Quant à ce qu'ont
« dit les gens du roi, *encore que la question soit*
« *problématique*, aiment trop mieux pour le roy du-
« quel ils sont très-humbles et très-obéissants servi-
« teurs et subjets, tenir le contraire; et tout ainsi que
« l'un a été autrefois disputé, ainsi a *esté le contraire;*
« toutesfois, sont tous prêts d'obéir en ce qui leur sera
« enjoint [1]. »

La discorde causée par les querelles de religion
était entrée jusque dans le sein de l'Université. Plusieurs de ses membres partageaient les opinions des
réformateurs, et les événements politiques qui venaient
de se passer leur avaient donné l'espérance d'obtenir
enfin ce qu'ils désiraient, la liberté de conscience.
La plupart des maîtres de l'Université, cependant,
était fortement prononcée contre les nouvelles doctrines, lorsque l'édit de 1562, connu sous le nom
d'*Édit de Janvier*, vint accorder aux religionnaires
le libre exercice de leur culte. L'Université alors se
déclara. Déja les corps judiciaires avaient reçu avec
déplaisir une ordonnance qui leur semblait porter
atteinte à la religion de leurs pères: le clergé de Paris
et l'Université vinrent donner de la force à leur résistance, en s'opposant auprès de la cour à l'enregistrement de l'édit (24 janvier 1562 [2]). Quoique les gens
du roi refusassent de recevoir leur opposition, disant:

[1] CRÉVIER, *Histoire de l'Université*, VI, 123.
[2] VELLY, *Histoire de France*, XV, 233.

« Que la cour entendait mieux que le clergé et l'Uni-
« versité ce qu'elle avait à faire. » Néanmoins, les magistrats, sûrs de leur assentiment, refusèrent positivement d'enregistrer l'édit, et en ordonnèrent la suppression. Il fallut trois lettres de jussion du roi pour
le contraindre à obéir; encore ne s'y détermina-t-il
qu'en déclarant que c'était « sans approbation de la
« nouvelle religion, et *provisoirement.* »

Enhardis par ce succès, les protestants ne craigni-
rent plus d'avouer leur croyance, et l'Université put
en compter un grand nombre dans son sein. A leur
tête était Ramus. Il s'éleva contre l'inconvenance de
l'opposition faite par le recteur à l'enregistrement de
l'édit de janvier, et déclama surtout contre le culte
des images. Ses sentiments à cet égard étaient, il est
vrai, partagés par plusieurs illustres docteurs de
l'Université, les d'Espense, les Salignac, qu'on ne
pouvait pas soupçonner de protestantisme. L'Université s'assembla, et après une longue et orageuse discussion, dans laquelle la conduite de Ramus fut
blâmée, celui-ci redoutant l'exaspération des esprits
crut devoir céder pour quelque temps à l'orage; il
quitta Paris, et se retira à Fontainebleau où le roi
lui donna un asyle [1]. Dans cette même assemblée,
l'Université prit aussi la résolution de déférer au
procureur-général, François Beaudoin, jurisconsulte
célèbre, et l'un des soutiens du calvinisme [2].

---

[1] BAYLE, *Dictionnaire critique*, article RAMUS.
[2] BAYLE, *Dictionnaire critique*, article BEAUDOIN.

L'Université partageait, comme on voit, le zèle qui animait tous les catholiques contre les protestants. La France alors était en feu; le massacre de Vassi (1 mars 1562) avait en quelque sorte été le signal de la guerre. Les religionnaires assassinés avaient couru aux armes, et repoussaient par la force les proscriptions qui pesaient sur leurs têtes. Le duc de Guise, qui avait violé l'édit de janvier, rendu malgré son opposition, fit publier, de concert avec le connétable de Montmorency et le maréchal de Saint-André, un édit qui ordonnait à tous les corps du royaume et à tous individus indistinctement de prêter un serment de catholicité, calqué sur la profession de foi que la faculté de théologie avait rédigée en 1547.

Le Parlement donna l'exemple. Tout le monde fut obligé de jurer, sous peine d'être privé de sa charge; les avocats eux-mêmes n'en furent pas exempts [1]. L'Université en fit ensuite autant, et un décret de la compagnie bannit de son sein et déclara déchus de leurs priviléges ceux de ses membres qui n'auraient pas donné leur consentement à la formule de foi. Ramus et un grand nombre d'autres maîtres furent ainsi exclus de l'Université. On astreignit à la même formalité tous les clients de la compagnie, libraires, relieurs, etc., etc., et le docteur Mouchi ou Démocharès, fameux par son fanatisme, et dont le nom a servi, dit-on, à former le mot *mouchard* [2], fut commis pour recevoir leur serment.

[1] *Arrêt du Parlement du 6 juin* 1562.
[2] DULAURE, *Histoire de Paris*, IV, 149.

La guerre n'en continuait pas moins avec fureur entre les deux partis. C'est en vain que dans ces temps de calamités le vertueux de l'Hôpital faisait tous ses efforts pour le maintien des lois et le rapprochement des deux partis, ils étaient infructueux. Sur la fin de l'année cependant, après la bataille de Dreux (20 décembre 1562), signalée par la mort du maréchal de Saint-André et la captivité du prince de Condé et du connétable, le chancelier parvint à obtenir du roi une déclaration contenant abolition de tout le passé. L'Université, agissant sous l'impulsion du Parlement, s'opposa encore à son enregistrement, sous le prétexte qu'une ordonnance ainsi rendue « au pro-« fit des hérétiques, séditieux et perturbateurs du « repos public, était grandement pernicieuse à ladite « Université et à toute la république chrétienne [1]. » Mais la face des affaires devait bientôt changer; l'assassinat du duc de Guise par Poltrot (18 février 1563) et sa mort, arrivée au siége d'Orléans, venaient de relever les espérances du parti protestant. Tout le monde, catholiques et réformés, était las de la guerre, le prince de Condé avait rallié autour de lui des forces considérables, on se résolut enfin à la paix. Le 19 mars 1563, un nouvel édit de pacification fut publié et enregistré sans obstacle. La liberté de conscience était proclamée, le libre exercice de la nouvelle religion permis, le passé oublié et les bannis rappelés et réintégrés dans leurs biens.

---

[1] CRÉVIER, *Histoire de l'Université*, VI, 144.

L'Université, malgré son catholicisme, fut obligée
de se soumettre, rappela ceux de ses membres qu'elle
avait expulsés, et Ramus reprit alors ses fonctions
de professeur royal et de principal du collége de
Presles.

Cette époque était celle de la clôture du concile de
Trente; pour la première fois, dans une assemblée
de ce genre, l'Université n'y envoya pas de deputés;
la faculté de théologie seule, avait choisi douze de
ses membres pour accompagner le cardinal de Lorraine [1]. L'Université cependant avait reçu au mois
d'octobre 1560, de l'évêque de Paris, l'invitation d'y
envoyer une députation; mais il est probable que les
troubles qui agitaient le royaume, et son peu de richesses l'empêchèrent de prendre part aux délibérations importantes de cette assemblée célèbre, et de
suivre un usage auquel elle s'était conformée depuis
tant de siècles. Sa présence cependant aurait pu y
être utile; car on sait que les réclamations des ambassadeurs de France, qui demandaient, entre autres choses, la réformation de la cour de Rome, le
mariage des prêtres et la communion sous les deux
espèces, furent étouffées par les prélats italiens, qui
formaient la majorité du concile, et qui, n'ayant
d'autre volonté que celle du pape, faisaient dire
plaisamment d'eux « qu'ils recevaient de Rome le
« saint Esprit dans une valise [2]. »

---

[1] LAUNOY, *Regii Navarræ Collegii Historia*, pag. 385. —
MEZERAY, *Histoire de France*, II, 879.

[2] VELLY, *Histoire de France*, XV, 361.

Vers le même temps (1562), l'Université avait à supporter une rude attaque, que l'on croyait venir des Jésuites. Ces religieux n'avaient pas oublié la répugnance que la compagnie leur avait montrée, et les obstacles qu'elle avait apportés à leur établissement en France. Il ne s'agissait de rien moins alors que de réduire l'Université à trois collèges, et déja des ordres avaient été expédiés au procureur - général, pour travailler au nouveau plan. A peine fut - il connu, que le recteur alarmé assembla l'Université tout entière, une députation fut envoyée à la reine, et le projet fut abandonné, mais non pas pour toujours ; car, en 1614, les ennemis de la compagnie s'efforcèrent, sans plus de succès, de le faire revivre [1].

Les Jésuites qu'on soupçonnait d'être les auteurs de cette alarme, n'avaient cependant pas de raisons pour en vouloir à l'Université. La conduite qu'elle avait tenue à leur égard, était la même qui l'avait toujours dirigée depuis les premiers temps de son existence; et si elle avait montré contre eux plus d'énergie, c'est que de leur côté ils avaient mis plus d'opiniâtreté. On se rappelle en effet qu'elle avait constamment vu avec défaveur les religieux réguliers, et que si elle avait été obligée de les admettre dans son sein, ce n'avait été qu'à son corps défendant. Ces sentiments existaient toujours; et quoique les religieux mendiants, qui ne se livraient pas à l'éducation de

---

[1] Crévier, *Histoire de l'Université*, VI, 155.

la jeunesse, dussent leur inspirer moins de crainte, elle s'opposait néanmoins toujours à leur admission dans la faculté de théologie. Le nombre de ceux qui pouvaient en faire partie, était fixé par des régle- ments anciens, qu'elle savait maintenir avec vigueur, et au-delà elle refusait de les recevoir. Vainement ils se présentaient avec les recommandations les plus puissantes, avec des lettres du roi lui-même; et deux jacobins, en faveur desquels Charles IX écrivit jusqu'à six lettres de cachet, dont les dernières étaient même d'un style menaçant, ne furent pas pour cela plus heureux [1].

L'Université tenait à ses anciens usages, et ce respect, quelquefois poussé trop loin, pouvait de- venir nuisible, en empêchant l'agrandissement vers lequel tendaient les études. Depuis la défense faite par Honorius III, en 1220, l'enseignement du droit civil était proscrit à Paris, et toutes les tentatives qu'on avait faites pour l'y introduire, avaient été sans succès. Les professeurs en droit ne se rebutaient cependant pas : ils les renouvelèrent en 1562, en les appuyant des plus puissants motifs, puisque Orléans, Bourges et Angers, les seules villes où se trouvas- sent des *Universités de lois*, étaient alors au pouvoir des huguenots. Ils demandaient que Paris pût offrir à la jeunesse catholique la science qu'elle ne pouvait aller puiser dans des villes infectées de l'hérésie. Mais les causes qui s'étaient toujours opposées à leur de-

---

[1] CRÉVIER, *Histoire de l'Université*, VI, 163.

mande, triomphèrent cette fois encore; on craignait
que cette étude ne fît déserter les autres écoles, et
surtout celle de théologie [1]. C'était néanmoins le
dernier succès que les anciens usages devaient obtenir; six ans après le Parlement, cédant aux besoins
de la science, permit, par arrêt en date du 19 juin
1568, d'enseigner à Paris le droit civil, concurremment avec le droit canon [2]. Cet arrêt excita bientôt
les plaintes des Universités d'Orléans, d'Angers et
de Poitiers, auxquelles il portait préjudice. La cour
revint plus tard sur ses dispositions (1572), et se
fondant sur ce que la France étant en paix, les raisons qui l'avaient déterminé n'existaient plus; elle
déclara, sans toutefois proscrire positivement le droit
civil, que ceux qui l'auraient étudié à Paris ne
pourraient pas s'en prévaloir pour être reçus avocats [3].

Un droit imposé sur le papier, en 1564, dans
un temps où l'état obéré employait tous les moyens
possibles pour se procurer de l'argent, excita les
réclamations de l'Université, sur laquelle il devait
principalement peser; elle forma opposition à l'édit
qui l'ordonnait, en s'appuyant sur une déclaration de
Henri II, de 1553, qui déclarait « la marchandise de
« papier exempte de tous péages et subsides. » L'affaire fut portée au Parlement: Montholon et de Thou
plaidèrent pour l'Université et les libraires; leurs dis-

[1] BULLEUS, *Historia Universitatis*, VI, 551.
[2] CRÉVIER, *Histoire de l'Université*, VI, 230.
[3] BULLEUS, *Historia Universitatis*, VI, 728.

cours, véritables panégyriques du papier et de l'usage
auquel il sert, firent impression sur l'esprit des magistrats, ils ordonnèrent des remontrances. L'Université adressa aussi des représentations; le roi, ou
plutôt le chancelier de l'Hôpital, qui protégeait les
études, et qui tout récemment (1564) venait de
rendre un édit portant, que dans toute église cathé-
drale où il y aurait plus de dix chanoines, le revenu
d'une prébende serait affecté « à l'entretenement d'un
« ou plusieurs maîtres d'école [1], » les accueillit favorablement; et bientôt (1565) des lettres-patentes
rétablirent l'exemption que Henri IV confirma encore en 1595.

Mais ce n'était pas toutes ces choses qui occupaient le plus l'Université : elle était alors (1564)
engagée dans une lutte bien vive contre des adversaires dont elle avait déja éprouvé les forces, et qui
n'étaient pas à dédaigner. Trois ans s'étaient écoulés
depuis que les Jésuites avaient été admis en France,
à condition qu'ils quitteraient un nom devenu odieux
à tout le monde. Leurs vœux cependant n'étaient
exaucés qu'à moitié; ils avaient bien un collége,
mais il leur manquait encore la permission de l'U-
niversité pour pouvoir y faire des leçons publiques,
et l'Université s'était assez fortement prononcée
contre eux pour leur faire craindre de ne pas l'obtenir. D'ailleurs, les statuts universitaires s'y oppo-
saient : les religieux réguliers ne pouvaient être reçus

---

[1] MEZERAY, *Histoire de France*, II, 910.

que dans les facultés de théologie et de droit canon, la faculté des arts leur avait toujours été interdite. Les Jésuites ne voulaient donc pas en rester là : ils voulaient plus encore que la théologie enseigner les *arts*, c'est-à-dire la grammaire, la rhétorique et la philosophie, sachant combien il était important pour eux de diriger l'éducation de la jeunesse, afin de lui donner des impressions qui leur fussent favorables. Julien de Saint-Germain, partisan des Jésuites, était à cette époque recteur de l'Université; il était résolu de tout faire pour leur être utile ; et ceux-ci, jaloux de parvenir à leur but, acceptèrent tous les moyens qui pouvaient les y conduire, quelle qu'en fût l'irrégularité. Le 24 février 1564, le recteur, au mépris de tous les réglements universitaires, sans assembler la compagnie, sans même consulter les chefs des diverses facultés et des nations, leur expédia des lettres de scolarité [1].

L'acte était nul au fond et dans la forme, car le recteur seul n'avait pas capacité pour le délivrer, et en outre le greffier de l'Université n'avait pas concouru à sa rédaction. Décidés cependant à en faire usage, les Jésuites attendirent le commencement de la nouvelle année scolaire, et, le 1er octobre 1564, on vit apparaître au-dessus de leur porte cette inscription : *Collége de la Société de Jésus* ; violant ainsi la défense qui leur avait été faite au colloque de

[1] BULLEUS, *Historia Universitatis*, VI, 583. — CRÉVIER, *Histoire de l'Université*, VI, 166.

Poissi. Pour s'attirer en même temps des élèves, ils annonçaient comme gratuites les leçons pour lesquelles la faculté des arts, qui n'avait pas comme eux des dotations, était obligée de prendre de modiques honoraires.

A la nouvelle de cette audacieuse entreprise, l'Université s'assemble : Ramus et Galland s'élèvent avec force contre eux ; on rappelle les craintes qu'ils inspirent, leurs statuts contraires aux sentiments et aux libertés de l'Église de France, et Jean Benoît, doyen de la faculté de théologie, s'écrie : « qu'il y a long-« temps que cette secte des Jésuites, qui ne reconnaît « aucun supérieur dans l'Université, a été condamnée, « rejetée et chassée par la faculté de théologie. D'ail-« leurs, ajouta-t-il, s'ils veulent à toutes fins enseigner, « qu'ils aillent aux lieux où il manque de maîtres, et « qu'ils n'entreprennent pas de pervertir le bel ordre « d'études qui règne à Paris, et d'y substituer le dé-« sordre et la confusion [1]. » L'avis de toutes les facultés fut unanime, et on leur défendit de faire aucunes leçons ; quinze jours après, la défense fut renouvelée [2],

---

[1] CRÉVIER, *Histoire de l'Université*, VI, 170.

[2] Nos Joannes Prevost, Universitatis studii parisiensis rector, *ex communi consensu et decreto totius Universitatis*, iterum inhibemus omnibus et singulis Jesuistis, ne amplius palam et publice legant ac profiteantur litteras in hac Universitate, donec exhibuerint diplomata et alias litteras quæ nobis fidem faciant de eorum facultate et privilegiis.

Datum sub sigillo rectoris, anno domini 1564, die 20 mensis octobris. *Annales des soi-disants Jésuites*, I, 18. — BULLEUS, *Historia Universitatis*, VI, 584.

et injonction faite au nouveau recteur de soutenir vigoureusement les droits de l'Université.

Mais les Jésuites avaient agi avec célérité et adresse, et déja ils avaient obtenu du Parlement un arrêt qui *provisoirement* les maintenait en possession de faire des leçons. Néanmoins, pour ne pas trop irriter leur puissante adversaire, ils lui avaient présenté une humble supplique dans laquelle ils s'engageaient à renoncer à toutes les magistratures académiques, promettant obéissance au recteur, et de s'acquitter de tous les devoirs *compatibles avec leur institut.* En même temps ils annonçaient partout qu'ils sauraient bien contraindre l'Université à les adopter de *gré* ou de *force.*

L'Université persévéra dans la résolution qu'elle avait prise, et les cita à comparaître devant la compagnie assemblée le 18 février 1565, pour répondre sur la question de savoir s'ils étaient séculiers ou réguliers. Voici le procès-verbal de leurs réponses.

D. Êtes-vous séculiers, réguliers ou moines?

R. Nous sommes en France tels que le Parlement nous a nommés, c'est-à-dire la société du collége que l'on appelle de Clermont.

D. Êtes-vous réellement moines ou séculiers?

R. Il ne vous appartient pas de nous faire cette question.

D. Êtes-vous en effet moines, réguliers ou séculiers.

R. Nous avons déja répondu plusieurs fois : nous sommes *tels que* le Parlement nous a nommés. Nous ne sommes pas tenus d'en dire davantage.

D. Vous ne donnez pas de réponse sur le nom, sur la chose, vous dites que vous ne voulez pas répondre; le Parlement vous a défendu de prendre le nom de Jésuites ou de Société de Jésus.

R. La question de nom importe peu : vous pouvez nous citer en justice, si nous prenons un nom qui nous soit interdit par arrêt [1].

On reconnaît ici toute l'adresse des Jésuites : ils ne voulaient pas convenir qu'ils s'appelaient Jésuites, parce que ce nom leur était défendu; ils ne voulaient pas non plus convenir qu'ils étaient réguliers, parce que les statuts universitaires se seraient opposés à leur admission, et ils s'efforçaient d'éluder toutes les questions qui pouvaient donner prise contre eux: « comme « le nom de religieux, disaient-ils dans un de leurs « mémoires, n'est attribué qu'aux moines qui mènent « une vie extrêmement parfaite, nous ne sommes « pas religieux en ce sens, parce que nous ne nous « piquons pas de mener une vie si sainte et si relevée: « toute l'occupation des premiers n'étant que de va- « quer à des œuvres pieuses, au lieu que toute la nôtre « consiste *principalement* dans l'étude des sciences « et des arts qui peuvent être utiles au public [2]. » L'Université ne fut pas leur dupe; et, sur leur refus de répondre cathégoriquement, elle réitéra contre eux son décret d'exclusion, avec défense aux écoliers, sous peine de privation des priviléges et droits de

---

[1] Crévier, *Histoire de l'Université*, VI, 177.

[2] *Annales des soi-disants Jésuites*, I. *Introduction*, 23.

scolarité, d'aller prendre leurs leçons. Elle se fonda
surtout sur ce que ils ont voué au pape une obéissance aveugle (*obedientia cæca*), et sur ce que
« elle admet, comme l'église gallicane , le concile au-
« dessus du pape; par quoi elle ne peut recevoir
« société ni collége, tel soit-il, qui mette le pape par-
« dessus le concile[1]. »

Pour donner plus de force à sa volonté, l'Université crut devoir invoquer les lumières des plus célèbres jurisconsultes. Dumoulin , consulté par elle sur
la question de savoir : *si on doit recevoir les Jésuites
en France et dans l'Université de Paris*, fut d'avis,
en s'appuyant sur les principes professés par les
Guillaume de Saint-Amour, les Gerson , les Dailly,
que leur établissement serait pernicieux, entraînerait
avec lui un danger irréparable, et causerait un grand
préjudice à l'État, et en particulier à l'Université
parisienne[2]. Le barreau de Paris, appelé également
à donner son opinion, la termina en disant « que
« quelques protestations que fassent les Jésuites, il les
« faut non-seulement non incorporer au corps de l'U-
« niversité, mais bien chasser et exterminer totale-
« ment de cette France[3]. » (24 mars 1584 .) *Signé* DE
THOU, etc. etc.

Ne pouvant triompher de la résistance de l'Université, les Jésuites se décidèrent à avoir recours aux

---

[1] BULLEUS, *Historia Universitatis*, VI, 587. — *Annales des
soi-disants Jésuites*, I, 22.

[2] *OEuvres de Charles Dumoulin*, V, édition in-folio.

[3] *Annales des soi-disants Jésuites*, I, 29.

moyens violents, et ils l'assignèrent devant le Parlement. Versoris, déjà célèbre, était leur avocat ; Etienne
Pasquier plaidait pour l'Université, et à côté de lui
intervenaient avec elle le prévôt des marchands, les
échevins, l'évêque et les curés de Paris, le cardinal
de Châtillon, conservateur apostolique, les chanceliers de Notre-Dame et de Sainte-Geneviève, les administrateurs des hôpitaux et les ordres mendiants.

L'affaire fut plaidée avec solennité. Pasquier y jeta
les fondements de sa réputation. Il examina les statuts de la société des Jésuites, qu'il appelle *messieurs
les Ignaciens* : il signala comme dangereuse leur
constitution qui admet une *grande* et une *petite* observance : car, dit-il, « comme ainsi soit qu'en cette
« petite observance, l'on ne fasse vœu ni de pauvreté
« ni de virginité, aussi sont indifféremment reçus
« prêtres et gens laïcs mariés ou non mariés : telle-
« ment que, suivant cette règle, il ne serait pas imper-
« tinent de voir toute une ville jésuite. » Il rappelle
ensuite avec détail les moyens qu'ils emploient auprès
des femmes pour les porter à *advocasser* en leur faveur. Il y a parmi eux, ajoute-t-il, « trois ou quatre frères
« qui reluisent pardessus tous les autres, et ils sont
« accoutumés d'être distribués par le général de leur
« ordre dans les provinces où l'on veut planter un
« collége. Là ils débitent un peu de savoir qu'ils ont
« appris de long-temps, et quand leur denrée est ven-
« due, ils s'acheminent aux autres lieux, auparavant
« que leur marchandise ne s'évente. En cette façon se
« gouvernaient du temps de nos pères quelques pré-

« dicateurs passagers qui voyageaient de lieu à autre,
« ayant seulement trois ou quatre sermons dans leurs
« manches, dont ils repaissaient le pauvre peuple. »

L'avocat rappela alors l'opposition qu'ils avaient
éprouvée tant auprès du Parlement que de la part
du ministère public, et les craintes qu'ils avaient inspirées à l'Université, à un moment où ils ne demandaient pas encore à entrer dans son sein : « Les nourrir
« au milieu de nous, messieurs, c'est y introduire un
« schisme (car leur hérésie est aussi dangereuse que
« celle de Luther), et autant d'espies (espions) és-
« pagnols et ennemis jurés de la France, dont nous
« sentirons les effets au premier remuement que les
« malheurs du temps nous pourront apporter. Con-
« sidérez, magistrats, combien il importe à la France
« que vos enfants ne soient pas élevés par eux ! On
« leur lit quelques livres d'humanités et de philoso-
« phie ; mais cependant on leur enseigne parmi tout
« cela toutes propositions contraires à l'ordre hiérar-
« chique tant de nostre religion que d'Estat : et, à peu
« dire, on en fait une pépinière pour être ennemis
« du roi lorsque les occasions s'en présenteront.

« Quant à nous, continua-t-il, on nous reproche
« notre cupidité... on nous oppose votre libéralité...
« Dois-je appeler libéralité de ne prendre un sol pour
« l'entrée de votre collége, et néanmoins vous être ren-
« dus riches, en dix ans, de plus de cent mille écus ?
« C'est être libéral comme le pêcheur qui donne à la
« mer un ver pour en rapporter un gros poisson ;
« comme le brigand qui, par promesses, attire le

II.   7

« passant dans ses embûches, pour lui ôter la vie et
« son avoir. Où est le collége de toute notre Univer-
« sité qui se soit ainsi conduit, et qui en deux cents
« ans soit parvenu à de telles richesses ? »

Reprochant aux Jésuites leur attachement servile et
exclusif au pape : « Quoi! s'écriait-il avec éloquence,
« si le malheur du temps nous renvoyait un autre
« Boniface VIII, qui voulût censurer le roi et sonner
« une croisade contre la France en faveur d'un mo-
« narque illégitime et étranger, ayant ces nouveaux
« vassaux de la papauté, n'auriez-vous pas en eux
« autant d'ennemis, qui suborneraient par leurs prê-
« ches le simple peuple contre votre Estat? Que de-
« viendront désormais nos appellations au concile
« général futur ? Que deviendront nos appellations
« comme d'abus, principaux nerfs de notre républi-
« que sans scandale, contre les entreprises indues qui
« se peuvent faire en cour de Rome?... Le seul moyen
« d'éviter ces calamités est d'extirper la race et racine
« des Jésuites, quand même ils renonceraient à leurs
« bulles et à leurs richesses, ce qu'ils ne peuvent
« faire l'un sans l'autre, car leur bulle est leur épouse
« qui les a fait doter en si peu de temps d'une infi-
« nité de biens ; *si uxorem dimittis*, *dotem reddatis*
« *oportet*. Si au contraire vous les tolérez, messieurs,
« vous serez aussi quelque jour les juges de votre
« condamnation ; quand par le moyen de votre con-
« nivence vous verrez les malheurs qui en advien-
« dront, non seulement en la France, mais par toute
« la chrétienté ».

Pasquier termina sa remarquable plaidoierie en disant : « La cause qui se traite maintenant, messieurs, « ne regarde point tant le corps de l'Université que « l'intérêt de vous et de vos enfants, bref de toute la « postérité. Et si toutes ces remontrances ne vous « émeuvent, nous appelons, pour conclusion de notre « plaidoyer, Dieu à témoin, et protestons à la face « du monde que nous n'avons failli à notre devoir, « afin que si nos craintes se réalisent, au moins la « postérité connaisse que ce siècle n'a été dépourvu « d'hommes qui de longue main ont prévu la tem- « peste future. Espérons donc que nos petits neveux « se souviendront que l'Université de Paris, la pre- « mière de la France et de l'univers, ne fut jamais « lasse et ne se lassera jamais de combattre toutes « sortes de sectes et novalités, premièrement pour « l'honneur de Dieu et de son Église, puis pour la « majesté de notre prince, et finalement pour le repos « et la tranquillité de l'Estat [1] ».

Malgré l'avis favorable à l'Université de l'avocat- général Dumesnil, qui concluait à ce que « des deniers « et biens délaissés aux Jésuites par l'évêque de Cler- « mont, il soit établi à Paris un collége dirigé par « un principal, bon personnage, non régulier d'aucun « ordre, *encore moins de cette société*, dans lequel « seraient nourris et institués gratis douze pauvres

---

[1] PASQUIER, *Plaidoyer pour l'Université contre les Jésuites.* Voyez *Recherches de la France*, liv. III.

« enfants [1], » il n'intervint pas de décision définitive. Les Jésuites qui prévoyaient que l'arrêt ne pouvait que leur être contraire, se remuèrent de tous les côtés, firent agir leurs protecteurs parmi lesquels on comptait Christophe de Thou, premier président, et enfin l'affaire fut appointée, la cour ordonnant que toutes choses demeureraient en état (29 mars 1565). « C'est un coup fourré, disait Pasquier [2], « car ils ne furent « pas incorporés au corps de l'Université comme ils « le requéraient; mais aussi estant en possession de « faire lectures publiques ils y furent continués [3] ».

L'Université reconnaissante envoya à son défenseur une bourse de velours « contenant plusieurs « escus »; il la refusa en disant qu'il était son nourrisson, et que tout le temps de sa vie serait à son service. La compagnie, justement touchée de sa délicatesse, ordonna alors que tant qu'il vivrait on lui porterait tous les ans deux cierges le jour de la chandeleur; récompense honorable et que Pasquier estimait par-dessus tout.

L'arrêt que le Parlement venait de rendre avait laissé indécise la question qu'on avait soulevée; la guerre resta ouverte entre les Jésuites et l'Université, qui s'efforça d'intéresser à sa cause les hommes

---

[1] *Conclusions de l'avocat-général Dumesnil.* Voyez *Annales des soi-disants Jésuites*, I, 76.

[2] PASQUIER, *Lettres*, livre XXI, lettre 2.

[3] PASQUIER, *Lettres*, livre IV, lettre 24.

sur le crédit desquels elle pouvait le plus compter.
Bientôt l'intérêt de sa conservation l'emportant sur
ses scrupules religieux, elle envoya (12 mai 1565)
au prince de Condé, qui s'était déclaré en France
le chef des protestants, une députation pour le prier
d'user de son influence « pour faire chasser les Jésui-
« tes, obstacles très-nuisibles aux études publiques [1] ».
Mais cette entreprise passait les forces du prince, et
l'Université fut réduite à veiller à ce que ces rivaux
qu'elle était obligée de souffrir, ne prissent pas trop
de crédit.

Depuis l'édit de pacification de 1563, l'Université avait vu reparaître dans son sein plusieurs de
ses membres, que la fureur des querelles religieuses
avait forcés de s'éloigner. Ramus était revenu reprendre au collége royal, dont il était doyen, ses
leçons interrompues, et son zèle pour le bien des
études ne tarda pas à lui créer de nouveaux ennemis. Un professeur de mathématiques était mort,
et sa chaire avait été donnée à un homme incapable de la remplir. Ramus obtint, par le crédit
du cardinal de Châtillon, une ordonnance du roi
(24 janvier 1566) qui enjoignait au nouveau titu-
laire « et généralement à tous autres venants aux le-
« çons royalles, de se faire examiner par les anciens
« professeurs [2] ». Celui-ci, hors d'état de supporter

[1] Ut illius prudentia et concilio, isti Jesuitæ, publicorum stu-
diorum remoramenta, exturbarentur. CRÉVIER, *Histoire de l'U-
niversité*, VI, 194.

[2] CRÉVIER, *Histoire de l'Université*, VI, 197.

cette épreuve, abandonna la partie et vendit, dit-on, sa charge à Jacques Charpentier, docteur en médecine et ennemi de Ramus, contre lequel il s'était signalé dans la dispute à propos d'Aristote. Les efforts du doyen furent alors dirigés contre ce nouvel adversaire, et la contestation fut portée au Parlement, qui par provision maintint Charpentier dans la place, mais en même temps il ordonna, par arrêt du 11 mars 1566, que pour l'avenir les chaires ne seraient *obtenues qu'au concours*. Cet arrêt fut confirmé par des lettres patentes du roi, données à Moulins la même année, mais il ne reçut jamais d'exécution ; l'usage l'emporta sur la loi [1]. Peu de temps s'était écoulé, lorsque l'ignorance de Charpentier en mathématiques vint fournir de nouvelles armes à Ramus ; il ne fut cependant pas plus heureux cette seconde fois que la première. Charpentier puissamment protégé parvint à se maintenir, mais il n'oublia pas Ramus, et il conserva dans le fond de son cœur une haine qu'il assouvit plus tard dans le sang de son ennemi.

L'Université n'avait pris aucun parti dans cette querelle ; elle était restée simple spectatrice, et elle travaillait alors à faire cesser des débats qu'une question de préséance avait fait naître. Les principaux des colléges refusaient dans l'intérieur la place d'honneur au recteur chef de la compagnie tout entière, et prétendaient se l'attribuer. Ces difficultés

---

[1] VELLY, *Histoire de France*, XIII, 259.

que l'amour-propre perpétuait durèrent assez long-
temps, et il fallut une conclusion formelle de l'Université (5 octobre 1594) pour assurer au recteur le
rang qui lui était dû.

La compagnie s'occupait aussi à cette époque de
rechercher les ouvrages entachés des erreurs du protestantisme; mais ce soin était plus particulièrement
dévolu à la faculté de théologie, qui fixait principalement son attention sur les traductions françaises
de la Bible, que les calvinistes de Genève répandaient
par toute l'Europe. Toutes les versions de l'Écriture-
Sainte, même celles que les catholiques avaient faites,
étaient considérées avec défiance, et elles étaient pres-
qu'enveloppées dans la même proscription. Réné Be-
noit, docteur en théologie et curé de Saint-Eustache,
en avait fait une, et quoique ses principes ne fussent
pas douteux, la faculté la condamna et retrancha
l'auteur de son corps. Ce décret sévère ne diminua en
rien la considération dont il jouissait ; Henri IV se
l'attacha dans la suite, en qualité de confesseur, et
il rentra dans la faculté de théologie, dont il devint
même le doyen.

Néanmoins ces condamnations doctrinales n'étaient
pas propres à rendre le calme aux esprits, et à diminuer l'effervescence qui régnait toujours. La guerre
civile venait encore de recommencer: les protestants
toujours commandés par le prince de Condé et l'a-
miral de Coligny avaient repris les armes, s'étaient
avancés vers Paris, et le chef de l'armée royale et
catholique, le connétable de Montmorenci, avait été

tué à la bataille de Saint-Denis (10 novembre 1567)
où les deux partis s'étaient rencontrés.

Les succès des réformés avaient relevé le courage
de leurs partisans, plusieurs avaient quitté Paris et
s'étaient réfugiés dans le camp du prince de Condé;
Ramus et quelques autres maîtres de l'Université
étaient de ce nombre. La compagnie, alarmée d'un
exemple qui pouvait devenir dangereux, et aigrie
contre les protestants dont les troupes avaient pillé
la foire du Lendit [1], s'assembla; les fugitifs furent interdits de leurs fonctions par arrêt du Parlement, et
l'Université présenta requête au roi pour contraindre tous ses membres à faire leur profession de foi
entre les mains du recteur, sous peine de privation
de leurs offices [2]. Ramus se vengea bien noblement
de la sentence prononcée contre lui; car, rentré à
Paris après la cessation des hostilités (1568), il consacra le fruit des travaux de toute sa vie à fonder
une chaire de mathématiques, qui ne pouvait être
obtenue qu'au concours, et qu'il dota de cinq cents
livres de rente [3].

La paix fut de nouveau faite, et ne dura pas plus
long-temps que les précédentes : on l'appela la paix
de Chartres, ou la *petite paix* [4], à cause de sa brié-
veté. A peine était-elle signée, que déja on la violait.
Les protestants qui devaient être traités sur le pied

[1] MÉZERAY, *Histoire de France*, II, 966.
[2] BULLEUS, *Historia Universitatis*, VI, 659.
[3] BAYLE, *Dictionnaire critique*, article RAMUS.
[4] MÉZERAY, *Histoire de France*, II, 987.

de l'égalité avec les catholiques, étaient partout ex-
posés à la fureur de la populace, que les prédicateurs
excitaient contre eux. Malgré les promesses royales, on les destituait de leurs places et des emplois dans
lesquels on avait juré de les maintenir, et à la requête de l'Université le roi rendait, le 3 juin 1568,
une ordonnance ainsi conçue : « Sa Majesté a ordonné
« et ordonne que tous ceux qui enseignent et ensei-
« gneront ou feront lectures, soit en escoles publiques
« ou privées dans ladite Université, mesme ceux qui
« ont gages de Sa Majesté pour faire lecture et exer-
« cice public, *seront de la religion catholique et*
« *romaine...* et où il s'en trouverait qui ne vou-
« draient garder et observer ce que dessus, Sa Ma-
« jesté veut qu'ils soient privés de leurs dites char-
« ges et fonctions, et qu'en leurs places y soient
« pourvus d'autres de la qualité suffisante [1] ». Le chancelier de l'Hôpital qui considérait une semblable ordonnance comme une atteinte portée à la paix,
refusa de la sceller. Cet acte de courage fut le dernier
de ce vertueux magistrat. Les Guises, redoutant l'aus-
térité de ses principes, parvinrent à le faire disgra-
cier, et à l'exiler d'une cour turbulente et corrompue
dont sa sagesse et sa conduite étaient la satyre vivante.
Son éloignement des affaires enleva aux protestants
la seule garantie qui leur restait. Aigris par des vexations continuelles, ils adressèrent au roi de nouvelles
plaintes, lui déclarant « qu'ils étaient contraints de

[1] CRÉVIER, *Histoire de l'Université*, VI, 222.

« reprendre les armes, non contre Sa Majesté, ny
« contre la religion catholique, mais contre le car-
« dinal de Lorraine (qu'ils flétrissaient des épithètes
« de capelan, tigre et tyran), et qu'ils le poursuivraient
« à toute outrance, lui et ses suppôts, comme bestes
« carnacières et dévorantes, infracteurs de la foy pu-
« blique, ennemis de la paix et de la maison royale [1], »
et ils se levèrent en masse. Le roi, tout en s'opposant
à leurs efforts, pour attirer sur ses armes la protection
divine, ordonna à Paris une procession générale où
l'Université tout entière assista.

Les circonstances parurent alors favorables à la
compagnie pour se débarrasser d'un dignitaire dont
les opinions religieuses étaient bien peu conformes
aux siennes. Le cardinal de Châtillon, évêque de
Beauvais, était, depuis l'année 1552, son conservateur apostolique. Ce prélat, plus dévoué aux intérêts
de sa maison et de son frère l'amiral de Coligny, qu'à
ceux de l'Église dont il était un des chefs, avait ouvertement embrassé la réforme. Le pape l'avait dégradé
vers la fin du concile de Trente, et lui-même avait
acquiescé à cette sentence en quittant la pourpre romaine pour prendre le titre de comte de Beauvais.
Depuis il s'était marié. L'Université voulut rompre
les liens qui l'unissaient à lui; et, par une délibération du 26 octobre 1568, elle le priva de sa charge,
et nomma, pour le remplacer, l'évêque de Meaux,
Jean du Tillet.

[1] MÉZERAY, *Histoire de France*, II, 1000.

Cette réforme en attira une autre dans l'intérieur de l'Université. On sait que de temps immémorial les chanceliers des églises de Notre-Dame et de Sainte-Geneviève étaient en possession de conférer tous les grades académiques, pour l'obtention desquels l'usage s'était introduit, malgré les efforts de l'Université, de leur payer un droit. La faculté de décret cherchait alors à s'affranchir de cette obligation. Cette tentative, qui fut repoussée à cette époque par arrêt du Parlement, eut par la suite plus de succès; la faculté parvint un siècle après, vers 1678, à secouer le joug, et à nommer seule ses docteurs et ses licenciés [1]. Mais cet esprit d'indépendance était personnel aux professeurs en décret; les autres facultés, et surtout la faculté de théologie, avaient conservé les vieilles coutumes. Tous les ans les bacheliers en théologie étaient invités, par le chancelier de Notre-Dame, à se rendre à l'évêché pour assister à leurs *paranymphes.* C'était une cérémonie qui terminait les examens nécessaires pour arriver à la licence; elle commençait par un discours prononcé par un orateur désigné, et à la suite duquel les candidats recevaient le pouvoir d'enseigner. Cette cérémonie, honorée de la présence du Parlement, et toute sérieuse dans son origine, dégénéra, à ce qu'il paraît, de sa gravité primitive.

[1] « C'est ce que m'a certifié M. Lorry, illustre professeur en « droit, qui joint à une grande érudition en tous genres une « connaissance parfaite de l'histoire de la faculté, dont il est un « des ornements. » *Note de* CRÉVIER, *Histoire de l'Université,* VI, 241.

On y distribuait des dragées, et le *paranymphe*, chargé de haranguer, apostrophait d'une manière bouffone les postulants, et ses paroles renfermaient « communément ou des plaisanteries ou des traits « mordants et satyriques, qui souvent donnaient lieu « à des clameurs indécentes [1]. » On tâcha de faire cesser cette cérémonie ridicule; mais l'usage, plus fort que les défenses, la maintint encore long-temps, et ce ne fut qu'en 1747 qu'on la vit disparaître tout-à-fait.

[1] *Mémoire pour la Faculté de Théologie au sujet des Para-nymphes*, Paris, 1747.

CHAPITRE III.

Charles IX protège les savants. — Projet d'une académie entravé par l'Université.—Journée de la Saint-Barthélemi.—Assassinat de Ramus.—Visite des ambassadeurs polonais à l'Université.— Mort de Charles IX. — Henri III. — Il fonde trois nouvelles chaires au collége Royal.—Université de Leyde. — Nouveau réglement de réforme. — Les médecins et les chirurgiens. — Existence de la Ligue. — États de Blois. — L'Université y envoie des députés.—Ordonnancé de Blois.—Sarcasmes des écoliers sur les courtisans.—Transformation des messagers universitaires en messagers royaux. — Jean Boucher recteur. — Visite du duc de Guise à la Sorbonne. — Collége de Fortet appelé *Berceau de la Ligue.* — Désordres dans l'Université.— Sixte V.—Journée des Barricades.—Édit de réunion juré par l'Université. — Seconds États de Blois. — Mort des Guise. — Décrets de la Sorbonne contre Henri III.—Assassinat du roi. — La Sorbonne déclare Henri IV indigne du trône. — Siége de Paris. — Harangue du docteur Rose. — États de Paris. — Conversion du roi. — Déclaration de l'Université en faveur de Henri IV.—L'Université reprend le procès contre les Jésuites. —Plaidoyers d'Arnauld et de Dollé.—Les Jésuites sont bannis. — Reconnaissance de l'Université envers son avocat.

Au milieu des fureurs de la guerre civile, Charles IX, qui régnait alors, protégeait assez les lettres et l'Université. Un nouveau collége, le collége des Grassins, rue des Amandiers n° 14, en haut de la montagne

Sainte-Geneviève, venait d'être fondé (1569) dans
son sein, par Pierre Grassin, conseiller au Parlement, qui avait légué une somme de quatre-vingt-
dix mille francs pour six *grands* boursiers étudiants
en théologie, et douze *petits* étudiants en humanité
ou en philosophie [1]. Plusieurs des maisons consacrées
à l'enseignement jouissaient d'une haute célébrité, et
entre autres le collége de Navarre, qui comptait parmi
ses élèves plusieurs membres de la famille royale et
les enfants des plus grands seigneurs. « Le jeune
« prince de Béarn, depuis Henri IV, dit l'historiogra-
« phe Mathieu, fut mis au collége de Navarre pour
« y être institué aux bonnes-lettres. Il y eut pour
« compagnon le duc d'Anjou, depuis Henri III, qui
« fut son roi, et le duc de Guise, qui le voulut être [2]. »
Le roi allait quelquefois les y visiter [3], « pour l'intérêt
« qu'il prenait aux études. » En effet, ce prince, plus
instruit qu'on ne l'était généralement à sa cour, et
qui avait eu pour précepteur le naïf traducteur de
Plutarque, Jacques Amyot, aimait et cultivait la musique et la poésie. Il s'était entouré de gens de lettres; et Baïf, qui faisait partie des neuf poètes qui
composaient la *Pléiade française*, et parmi lesquels
on remarquait Ronsard, du Bellay, Jodelle et Du-
bartas, avait conçu le projet, réalisé plus tard par le

[1] DULAURÉ, *Histoire de Paris*, IV, 281. — FÉLIBIEN, *Histoire de Paris*, II, 1109.

[2] CRÉVIER, *Histoire de l'Université*, VI, 233.

[3] LAUNOY, *Regii Navarræ Collegii Historia*, 341.

cardinal de Richelieu, de fonder une *Académie* dont
le roi accepta le titre de protecteur et premier *audi-*
teur. Il avait obtenu, à cet effet, des lettres-patentes ;
mais le Parlement refusa de les enregistrer, et ordonna qu'elles seraient communiquées à l'Université [1].
La compagnie accueillit ce dessein avec défaveur ;
elle fit subir plusieurs interrogatoires au fondateur,
et finit par s'opposer à son exécution. Baïf se passa
de son consentement ; on lui accorda de nouvelles
lettres-patentes qui défendaient à qui que ce fût de
lui apporter obstacle, et il organisa son académie, qui
tint ses séances dans sa maison, sur les fossés Saint-
Victor ; mais cette société ne pouvait subsister long-
temps au milieu des discordes publiques, et elle ne
tarda pas à s'anéantir.

La paix avait été encore une fois rompue ; le prince
de Condé avait péri au combat de Jarnac (1569),
assassiné après la bataille par Montesquiou [2]. Cette
mort n'avait cependant pas abattu le courage des protestants ; ils continuèrent de se défendre, et obtinrent,
les armes à la main, un nouvel édit de pacification
(11 août 1570) qui leur accordait la liberté de conscience, la conservation de leurs charges et dignités,
et dont l'un des articles portait « qu'il n'y aurait au-
« cune distinction pour recevoir aux *escoles* tous ceux
« qui s'y présenteraient [3]. » A la faveur de ces con-
ventions, les membres de l'Université qui en avaient

[1] BULLEUS, *Historia Universitatis*, VI, 722.
[2] MÉZERAY, *Histoire de France*, II, 1015.
[3] MÉZERAY, *Histoire de France*, II, 1067.

été exclus par les derniers réglements s'efforcèrent d'y
rentrer; à leur tête était Ramus. L'Université s'y opposa en se fondant sur les termes du traité qui inter-
disaient aux protestants Paris et sa banlieue. Une déclaration du roi, du 8 octobre 1570, vint à son secours, et de plus défendit aux libraires de vendre
aucun livre censuré par la faculté de théologie; et, afin
d'assurer l'exécution de cette défense, il fut permis à
cette faculté « d'en faire la recherche et visitation ès-
« maisons des libraires [1]. »

Cependant, à cette époque, les protestants étaient
traités avec la plus apparente bienveillance. La reine-
mère, Catherine de Médicis, et ses conseillers, avaient
résolu, de concert avec le roi, d'anéantir un parti
qui chaque jour devenait plus redoutable. N'ayant
pu en triompher par la force, ils appelèrent à leur
aide la perfidie et la trahison; et alors même qu'ils
comblaient de caresses l'amiral de Coligny et les
chefs protestants, qui, ralliés sincèrement autour du
trône, étaient venus à Paris sur la foi des traités, ils
organisaient ce que Mézeray appelle *la chasse royale*[2],
et leur mort était résolue. C'est le 24 août 1572, le
jour de la Saint-Barthélemi, qu'eut lieu cet atroce
attentat. Quatre mille réformés, l'élite de la France,
périrent à Paris seulement dans cette nuit affreuse,
et l'histoire a pris soin, en conservant leurs noms,
de venger ces victimes du fanatisme.

---

[1] CRÉVIER, *Histoire de l'Université*, VI, 259.
[2] MÉZERAY, *Histoire de France*, II, 1070.

Plusieurs membres de l'Université, enveloppés dans la proscription générale, succombèrent aussi sous le poignard des assassins. Le plus célèbre est Ramus. Au bruit du massacre, il s'était caché dans une cave du collége de Presles, rue Saint-Jean-de-Beauvais n° 22, dont il était le principal. Mais la haine veillait sur lui, elle sut le découvrir. Charpentier, son ennemi et son collègue, saisit l'occasion qui était offerte à sa vengeance. Après avoir exigé de Ramus de l'argent qui devait servir à racheter ses jours, il le livra à la fureur des sicaires qu'il menait à sa suite. Son corps, dépouillé de tout vêtement, fut jeté par les fenêtres dans la cour même de son collége. Ses entrailles arrachées furent abandonnées aux animaux, et l'on dit que les écoliers, animés par leurs maîtres d'une rage féroce, insultèrent à son cadavre, qu'ils traînèrent dans les rues et mirent en pièces [1].

Telle fut la récompense que l'intolérance et l'envie réservèrent à ses talents, à ses lumières, et au zèle qu'il avait toujours montré pour l'Université dont il faisait partie. Il fit sans cesse des efforts pour améliorer les études; il voulut introduire l'usage de donner les places aux plus dignes par le moyen des concours; il tenta enfin plusieurs innovations, mais qui ne furent pas toutes également heureuses. De ce nombre était

[1] DE THOU, *Histoire Universelle*, livre LII. — MORERY, *Dictionnaire*, article RAMUS. — CRÉVIER, *Histoire de l'Université*, VI, 265.

II.   8

le projet de réformer l'orthographe française; projet
dont on peut voir le plan dans la grammaire française
de Desmarets.

Ramus ne fut pas la seule victime des *rigueurs* de
la Saint-Barthélemi; Denis Lambin, professeur royal
d'éloquence, expira de frayeur dans son lit en apprenant la fin tragique de Ramus [1].

Tous les catholiques applaudirent au coup d'État
dont Paris venait d'être le théâtre. Le pape, c'était
alors Grégoire XIII, qui avait succédé cette même
année (1572) à Pie V, envoya un légat en France
pour complimenter le roi, et la faculté de théologie
s'empressa de rédiger une formule d'abjuration que
l'on faisait jurer aux huguenots prisonniers [2]. Ce fut
là toute la part que l'Université prit à ces événements.
Du reste, et on doit le dire à sa louange, la conduite
du gouvernement n'eut pas pour effet de rendre son
orthodoxie plus intolérante; et, à part quelques excès
commis par un petit nombre d'énergumènes, on n'a,
dans ces tristes circonstances, rien à lui reprocher.
Seulement, elle tâcha de se préserver des erreurs de
la réforme, mais sans montrer plus de violence
envers ses sectateurs. Un professeur au collége du
Mans, nommé le Bossu, ancien précepteur de l'in-
fant d'Espagne, dom Carlos, fut le seul que l'Université fit citer devant son tribunal comme prévenu de

[1] MÉZERAY, *Histoire de France*, II, 1100.
[2] MÉZERAY, *Histoire de France*, II, 1107.

partager les nouvelles doctrines ; encore, après quelques incidents, fut-il renvoyé de la plainte et rétabli
dans ses fonctions [1].

Cette modération, peu conforme aux sentiments de
la cour, ne nuisit cependant en aucune manière à la
considération dont la compagnie était entourée ; et l'année d'après (1573), dans l'assemblée solennelle qui fut
tenue dans la grande salle du palais pour entendre la
lecture du décret de la diète polonaise, qui élevait sur le
trône des Jagellons le duc d'Anjou, le recteur et les
députés de l'Université y assistèrent placés au-dessous
du Parlement. « L'Université, dit un ancien histo-
« rien, fut une des merveilles qui causèrent le plus
« d'admiration aux ambassadeurs polonais ; et quand
« ils eurent entendu discourir tant de professeurs
« consommés en toutes sortes de langues et de scien-
« ces, ils ne doutèrent plus que toutes les autres uni-
« versités de l'Europe n'eussent été dérivées de celle-
« là, comme les rivières et les autres mers le sont du
« grand océan [2]. »

Cette considération ne l'abandonna pas sous le
gouvernement du successeur de Charles IX. Ce prince
avait fini (30 mai 1574), avant d'avoir atteint sa
vingt-cinquième année, un règne qui n'avait été marqué que par des troubles et des malheurs. Les mas-
sacres de la Saint-Barthélemi, sans cesse présents à
sa pensée, déchiraient, dit-on, son ame oppressée par

[1] BAYLE, *Dictionnaire critique*, article BOSSULUS.
[2] MÉZERAY, *Histoire de France*, II, 1148.

8.

les remords ; et sa mort, précédée d'une maladie affreuse et inconnue, semblait être l'effet de la vengeance du ciel. A peine était-il descendu dans la tombe
que son frère se hâta d'abandonner la Pologne, pour
venir reprendre, dans sa patrie, le sceptre de ses
ancêtres. L'arrivée en France de Henri III fut l'occasion d'une nouvelle paix entre les catholiques et les
protestants, dans laquelle il était permis à ces derniers, conformément à leurs demandes, « de tenir
« écoles et leçons publiques [1]. » Lorsque le nouveau
roi fit son entrée à Paris, l'Université harangua ce
prince, « qui avait de l'estime et de l'inclination pour
« les belles-lettres, même quelques connaissances de
« la morale et de l'histoire [2] ; » il lui promit sa protection, et en donna presque aussitôt des marques en
fondant au collége Royal trois chaires ; l'une pour la
théologie, l'autre pour la chirurgie, et la troisième
pour la langue arabe.

L'Université s'occupait encore, à ce moment-là, des
Jésuites. Depuis la dernière lutte devant le Parlement
et le plaidoyer foudroyant de Pasquier contre eux, ces
religieux s'étaient tenus tranquilles ; mais après la
Saint-Barthélemi, comme les catholiques avaient pris
le dessus, ils crurent que, grace au zèle ardent qu'ils
avaient toujours déployé, ils verraient tous les obstacles s'aplanir devant eux. Ils renouvelèrent en consé-

[1] Édit du 20 mai 1576. — MÉZERAY, *Histoire de France*,
III, 99.

[2] MÉZERAY, *Histoire de France*, III, 115.

quence leurs tentatives auprès de l'Université. La
compagnie, sans les admettre ni les rejeter, décida
d'abord qu'elle les tolérerait (*délibération du* 14
septembre 1572); mais bientôt après, le 12 février
1573, elle revint à ses anciens sentiments, et déclara
« qu'elle n'admettrait ni à la licence, ni à aucun pri-
« vilége académique, quiconque aurait pris des leçons
« des Jésuites [1]. Les choses en étaient à ce point,
lorsqu'une dispute théologique vint augmenter l'aigreur des esprits. Un Jésuite, Maldonat, attaqua la
doctrine, si chère à l'Université, de la conception
immaculée de la Sainte Vierge. Cité devant l'Université, il refusa de comparaître, et les parties se retirèrent par-devant l'évêque de Paris. Pierre de Gondi
avait remplacé Eustache du Bellai : partisan des Jésuites, il rendit un jugement qui leur était favorable,
et défendit à la faculté de théologie, sous peine
d'excommunication, d'examiner les doctrines de Maldonat.

Un appel comme d'abus fut interjeté par l'Université auprès du Parlement, et accueilli. Dans les défenses publiées à cette occasion, on trouve une lettre
énergique, adressée par l'Université au pape Grégoire XIII, et dirigée contre les Jésuites : « Nous ne
« vexons, y est-il dit, aucune Église, ni même aucun
« particulier. Nous ne nous attirons point les succes-
« sions au préjudice des héritiers. Nous ne suggérons
« point des testaments contraires aux droits de la

---

[1] Bulleus, *Historia Universitatis*, VI, 656.

« nature et du sang pour nous enrichir, etc., etc. [1] »
Cette résistance n'annonçait pas un changement dans
les idées, et l'Université venait de se prononcer encore davantage en ordonnant que tous ses clients
libraires, etc., etc. jureraient de ne pas favoriser les
Jésuites, sinon que leurs priviléges leur seraient re-
tranchés. Cependant, ceux-ci ne se rebutaient pas,
et ils recommencèrent leurs instances en engageant
(1577) le cardinal de Bourbon, qui leur était dévoué et que l'Université avait long-temps eu pour
conservateur apostolique, à employer auprès d'elle
toute son influence. La compagnie n'y eut aucun
égard; et, se renfermant dans les anciens griefs qu'elle
avait fait valoir contre eux, elle refusa positivement
et unanimement de les recevoir. Une sorte de trève
succéda pendant quelques années à la guerre que se
faisaient les deux corporations rivales jusqu'au moment où nous verrons les hostilités éclater de nouveau
entre elles avec plus de force que jamais.

Les désordres qui affligeaient en France depuis la
mort de Henri II s'étaient étendus du gouvernement de l'État jusque dans le sein de l'Université. Le nombre des écoliers diminuait de jour en
jour, les bourses étaient envahies par des gens qui
n'y avaient aucuns droits. Dans ces circonstances,
les maîtres sentirent la nécessité de remédier à une
multitude d'abus qui étaient suffisants pour mener la

[1] D'ARGENTRÉ, *Collectio Judiciorum de novis erroribus*, II,
464.

compagnie à deux doigts de sa perte. On venait de
jeter alors les fondements d'une Université nouvelle.
Guillaume de Nassaw, prince d'Orange, qui combat-
tait dans les Pays-Bas contre Philippe, roi d'Espagne, pour la liberté de sa patrie, avait érigé, en 1575,
une Université, depuis bien fameuse, à Leyde en
Hollande. Cet établissement fut un motif pour engager les membres de l'Université parisienne à tâcher de
rendre à leur école son ancienne splendeur. De concert avec le Parlement, ils s'y livrèrent avec ardeur,
et le réglement fut publié le 13 août 1575.

Par ses dispositions, la langue latine fut la seule
permise dans les colléges; on défendit aux principaux
d'avoir *aucunes chambrières ou servantes*, ni *étables
à chevaux*; les maîtres d'escrime furent bannis des
quartiers de l'Université; on enjoignit au recteur de
faire de fréquentes visites dans les colléges pour en enlever les armes et les livres défendus; enfin, le prix des
pensions ne fut plus laissé à l'arbitraire des maîtres
de pensions, mais dut être fixé dans une assemblée
composée du recteur, des doyens des facultés et des
principaux des colléges, en présence du prévôt de
Paris, du procureur du roi et de deux notables bourgeois [1].

Cette réforme eut le sort de toutes celles qui l'a-
vaient précédée, c'est-à-dire qu'elle ne fut point
observée; les abus subsistèrent. Douze ans après,
en 1587, la faculté de théologie crut devoir, pour

[1] CRÉVIER, *Histoire de l'Université*, VI, 311.

ce qui la regardait, faire une nouvelle révision de ses
usages. Les statuts qu'elle publia à cette occasion ,
le 31 octobre, contiennent plusieurs articles assez
curieux. Par exemple, ou défend aux docteurs en
théologie de porter de la barbe (non deferant bar-
bas et veniant tonsi), *parce que cela avait l'air
trop faquin* [1]. On leur défend encore de prononcer le
latin comme en Italie , et de dire *dominous* au lieu
de *dominus;* et on ordonna, en troisième lieu, que
quiconque aspirerait au baccalauréat en théologie,
devrait avoir 5 ans d'étude et 25 ans d'âge.

La faculté de médecine était de toutes celle qui
était la plus difficile à réformer : elle était alors divisée en deux classes, comprenant, selon la date de
leur réception, les anciens et les jeunes docteurs.
Peu auparavant, elle avait changé le mode d'élection
à la charge de doyen, en décidant qu'il serait tiré
au sort (1566) parmi trois candidats , dont deux
appartiendraient aux anciens docteurs, et le troisième aux jeunes. Mais ce qui causait son agitation,
c'était toujours sa vieille querelle avec le corps des
chirurgiens. On a vu plus haut qu'on avait contesté
à ces derniers le droit d'être associés aux priviléges
de l'Université dont ils n'étaient pas membres. Plus
tard la faculté de médecine les avait admis comme
ses écoliers, et en 1545 ils obtinrent de Henri II
des lettres-patentes , portant que « les chirurgiens

---

[1] *Histoire des Modes en France*, 192. Citée par DULAURE,
Histoire de Paris, IV, 575.

« mariés ou non mariés jouiraient de tels et sem-
« blables priviléges dont les écoliers, docteurs, ré-
« gents et autres gradués et suppôts de l'Université
« avaient accoutumé de jouir, et conséquemment
« de l'exemption de toutes taxes et impositions pu-
« bliques [1]. » Le même avantage leur fut confirmé
par Charles IX, en 1567. Depuis, ayant obtenu de
Henri III de nouvelles lettres (1576) confirmatives
de leurs priviléges, ils prétendirent, en se fondant
sur leur qualité de maîtres-ès arts, avoir le droit de
faire des leçons. La faculté de médecine s'y opposa,
et l'affaire fut soumise à l'Université assemblée. La
séance fut orageuse; mais on y décida que les chirurgiens étant, conformément à leur transaction
primitive, les écoliers de la faculté de médecine, il
devait leur être interdit de faire aucunes leçons [2].
Malgré de nouvelles lettres du roi, malgré des arrêts du Parlement, que chaque parti invoquait à son
avantage, la contestation resta encore une fois indécise, et se prolongea presque jusqu'à nos jours.

Cette époque (1576) était celle de la formation
de la *Ligue*, de cette association redoutable, fille du
fanatisme et de l'ambition, qui devait, à la faveur de
nos guerres civiles, grandir en rivalité avec le trône,
et finir par renverser, à l'aide d'un crime, le prince
qui l'occupait. L'Université, quoique très-catholique,
se montra d'abord peu disposée à en faire partie, et

[1] CRÉVIER, *Histoire de l'Université*, V, 398.
[2] CRÉVIER, *Histoire de l'Université*, VI, 330.

elle n'y donna son adhésion pleine et entière que
lorsque, après la mort des princes de Guise, la fer-
mentation générale qui régnait à Paris l'eut, en
quelque sorte, contrainte de céder au torrent qui
entraînait les esprits. Jusque là, elle conserva une
louable modération. Elle n'avait pas, en effet, lieu de
se plaindre de Henri III, qui, dans plusieurs circonstances, lui avait donné des témoignages de bonté
et de protection, et récemment encore dans l'ordonnance rendue sur les plaintes des États-généraux.
Ils étaient alors assemblés à Blois. Les députés des trois
ordres s'étaient réunis pour chercher les moyens de
rendre la paix au royaume; Versoris, l'avocat des
Jésuites, était l'orateur du tiers-état; son discours,
souvent interrompu par son hésitation, excita l'ennui
général, et des plaisants firent courir contre lui le
quatrain suivant :

> On dit que Versoris
> Plaide bien à Paris,
> Mais quand il parle en cour,
> Il demeure tout court [1].

L'Université envoya aussi à l'assemblée plusieurs de
ses membres, chargés de stipuler ses intérêts et de
demander l'exercice exclusif en France de la religion catholique, l'abolition de la vénalité des charges,
« en sorte que toutes les places soient la récompense
« de la vertu et du travail, » le maintien de ses
privilèges, et enfin la formation d'un fond public,

[1] L'ESTOILE, *Journal du règne de Henri III*, I, 198.

destiné à fournir des honoraires aux maîtres et professeurs. L'ordonnance célèbre qui intervint (mai
1579), connue dans la jurisprudence sous le nom
d'*Ordonnance de Blois*, sanctionna une partie des
demandes de l'Université ; vingt-un articles lui furent
consacrés. On défendit de nouveau à Paris l'enseignement du droit civil (art. 69), défense que le
Parlement avait précédemment levée par un arrêt [1].
On enjoignit aux maîtres de ne faire leurs leçons
que dans des lieux publics (art. 70). On ordonna
au recteur de visiter tous les colléges pendant la
durée de ses fonctions (art. 75). On proscrivit « la
« représentation de toutes farces, comédies, tragé-
« dies, fables, satires, scènes, ne autres iceux en
« français ou en latin, contenant lascivités, injures,
« invectives, convices, ne aucun scandale contre au-
« cun état public, ou personne privée, sous peine de
« prison et punition corporelle (art. 80). » Les
examens durent être publics (art. 84). Les régences
en droit furent conférées par un concours annoncé
et affiché un mois d'avance (art. 86). Les chirurgiens, qui cherchaient toujours à s'affranchir du
joug de la faculté de médecine, furent de nouveau
placés sous sa dépendance, et ne purent être reçus
sans avoir été approuvés par elle (art. 87). Enfin le
roi, dans l'article 88, confirma en ces termes tous
les priviléges de l'Université : « Notre intention est

---

[1] *Histoire Littéraire de la France*, XVI, 85. — Pasquier,
Recherches de la France, liv. IX, chap. 28.

« que les Universités jouissent respectivement de tous
« et chacuns des priviléges dont elles ont, par ci-
« devant, bien et duement joui, nonobstant que les
« lettres de leurs dits priviléges se trouvent perdues
« et adirées par le moyen des troubles ou autre-
« ment [1]. «

La même ordonnance portait (art 67) de faire·
procéder à une réforme complète. La compagnie en
aurait eu besoin ; les anciens réglements, ceux surtout relatifs à l'admission dans l'Université des religieux réguliers étaient souvent éludés, quelque sévères que fussent les précautions qu'on pouvait
prendre [2]. Les statuts du cardinal d'Estouteville,
qui si long-temps avaient eu force de lois, cessaient
également d'être observés. Parmi ces statuts, il en
était un qui interdisait aux professeurs de se servir
de cahiers dans leurs leçons, afin que les élèves ne
fussent pas privés de la connaissance des textes,
dont l'étude avait presque toujours été négligée ; l'u-
sage, plus fort que les statuts, ne tarda néanmoins
pas à prévaloir, au point que les élèves ne connais-
saient les auteurs originaux que par les citations qui
se trouvaient dans les commentaires de leurs maîtres.
L'Université voulut détruire cette vicieuse méthode,
et renouvela, en 1578, les anciennes défenses. Mais
malgré sa bonne volonté les abus susbsistèrent jus-

[1] NÉRON, *Collection des Ordonnances des Rois de France*,
I, 552 et suiv.

[2] CRÉVIER, *Histoire de l'Université*, VI, 344.

qu'à nos jours, et il fallut un changement complet
dans la manière d'enseigner, pour pouvoir les déraciner. Il en résultait pourtant de grands inconvénients;
car cette absence d'un bon mode d'études, jointe à
d'autres causes que nous avons plus haut signalées,
avait pour résultat de lui faire perdre la confiance
qu'on avait en elle et la discréditait dans l'opinion
publique. Les Mathurins, dans le couvent desquels
se tenaient de temps immémorial ses assemblées,
et qui, un siècle auparavant, se félicitaient de l'honneur d'offrir un asile « à la plus renommée de toutes
« les écoles du monde chrétien [1], » les Mathurins,
dis-je, avaient bien changé de sentiments; ils considéraient alors cet honneur comme un fardeau, et ils
s'efforcèrent de s'en débarrasser. De là procès au
Parlement; et si les religieux succombèrent dans leurs
prétentions, ils obtinrent toujours cet avantage, qu'ils
obligèrent bientôt après (1586) l'Université de les
débarrasser de la halle au parchemin, qui jusqu'a-
lors s'était tenue dans leur maison, d'où elle fut
transportée dans une des salles du collége de Justice,
rue de la Harpe n° 84 [2].

Malgré la teneur formelle de l'ordonnance de Blois,
qui assurait à l'Université la conservation de tous ses
priviléges, la compagnie avait toujours à craindre
que les promesses royales ne pliassent devant l'avidité des favoris de Henri III, qui, pour satisfaire

[1] *Voyez premier volume*, page 305.
[2] CRÉVIER, *Histoire de l'Université*, **VI**, 383.

aux prodigalités de leur maître et fournir de l'argent
à ses plaisirs, inventaient sans cesse de nouveaux
impôts. Elle avait surtout à se plaindre du surin-
tendant des finances, François d'O; « personne, dit
« Mézerai, ne fut plus brutal et plus ennemi des
« bonnes lettres et de ceux qui les professaient, tra-
« duisant les savants devant le roi, qui toutefois avait
« inclination à les aimer, et les traitant partout de
« pédants [1]. » François d'O, que la malignité publique
désignait comme un des mignons du prince, détestait les écoliers, qui plusieurs fois l'avaient tourné
en ridicule, lui et les autres courtisans, en se pro-
menant dans Paris avec de grandes fraises de papier,
par dérision de celles qu'on portait à la cour, et en
criant dans les rues, *à la fraise on connaît le veau* [2].
Plusieurs avaient été emprisonnés. Cette espiéglerie
avait indisposé le monarque lui-même, et lorsque
l'Université se présenta pour obtenir une nouvelle confirmation de ses franchises (1579), elle
reçut du garde des sceaux, Hurault de Chiverny,
une réponse peu rassurante, et dans laquelle il lui
disait qu'en qualité de *fille ainée du roi de France,*
elle devait, dans les circonstances critiques, venir
au secours de la couronne, et que, pour mettre un
terme aux abus qui s'étaient glissés dans ses priviléges, il fallait qu'elle présentât un catalogue fidèle
de tous ses membres. Ce qui augmentait encore les

---

[1] MÉZERAY, *Histoire de France*, III, 197, 198.
[2] L'ESTOILE, *Journal du règne de Henri III*, I, 273.

craintes de la compagnie, c'est que, pour se procurer des ressources, on la menaçait de transformer
ses officiers en officiers royaux, et de leur faire payer
leurs offices. Déja le roi avait créé (novembre 1576)
dans chaque sénéchaussée et bailliage, des messagers
royaux, chargés du transport des lettres et des procès dont on avait formé appel devant les cours
supérieures [1]. Personne n'avait voulu acheter ces
charges, lorsque le roi, pour ne pas être frustré de
l'avantage qu'il avait espéré en retirer, obligea par
une seconde ordonnance (11 octobre 1579) les mes-
·sagers de l'Université, qui depuis long-temps étaient
en possession du transport de la correspondance
et effets des membres de l'Université, à acheter les
nouveaux offices et à en payer le prix [2]. L'Université
réclama en leur faveur, mais en vain; ce ne fut que
sous le règne de Henri IV, en 1597, que les messagers de l'Université furent dispensés de l'obligation
que la nécessité leur avait fait imposer, et bien plus,
le roi ordonna que l'on restituât le prix des charges
à ceux qui les auraient payées.

Depuis cette époque, toutes les messageries du
royaume furent exploitées concurremment par les
messagers universitaires et les messagers royaux, et
le produit qu'elle en tira fut affecté aux régents qui,
nourris par les principaux des colléges, n'avaient alors
d'autres émoluments que le casuel des écoliers. Cet

[1] NÉRON, *Ordonnances des Rois de France*, I, 507.
[2] NÉRON, *Ordonnances des Rois de France*, I, 657.

état de choses subsista jusqu'à Louis XIV. Sous ce prince l'établissement si utile des messageries, dont la France, ainsi que le remarque judicieusement M. Dulaure[1], doit la première idée et l'exécution à l'Université, devint une administration publique; et lorsqu'en 1719 on enleva à l'Université le droit qu'elle avait jusqu'alors eu de s'occuper de ce service par le moyen de ses messagers, on lui assigna en dédommagement le vingt-huitième du bail des postes.

L'exécution de l'ordonnance du roi, concernant les messagers, avait mécontenté l'Université, dont les réclamations n'avaient pas été accueillies; et désormais on put voir dans toute sa conduite un caractère d'opposition envers le trône, qui se manifestait surtout par la nomination aux places dont elle pouvait disposer, d'hommes qui n'étaient rien moins que dévoués au roi. C'est ainsi que sur la fin de l'année 1580 fut élu recteur le fameux Jean Boucher, docteur en théologie, l'un des plus furieux ligueurs que le fanatisme ait enfantés, et que ses emportements et la difformité de son visage auquel il manquait un œil, firent surnommer le *poliphéme de la Sorbonne*[2]. Deux ans après (17 mai 1583), Christophe Aubri, digne compagnon des fureurs de Jean Boucher, fut aussi promu par l'Université à la cure de Saint-André-des-Arts. Ce fut pendant le rectorat du premier et sous le pontificat de Gré-

[1] DULAURE, *Histoire de Paris*, III, 466.
[2] DUVERNET, *Histoire de la Sorbonne*, I, 298.

goire XIII, que fut introduit .en France le nouveau calendrier réformé par Aloysius Lilio, et connu depuis lors sous le nom de *Calendrier Grégorien*. Cette réforme, après avoir été communiquée et approuvée par toutes les Universités, fut adoptée en France par arrêt du Parlement; mais comme, pour établir la concordance, il fallait supprimer dix jours, on sauta subitement du 9 au 20 décembre. Cette circonstance servit à Jean Boucher; car, comme le jour où devait se faire l'élection de son successeur, se trouva être dans les jours supprimés, il fut continué dans ses fonctions.

Le roi, pour ramener vers lui les sentiments de l'Université, crut devoir lui accorder quelques faveurs; il renouvela (16 novembre 1583) le privilége d'exemption d'impôts sur tous les livres, et confirma de nouveau, par un édit du mois de juin 1584, le droit de *Committimus*, en vertu duquel toutes les causes des membres de l'Université étaient soumises au Châtelet de Paris [1]. Mais ces marques de bienveillance n'eurent pas le résultat qu'on en espérait. La mort du duc d'Anjou, frère unique du roi, et héritier présomptif de la couronne, qui arriva le 10 juin 1584 à Château-Thierry, vint jeter la consternation dans le parti des Guise. Cet événement, en effet, assurait le trône au roi de Navarre, puisque Henri III n'avait pas d'enfants, et ils craignaient de voir avec lui l'hérésie arriver au pouvoir. Ils résolu-

---

[1] CRÉVIER, *Histoire de l'Université*, VI, 372.

II.

rent donc d'employer tous leurs efforts pour empêcher la France d'appartenir à un roi protestant. Depuis long-temps les Guise préparaient les esprits à
haïr et à mépriser la royauté ; partout on dépeignait
le prince comme un tyran ; on faisait soutenir dans
des thèses en Sorbonne, qu'il était permis de tuer un
roi qui abuse de son autorité[1], et on répandait avec
profusion dans le public des écrits[2] qui signalaient
Hugues Capet comme un usurpateur, et faisaient
descendre de Charlemagne la maison de Lorraine.
Ces manœuvres avaient exaspéré les têtes, le duc
de Guise et ses frères étaient devenus les idoles du
parti catholique et du clergé, qui les considérait
comme ses protecteurs. Ils s'efforcèrent surtout de
gagner la faculté de Théologie, qui, à l'aide de ses
prédicateurs, disposait de tout le peuple de Paris ;
et vers la fin de l'année 1584, disent les mémoires
contemporains, « M. de Guise fut voir messieurs de
« la Sorbonne, et leur demanda s'ils étaient assez
« forts avec la plume, sinon qu'il le fallait être avec
« l'épée[3]. » C'est à partir de ce temps que cette redoutable association, connue sous le nom de Ligue,
qui existait déjà depuis plusieurs années, commença
à agir ouvertement pour arracher le sceptre au prince
que sa naissance appelait à le porter. Tout le monde

---

[1] Mézeray, *Histoire de France*, III, 3oo.

[2] *Stemmata lotharingiæ ac barri ducum*, par François de
Rosières, archidiacre de Toul.

[3] L'Estoile, *Journal du règne de Henri III*, 433. —
Duvernet, *Histoire de la Sorbonne*, I, 292.

cependant n'approuvait pas leurs projets, et le pape Grégoire XIII, dont ils voulaient avoir l'approbation, pour sanctionner en quelque sorte leur cause, découvrant l'ambition des Guise cachée sous le voile de la religion, refusa de la leur donner, en disant « *qu'il ne voyait point clair en ces affaires.* »

Cet échec cependant ne les rebuta pas. Les ligueurs, car on commença alors à leur donner ce nom, continuèrent de se réunir, de s'assembler pour la défense de la *Sainte-Union.* Paris était leur centre, leur point de ralliement, et la Sorbonne leur retraite. C'était là, dans la chambre de Jean Boucher, curé de Saint-Benoît, et plus tard dans le collége de Fortet où il transporta sa demeure, et qu'on nomma pour cela *le berceau de la ligue*[1], que se réunissaient Lincestre, Pelletier, curé de Saint-Jacques-la-Boucherie, Christophe Aubri, Hamilton, Bussi Leclerc, et un grand nombre d'autres fanatiques; ce fut là que fut organisé ce gouvernement populaire, connu sous le nom des *Seize*, qui si long-temps comprima Paris par la terreur, et soutint la ligue dont il devint l'ame.

Forçant le roi d'obéir à ses passions, le parti catholique obtint la révocation de tous les édits qui avaient assuré aux protestants le libre exercice de leur religion, invoqua de nouveau contre eux les

[1] DULAURE, *Histoire de Paris*, V, 16. — MÉZERAY, *Histoire de France*. III, 332. — CRÉVIER, *Histoire de l'Université*, VI, 390.

supplices, et ralluma en France le flambeau mal
éteint des guerres civiles. C'est en vain qu'on envoya
vers le roi de Navarre des ambassadeurs accompagnés de théologiens pour le ramener dans le giron
de l'Église ; ce prince conserva sa croyance, et défendit ses co-religionnaires. Dans de semblables circonstances, lorsque l'autorité royale était méconnue
et foulée aux pieds, lorsque tout était en proie à l'a-
narchie, il était difficile que l'instruction de la jeunesse ne se ressentît pas des désordres de l'État. La
licence la plus scandaleuse régnait dans le sein de
l'Université : les statuts de la compagnie étaient vio-
lés, les réglements nouveaux sans cesse éludés, et
l'autorité du recteur méconnue, lorsqu'il voulait rétablir l'ordre et faire exécuter les lois universitaires.
La plupart des maîtres et des écoliers, agités par les
passions que le fanatisme faisait naître, se livraient
à toutes sortes d'excès[1] : protégés par la puissance
de la ligue à laquelle beaucoup d'entre eux appartenaient, ils se croyaient tout permis. Ils ne respec-
taient rien, les mœurs étaient outragées de la manière la plus révoltante : on avait pendu (1er février
1586) un professeur du collége Lemoine, nommé
Dadon, convaincu de débauches[2], et néanmoins les
colléges étaient devenus l'asile des femmes publiques
et des assassins[3].

---

[1] BULLEUS, *Historia Universitatis*, VI, 787.
[2] L'ESTOILE, *Journal du règne de Henri III*, I, 439.
[3] CRÉVIER, *Histoire de l'Université*, VI, 391.

Malgré cet état de désordre, qui pouvait amener la ruine de l'Université, elle s'occupait encore, mais sans beaucoup de fruits, de son intérieur. Elle fixait (1588) à douze écus d'or les gages de son syndic, qui plus tard, en 1757, furent élevés jusqu'à six cents francs. Elle défendait aux Franciscains qui voulaient imiter les Jésuites, et ouvrir comme eux un collége, de donner aucunes leçons, et elle soutenait devant le Parlement un procès assez important sur la question de savoir si le pape pouvait disposer avant elle des bénéfices dont elle avait la collation. Le Parlement lui donna gain de cause (arrêt du 2 avril 1587), et adjugea la cure de Saint-Côme, objet de la contestation, à Jean Hamilton, forcené ligueur, qu'on fut par la suite obligé de bannir, mais qu'alors ses opinions firent préférer [1].

Depuis que le cardinal Félix Peretti, successeur, sous le nom de Sixte V, du pape Grégoire XIII (1585), avait excommunié, dans les termes les plus injurieux, le roi de Navarre et le prince de Condé, *génération bâtarde de la maison de Bourbon*, le langage des membres de la faculté de théologie était devenu lui-même plus audacieux. Les prédicateurs désignaient publiquement le roi comme fauteur d'hérésie, et enseignaient en chaire «que là où la religion « est en danger, le sujet peut faire des ligues et en-« gager sa foi sans la permission de son souverain, » et ils imposaient pour pénitence à leurs paroissiens

[1] *Bénéfices de l'Université*, 160.

de s'affilier à la ligue[1]. C'est ainsi qu'ils avilissaient
chaque jour l'autorité royale, et qu'ils préparaient la
funeste journée des barricades (12 mai 1588). Les
écoliers, animés contre le roi qui leur avait fait ôter
leurs armes[2], et excités par le duc de Guise, donnèrent en quelque sorte le signal de la rébellion; car
ce furent eux qui dressèrent dans leurs quartiers les
premières barricades. Henri III, effrayé des symptômes
alarmants de cette sédition populaire, apprenant que
des prédicateurs furibonds parcouraient Paris à la tête
de sept ou huit cents écoliers en armes, en criant au
peuple « qu'il fallait aller prendre frère Henri de Va-
« lois dans son Louvre[3], » résolut d'abandonner une
ville où sa personne n'était plus en sûreté, emportant avec lui, contre ses sujets rebelles, des idées
de vengeance qu'il ne tarda pas à mettre à exécution.

L'insulte faite à la couronne par les princes lorrains, semblait devoir rendre tout rapprochement
impossible entre eux et le roi. Mais le duc de Guise,
craignant d'en avoir trop fait, chercha tous les
moyens de réconciliation. La reine mère, Catherine
de Médicis, s'entremit, et le roi, obligé de plier sous
la puissance des factieux, fut forcé d'y consentir, et
l'édit de *réunion* fut signé (15 juillet 1588). Henri III
s'engageait à vivre dans la religion catholique, apostolique et romaine, et à chasser du royaume et exter-

1 MÉZERAY, *Histoire de France*, III, 417.
2 L'ESTOILE, *Journal du règne de Henri III*, II, 91.
3 L'ESTOILE, *Journal du règne de Henri III*, II, 99.

miner les hérétiques; il se déclarait chef de la ligue, et il excluait de la succession au trône le roi de Navarre, en ordonnant à tous ses sujets de ne jamais reconnaître pour roi après sa mort un prince protestant.

Cet édit, qui faisait du roi un ligueur, fut reçu à Paris avec acclamation : toutes les compagnies en jurèrent l'observation, et l'Université suivit avec empressement leur exemple dans une assemblée générale tenue exprès aux Mathurins [1].

On était alors à la veille des États, connus dans l'histoire sous le nom de *seconds États de Blois*; le roi venait de les convoquer, afin de trouver un remède aux maux du royaume. L'Université y députa deux de ses membres qui y eurent droit de séance et voix délibérative [2].

Les États de Blois, comme on sait, furent signalés par la mort du duc et du cardinal de Guise (24 décembre 1588), que le faible Henri III ne sachant punir, fit assassiner. A la nouvelle de la mort de celui qu'elle considérait comme son chef, et que la cour désignait ironiquement par le sobriquet de *roi de Paris*, la ligue devint furieuse. Toutes les passions se déchaînèrent sans ménagement; de toutes parts ce n'était que menaces, qu'imprécations contre le tyran. A Paris surtout le peuple et les écoliers se portèrent aux dernières violences. Les bourgeois prirent

[1] Crévier, *Histoire de l'Université*, VI, 403.
[2] Bulleus, *Historia Universitatis*, VI, 800.

les armes, et l'Université qui deux ans auparavant
(16 décembre 1587) avait rendu un décret portant
« qu'on pouvait ôter le gouvernement aux princes
« qu'on ne trouvait pas tels qu'il fallait, comme l'ad-
« ministration au tuteur qu'on avait pour suspect [1], »
dévouée alors tout entière à la ligue, et dominée
par l'influence séditieuse des Seize, ordonna, pour le
7 janvier 1589, une assemblée de la faculté de théologie, afin de délibérer sur la question de savoir si
on pouvait refuser obéissance à Henri III, et prendre
les armes contre lui. La réponse fut unanime ; on la
dut, dit Arnaud, à la cabale des jeunes docteurs dont
la plupart étaient élèves des Jésuites, et partageaient
par conséquent leurs doctrines [2]. Ainsi la Sorbonne,
c'est-à-dire selon l'Estoile, « trente ou quarante pé-
« dants, maîtres ès-arts crottés, qui après graces
« traitent des sceptres et des couronnes, comme porte-
« enseignes et trompettes de la sédition, déclarèrent
« tous les sujets de ce royaume absous du serment de
« fidélité et obéissance qu'ils avaient jurées à Henri de
« Valois, *naguère* leur roi, et rayèrent son nom des
« prières de l'Église (26 janvier 1589)[3]. »

[1] L'ESTOILE, *Journal du règne de Henri III*, II, 40. —
CRÉVIER, *Histoire de l'Université*, VI, 409.

[2] CRÉVIER, *Histoire de l'Université*, VI, 410.

[3] Articuli de quibus deliberatum est a facultate theologiæ.

I. An populus regni Galliæ sit liberatus et solutus a sacramento
fidelitatis et obedientiæ, Henrico tertio præstito ?

II. An tuta conscientia possit idem populus armari, et pecunias
colligere et contribuere ad defensionem et conservationem reli-

Ce décret que la faculté de théologie de Toulouse
s'empressa de confirmer[1], devint pour ainsi dire le
bouclier à l'abri duquel les ligueurs se cachèrent. A
partir de ce moment la révolte fut complète : « il n'y
« avait point de garçon de boutique, dit Mézerai,
« qui ne se mêlât d'inventer une nouvelle injure, de
« composer un vaudeville contre le roi, ou une chan-
« son pitoyable de la mort des Guise ; point de pé-
« dant ni d'écolier qui ne fît une déclamation en
« prose ou en vers sur le même sujet[2]. » On fit de
nombreuses processions dans lesquelles plus de six
cents écoliers nuds en chemises, et tenant des cierges
à la main, marchaient au premier rang, et le peu-

gionis catholicæ in hoc regno, adversus nefaria concilia et conatus
prædicti regis et quorumlibet adhærentium, etc., etc.?

Super quibus articulis, audita omnium et singulorum magistro-
rum qui ad septuaginta convenerant matura et libera et delibera-
tione, conclusum est a domino decano, nemine refragante, et
hoc per modum consilii, ad *liberandas conscientias populi.*

« Primum, populus hujus regni solutus est et liberatus a sacra-
« mento fidelitatis et obedientiæ præfato Henrico regi præstito. »

« Deinde, quod idem populus licite et tuta conscientia, potest
« armari, uniri et pecunias colligere et contribuere ad defensio-
« nem et conservationem religionis, adversus nefaria consilia et
« conatus prædicti regis adhærentium, etc., etc. »

L'Estoile, *Journal du règne du Henri III*, II, 170. —
De Thou, *Histoire Universelle*, livre xciv. — Félibien, *Histoire de Paris*, II, 1176. — Mézeray, *Histoire de France*, III,
593.

[1] Mézeray, *Histoire de France*, III, 591.

[2] Mézeray, *Histoire de France*, III, 594.

ple, ameuté par les prédications furieuses des curés
de Paris, qui, dans l'enceinte même des temples de
la Divinité, flétrissaient publiquement le roi du nom
de *Vilain Hérode* (anagramme de Henri de Valois),
exerçait sa vengeance sur les insignes de la royauté
et sur les armoiries du monarque, qu'il brisait dans
sa fureur, et traînait dans la boue [1]. Le désordre le
plus affreux régnait dans Paris, les Seize y exerçaient
un souverain pouvoir, le Parlement venait d'être mis
à la Bastille, les richesses et les dignités étaient un
titre de proscription. Toutes les fonctions qui mettaient en évidence étaient fuies, bien loin d'être recherchées. Le rectorat, dans ces tristes circonstances,
était devenu une charge difficile et dangereuse, parce
qu'elle était un instrument dont les factieux se servaient pour diriger à leur gré les passions du peuple
et des écoles; personne ne voulait la remplir : aussi
vit-on alors (chose inouïe dans les fastes universitaires) un recteur, Jean Ion, rester neuf mois de suite
en fonctions, du 24 mars au 16 décembre 1589,
parce qu'on ne put lui trouver un successeur [2].

Le résultat de tous ces troubles fut d'exciter au
plus haut degré l'effervescence populaire, et de conduire le fanatisme à exécuter l'atroce attentat dont
Henri III fut la victime (1er août 1589). Jacques
Clément, on ne saurait le nier, avait puisé l'idée de
son horrible projet dans les prédications furieuses

---

[1] DULAURE, *Histoire de Paris*, V, 69.
[2] CRÉVIER, *Histoire de France*, VI, 411.

par lesquelles des prêtres féroces allumaient chaque jour dans Paris la haine la plus violente contre le roi, et dans les décrets de la Sorbonne.

Loin de ramener les esprits, l'assassinat du roi les fit au contraire persévérer davantage dans leur rébellion. Partout les églises retentissaient d'actions de graces rendues à la Divinité; partout Jacques Clément était regardé comme un saint et honoré de la palme de martyr; et le prince de Navarre, devenu roi sous le nom de Henri IV, par la mort du dernier des Valois, était déclaré indigne de la couronne et excommunié. Parmi les forcenés qui se déclaraient le plus ouvertement contre lui, se trouvaient, nous l'avouons avec peine, plusieurs membres de l'Université, tels que Boucher, curé de Saint-Benoît, Aubri, curé de Saint-André-des-Arts, et le fameux Guillaume Rose, évêque de Senlis, et conservateur apostolique des priviléges universitaires. L'accord cependant au sujet des opinions politiques ne régnait pas unanimement parmi les membres de la compagnie; un grand nombre ne se déclarait contre le nouveau monarque que parce qu'il s'était éloigné de l'Église, et pensait, malgré les plus furieux ligueurs, qu'on pouvait néanmoins communiquer avec lui. « Certains docteurs en théologie, de la faculté de Sorbonne de « Paris, dit un contemporain, interrogés le 10 août « de l'an 1589, s'il était loisible de recevoir lettres, « faire réponse, communiquer en choses temporelles, « et demander justice, ou le droit qu'on peut pré- « tendre, à un prince qui a les armes ou les forces en

« main, quoiqu'il soit hérétique, répondirent d'un
« commun accord : *il est loisible*[1]; » mais ces idées
raisonnables, qui, si elles avaient pu prévaloir, auraient épargné à la France et à Paris plusieurs années
de désastres et de malheurs, furent étouffées par les
clameurs des suppôts de la ligue et du parti espagnol qui avait à sa dévotion les principaux membres
de la faculté de théologie.

Leur influence, résultat plutôt de la crainte que
de la conviction, s'étendit sur l'Université tout entière, et elle acquit sur elle tant d'empire, que pendant tout le temps que dura la guerre civile, ils s'au-
torisèrent de son nom pour sanctionner les décrets
les plus séditieux.

L'un de ces fanatiques, Jean de Magnanes, parvenu au rectorat par le crédit de la Sainte-Union,
commença sa magistrature par contester aux docteurs
en droit une faculté dont ils jouissaient depuis long-
temps, celle de se marier. Il réussit dans son dessein
malgré leur opposition, mais ce fut pour peu de
temps ; car la réforme de 1600 leur rendit ce droit
que le Parlement avait autorisé par ses arrêts, et que
l'usage avait consacré[2].

Ce fut sous ce recteur que la faculté de théologie,
stimulée par la présence du cardinal Caëtan, légat
du Saint-Siége, envoyé en France pour soutenir la
ligue de sa présence et de ses conseils, publia d'abord

[1] L'ESTOILE, *Journal du règne de Henri III*, II, 205.
[2] BULLEUS, *Historia Universitatis*, VI, 803.

(10 février 1590) « que quiconque soutiendrait que
« Henri de Bourbon pouvait être honoré du titre de
« roi, devait être regardé comme pernicieux à l'Église
« de Dieu, parjure et désobéissant à sa mère, et que,
« s'il était de son corps, elle l'en retranchait comme
« un membre pourri [1]. » Cette déclaration, émanée
d'une compagnie que le peuple respectait, agissait
puissamment sur l'esprit de la multitude, et les Seize
surent se servir habilement de la Sorbonne pour ré-
veiller, lorsqu'il en était besoin, le courage de leurs
partisans. Cette première déclaration fut bientôt
suivie d'un décret fameux et beaucoup plus énergique,
rendu, le 7 mai 1590, à la requête de la ville. « Les
« Français, y disait-on, sont tenus et obligés, *en*
« *conscience*, d'empêcher de tout leur pouvoir Henri
« de Bourbon de parvenir au gouvernement du
« royaume très-chrétien, au cas même où il rentrerait
« dans le sein de l'Église, parce qu'alors il y aurait
« danger de feintise et perfidie [2]. »

C'était avec de semblables moyens et avec des re-
vues dans lesquelles des prêtres armés représentaient,
disaient-ils, l'Église militante, qu'on soutenait les
passions de la populace, et qu'on la faisait persévérer
dans la haine qu'on lui avait inspirée contre le roi.
Les curés de Paris, un crucifix d'une main, une per-

---

[1] MÉZERAY, *Histoire de France*, III, 754.

[2] L'ESTOILE, *Journal du règne de Henri IV*, I, 47. *Collection des Mémoires relatifs à l'Histoire de France*, par M. PE-
TITOT.

tuisane de l'autre, étaient les chefs de cette milice
religieuse et grotesque [1]. Rose, évêque de Senlis, la
commandait, et ils allaient recruter leurs soldats
parmi les moines et les écoliers de l'Université, qui,
faisant marcher de front le service militaire et les
exercices scholastiques, étaient comparés par leurs
chefs aux hébreux qui, sous Néhémias, d'une main
rebâtissaient le temple de Jérusalem et de l'autre repoussaient les ennemis [2].

La bonté de Henri IV, qui, comme on sait, voulut
épargner aux Parisiens les dernières horreurs de la
famine, retarda la prise de Paris, investi depuis quatre mois par l'armée royale. Pendant tout le temps
que dura le siége, l'Université avait montré son dévouement à la cause qu'elle servait. Ses membres,
pendant cette époque orageuse, abandonnaient leurs
travaux pour se consacrer à ce qu'ils appelaient la
défense de la religion. Sous ce masque, ils s'efforçaient de ressaisir leur ancienne influence; leur ambition tendait à se rendre nécessaires. « Jusqu'ici,
« disait le fougueux Hamilton, curé de Saint-Côme,
« jusqu'ici le Parlement et l'hôtel-de-ville n'ont pas
« fait le cas qu'ils devaient de l'Université. Mettons-
« nous en possession du droit de connaître les grandes
« affaires; il nous en reviendra beaucoup d'honneur
« et d'utilité [3]. » A la même époque (octobre 1590),

[1] *Satire Ménippée*, chapitre 1, édition de 1664.
[2] CRÉVIER, *Histoire de l'Université*, VI, 418.
[3] CRÉVIER, *Histoire de l'Université*, VI, 422.

la compagnie, sur la proposition de l'évêque de Senlis, présenta au duc de Mayenne, alors décoré par l'Union du titre de lieutenant-général du royaume, une requête tendant à ce que les bénéfices ecclésiastiques et les offices civils ne fussent désormais accordés qu'à ceux qui auraient signé leur adhésion à la ligue. Cette demande, qui dénote l'esprit qui animait Paris contre son prince légitime, fut, à ce qu'il paraît, arrachée à l'Université par la crainte que lui inspiraient les menaces et les violences de la faction des Seize. Quoi qu'il en soit, on n'en resta pas là; les vexations contre ceux qu'on appelait *politiques* ou royalistes augmentèrent. Le 5 janvier 1592, le rôle des nominations aux bénéfices, auxquels tous les suppôts devaient avoir part, ne fut ouvert qu'en faveur des ligueurs, et peu de temps après, le 7 avril, on décida dans une nouvelle assemblée que tous les bénéfices que les royalistes possédaient seraient déclarés vacants.

Un semblable état de choses n'était pas propre à rendre les études florissantes; aussi étaient-elles dans l'état le plus complet de dépérissement. Chaque jour, les écoliers que Henri IV, pendant la durée du siége, avait traités avec indulgence, et qu'il avait souvent laissé sortir de Paris, abandonnaient une ville devenue le théâtre de tous les désordres, et qui se dépeuplait d'instants en instants [1]. Les colléges n'étaient plus, comme autrefois, l'asile des sciences; on les avait

---

[1] Mézeray, *Histoire de France*, III, 837.

transformés en casernes, et ils servaient de logement aux gens de guerre [1]. « L'Université fut convertie en « désert, devint le refuge des paysans, et les classes « étaient remplies de vaches et de veaux [2]. » La satyre Ménippée, qui, dans un cadre satyrique, nous présente cependant un tableau fidèle de Paris à cette époque, peut donner une idée de l'état où l'Université se trouvait réduite, par le discours ironique que ses auteurs ont placé dans la bouche du docteur Rose, dans l'assemblée des États de 1593. « L'Uni- « versité, dit l'orateur, vous remontre en toute ob- « servance que depuis ses *cunabules* elle n'a point « été si paisible qu'elle est maintenant. Car au lieu « que nous soulions voir tant de fripons, fripponiers, « jupins, galoches, marmitons et autres sortes de gens « malfaisants courir le pavé et quereller les rôtisseurs « du Petit-Pont, vous ne voyez plus personne de telles « gens par les colléges. Tous les suppôts des facultés « et nations qui tumultuaient pour les brigues des « licences ne paraissent plus. On ne joue plus de ces « jeux scandaleux et satyres mordantes aux eschaffauts « des colléges, et y voyez une belle réformation, s'é- « tant tous ces jeunes régents retirés, qui voulaient « montrer à l'envy qu'ils savaient plus de grec et de « latin que les autres. Ces factions de maîtres ès-arts, « où l'on se battait à coups de bonnet et de chaperon,

---

[1] L'ESTOILE, *Journal du règne de Henri IV*, I, 124. *Collection de M. Petitot.*

[2] *Mémoires de la Ligue*, IV, 315, 316.

« sont cessées ; tous ces écoliers de bonne maison,
« grands et petits, ont fait gille. Les professeurs pu-
« blics, qui étaient tous *royaux*, ne vous viennent plus
« rompre la teste de leurs harangues : bref, tout est
« coy et paisible. Et vous dirai bien plus : Jadis, du
« temps des politiques et hérétiques Ramus et Tur-
« nebus, nul ne faisait profession des lettres qu'il
« n'eût de longue main et à grands frais étudié et
« acquis des arts et des sciences en nos colléges, et
« passé par tous les degrés de la discipline scholas-
« tique. Mais maintenant, par le moyen de vous,
« messieurs, et par la vertu de la sainte Union, les
« beurriers et beurrières de Vanvres, les ruffiens de
« Mont-Rouge et de Vaugirard, les vignerons de Saint-
« Cloud, les carreleurs de Ville-Juif et autres cantons
« catholiques, sont devenus maîtres ès-arts, bache-
« liers, principaux, présidents et boursiers des col-
« léges, régents des classes. Aussi n'oyez-vous plus aux
« classes ce clabaudement latin des régents qui obton-
« daient les oreilles de tout le monde : au lieu de ce
« jargon, vous y oyez à toute heure du jour l'harmo-
« nie argentine et le vray idiôme des vaches et veaux
« de lait, et le doux rossignolement des ânes et des
« truyes qui nous servent de cloches [1]. » Ce tableau
est exact ; il nous peint la triste situation de l'Université. En effet, son dévouement à la ligue, sa complaisance pour les Seize ne lui avaient servi de rien ;

---

[1] SATYRE MÉNIPPÉE. *Harangue de M. le docteur Rose, jadis
évéque de Senlis.* Édition de 1664, page 116.

on n'avait nul égard pour ses priviléges. C'est en vain qu'elle adressait des plaintes au duc de Mayenne, elles n'étaient pas écoutées. Malgré les exemptions les plus formelles, on obligeait ses principaux officiers de monter des gardes fatigantes et de faire le guet pendant la nuit. Et sa position financière n'était pas dans un état plus satisfaisant, car ses registres nous apprennent qu'elle avait alors des dettes (1593), qu'elle devait à son cirier la cire qu'il lui avait fournie depuis 1589, et à son receveur-général, quatre cents livres qu'il avait avancées pour elle, et dont il se remboursa en prenant à bail les parties du Pré-aux-Clercs qui n'étaient pas aliénées [1].

Le seul moyen de rendre la paix au royaume et de le délivrer du fléau des guerres civiles, était de reconnaître le prince légitime. Mais tel n'était pas le but de ceux qui voulaient exploiter à leur profit les troubles de la patrie, et élever un trône sur lequel ils pussent s'asseoir. Ceux-là repoussaient de tous leurs efforts la proposition de reconnaître Henri IV pour roi de France, dans le cas où il viendrait à se faire catholique ; et, pour donner de la force à leurs raisons, ils firent rendre par la Sorbonne (3 novembre 1592) une décision appuyée sur douze motifs, et portant « que tous ceux qui partageraient une telle « opinion devaient être considérés comme mauvais « citoyens, parjures, séditieux, ennemis du bien pu- « blic et hérétiques, et qu'on devait les excommunier

---

[1] *Mémoire sur le Pré-aux-Clercs,* 272.

« et les chasser de la ville, de peur qu'ils ne corrom-
« pissent les autres [1]. »

Pour parvenir à ses desseins, le roi d'Espagne,
qui voulait placer la couronne de France sur la tête
de sa fille, Claire-Eugénie, obligea, de concert avec
le légat du pape, le duc de Mayenne de convoquer à
Paris, au commencement de l'année 1593, des États-
généraux à l'aide desquels il comptait accomplir
ses projets. Paris avait été désigné pour le lieu de
l'assemblée, parce que la faction des Seize, vendue
au parti Espagnol, y était encore puissante, et qu'en
outre on avait fondé des espérances sur l'influence de
la faculté de théologie [2]. En effet, la Sorbonne et les
prédicateurs, dévoués à la maison des Guise, n'avaient
pas de désir plus ardent que de faire monter sur le
trône un des princes de cette famille; et, dès le mois
de septembre 1591, elle avait écrit au roi d'Espagne
par l'entremise du père Mathieu, jésuite, pour l'en-

[1] Quod petitio, quod rex Navarræ interpellatur ut fiat catholi-
cus, inepta sit, seditiosa et impia, ex infra scriptis constat.

1° Est contra jus divinum, civile et canonicum, contra decreta
Sixti V, et legem fundamentalem regni; ergo non proponenda.

2° Etc., etc., etc., ... qui itaque illam proponunt, ut mali
cives, inconstantes pessimi, politici, seditiosi, publici boni per-
turbatores, hæretici, fautores de hæresi, suspecti, et excommuni-
cati sunt, ab urbe expellendi, ne morbidæ factæ pecudes totum
corrumpant ovile. Kal. novembris 1592.

L'ESTOILE, *Journal du règne de Henri IV*, I, 297. *Collection des Mémoires relatifs à l'Histoire de France*, par M. PE-
TITOT.

[2] MÉZERAY, *Histoire de France*, III, 990.

gager à donner sa fille en mariage au jeune duc de
Guise, fils de celui qu'on avait assassiné à Blois [1]. L'U-
niversité envoya des députés à ces États ; ce furent le
curé de Saint-Germain-l'Auxerrois, Jacques de Cueilli,
et l'audacieux Jean Boucher. Là, les Espagnols,
par l'organe de leur ambassadeur, le duc de Feria,
avouèrent hautement leurs intentions, et proposèrent
d'unir la fille de leur roi avec un prince français.
Mais un événement que les ligueurs redoutaient depuis long-temps vint déjouer tous leurs projets en
leur enlevant le seul motif plausible dont ils pussent
se servir pour refuser de reconnaître le monarque
légitime. Cet événement est la conversion de Henri IV.
Ce prince, moins peut-être par conviction que pour
faire cesser les malheurs qui depuis long-temps pesaient sur la France, se détermina à lever le seul
obstacle qu'il y opposait encore, et il fit son abjuration à Saint-Denis, le 25 juillet 1593, entre les mains
de l'archevêque de Bourges, Renaud de Baune.

L'honneur de cette conversion appartient en grande
partie au vertueux Réné Benoît, curé de Saint-Eustache et docteur en théologie, homme que ses opinions sages et modérées rendirent digne d'instruire
le prince calviniste, et de devenir ensuite son confesseur.

Pour détruire l'impression que cette abjuration
avait produite sur l'esprit du peuple, le légat et ses

partisans faisaient retentir les églises d'injures contre
le roi; et Boucher, prenant pour texte de ses sermons ces paroles du psalmiste : *Domine eripe nos de
luto fœcis*, s'écriait en leur faisant allusion : Seigneur,
débourbez-nous ! Seigneur, *dé-Bourbonnez-nous !...*
En même temps ils obtenaient de la Sorbonne un décret portant que son abjuration était dissimulée, et
qu'on devait refuser de le reconnaître, encore bien
même que le pape le reçût [1]. L'Université était obligée
de se soumettre aux décisions de la faculté de théologie, alors toute puissante dans les assemblées générales
de la compagnie, depuis surtout que le cardinal Pel-
levé, créature de la maison de Guise et l'ame de la
ligue, avait été nommé proviseur de Sorbonne. Aussi,
un médecin nommé d'Amboise, qui avait osé dédier
sa thèse au roi, « fut troublé par le recteur en sa
« réception, et un décret de prise de corps lancé con-
« tre lui [2]. »

Fortifiée par cet appui, soutenue par les bulles du
pape et l'or de l'Espagne, la ligue expirante refusait
de poser les armes, et ne se regardait pas comme
vaincue, lorsqu'elle perdit le dernier point d'appui
qui lui restait. Le 22 mars 1594, Paris ouvrit ses
portes à Henri IV : les troupes espagnoles, qui en
composaient la garnison, sortirent de la ville, et avec

---

[1] L'Estoile, *Journal du règne de Henri IV*, I, 529. *Collection de M. Petitot.*

[2] L'Estoile, *Journal du règne de Henri IV*, I, 528. *Collection de M. Petitot.*

elles les plus furieux ligueurs, le jésuite Varade, les Aubri, les Rose, les Boucher, les Hamilton, etc., etc.

Peu de jours après (le 2 avril), l'Université en corps, le recteur à la tête, se rendit auprès du roi, implora sa générosité, et demanda grâce pour les excès auxquels s'étaient livrés plusieurs de ses membres. « Le roi lui fit fort bon visage, appela ses mem-« bres *messieurs nos maîtres*, leur dit qu'il voulait « tout oublier, et qu'il aimerait et honorerait toujours « singulièrement leurs corps et facultés; de quoi, mes-« sieurs nos maîtres s'en allèrent fort contents, disant « autant de bien de Sa Majesté, que peu auparavant « ils en avaient dit du mal [1]. »

Mais là ne s'arrêta pas l'effusion de la reconnaissance de la compagnie; et, pour ne laisser aucun doute sur la sincérité de ses sentiments, elle convoqua, le 22 avril 1594, une assemblée extraordinaire au collége de Navarre [2], où assistèrent l'archevêque de Bourges, le gouverneur de Paris, François d'O, et généralement tous ceux qui appartenaient à l'Université sans distinction. Dans cette assemblée, Henri IV fut reconnu pour vrai et légitime monarque, malgré l'opinion contraire du Saint-Siége, qui continuait de le considérer comme hérétique, et entretenait encore, par ce moyen, des troubles en France. Tous

[1] L'Estoile, *Journal du règne de Henri IV*, II, 43. *Collection de M. Petitot.*

[2] Launoy, *Regii Navarræ Gymnasii Historia*, 368.

les maîtres prêtèrent ensuite serment au roi [1], et il en fut dressé un acte revêtu de leurs signatures.

L'attachement que quelques corps religieux avaient porté à la ligue, et la répugnance qu'ils éprouvaient pour reconnaître un roi rejeté par le Saint-Siége, existaient toujours. C'est en vain que tous les corps de l'État s'étaient ralliés de bonne foi autour du légitime possesseur du trône; les Jésuites, dévoués aux volontés ultramontaines, avaient refusé de lui prêter serment. L'indignation publique contre eux éclatait de toutes parts, et leur résistance semblait plus odieuse depuis l'attentat médité par Barrière sur la personne d'un prince que toute la France commençait à chérir, attentat auquel le jésuite Varade n'était pas resté étranger.

Les événements politiques, qui, depuis quarante ans, s'étaient succédé, n'avaient pas rapproché l'Université des Jésuites. Elle se rappelait toujours

---

[1] *Formule du serment.* « Juramus et promittimus coram Deo « et sacrosanctis evangeliis, nos recognescere corde et intimo af- « fectu regem nostrum et principem naturalem et legitimum Hen- « ricum IV regem Franciæ et Navarræ, nunc feliciter regnantem. »

Qui posthac possent in dictum regem christianissimum insurgere, omnes abominamus, declaramus et pronuntiamus rebelles, hostes Galliarum publicos, nostrosque privatos.

Renuntiamus omnibus factionibus, juramentis fœderibus in quæ nos incurrere antea potuimus occasione et terrore perniciosarum tempestatum, contra et in prejudicium præsentis declarationis.

Recognoscimus, etc., etc.

L'Estoile, *Journal du règne de Henri IV*, II, 56. *Collection de M. Petitot.*

leurs envahissements dont elle était la victime ; et elle n'avait pas perdu l'espoir de délivrer la France d'un ordre aussi dangereux. Les circonstances étaient favorables, elle s'empressa de les saisir. Le 18 avril 1594, après une délibération unanime (*nemine reclamante* [1]), on résolut de demander leur expulsion. Une taxe pour subvenir aux frais du procès fut imposée sur chacun des membres (29 avril) ; et une requête, appuyée encore par l'intervention dans l'affaire des curés de Paris, fut présentée au Parlement [2].

Jacques d'Amboise, docteur en médecine, était alors recteur ; il les accusa d'être ennemis de la loi salique et de la maison régnante ; il leur reprocha leur attachement au parti espagnol ; il rappela leurs antécédents, leur aveugle dévouement au pape, et enfin les décrets et les craintes que leurs doctrines avaient jadis inspirés à l'Université, et que les événements n'avaient que trop justifiés depuis.

Le coup était rude ; les Jésuites, selon leur habitude, s'efforcèrent de l'esquiver. Ils voulaient gagner du temps pour se débarrasser de ce recteur qui les poursuivait si vivement, et en outre pour employer leurs amis. Trente ans d'existence leur en avaient donné jusque dans le sein de l'Université même. Leurs élèves surtout peuplaient la faculté de théologie, et ils obtinrent d'elle (9 juillet) une conclusion qui

---

[1] DUVERNET, *Histoire de la Sorbonne*, II, 142.
[2] *Annales des soi-disants Jésuites*, I, 505.

leur était toute favorable, après l'avoir eue principalement pour adversaire trente ans auparavant.
Cette différence dans les opinions des théologiens
fournit contre eux, à Louis Dollé, avocat des curés
de Paris, qui se trouvaient également en cause, une
éloquente répartie : « Jugez, messieurs, s'écriait-il
« devant le Parlement, jugez si ces hommes ont l'es-
« prit de division, puisqu'ils font vaciller une si cé-
« lèbre compagnie : et, les voyant soutenus de ceux
« qui autrefois étaient leurs plus grands adversaires,
« jugez s'ils ont profité en nos divisions, s'ils se sont
« accrus de nos ruines!... Si ces graves et vénéra-
« bles théologiens qui autrefois ont condamné les
« Jésuites pouvaient se relever de leurs tombeaux
« pour contempler ce que leurs successeurs font au-
« jourd'hui, quelle honte ils auraient de voir qu'ils
« assistent les Jésuites de leur autorité, et qu'ils les
« appellent, dans leurs décrets, *Vénérables Pères*
« *de la Société de Jésus*, titre qui leur est interdit
« par vos arrêts [1]. »

Forts de l'assentiment de la Sorbonne, les Jésuites
crurent n'avoir plus rien à redouter, et ils demandèrent à l'Université le désistement de son action, et
leur incorporation dans son sein, moyennant toute
la soumission et l'obéissance *due à monsieur le recteur* et aux autres magistrats du corps. Leur demande
fut rejetée. Ce n'était pas leur admission sous telle

---

[1] *Annales des soi-disants Jésuites; plaidoyer de Dollé*, I,
541.

ou telle condition qu'on voulait, c'était leur exclusion totale. Les facultés de droit, de médecine, et les quatre nations de la faculté des arts, opinèrent pour la continuation du procès; et, afin de manifester d'une manière non équivoque leur intention, Jacques d'Amboise, l'adversaire le plus ardent des Jésuites, fut prorogé dans le rectorat.

La cause fut portée au Parlement le 12 juillet 1594. Elle fut plaidée à huis-clos, sur la demande des Jésuites et malgré les efforts de leurs adversaires. Antoine Arnauld, élève de l'Université, porta la parole pour elle. Son discours respire la plus profonde indignation. Organe de l'opinion publique, il les accusa des maux qui, depuis trente ans, désolaient la France; et, suivant l'usage du barreau de son temps, il les accabla d'injures, il leur prodigua les épithètes les plus insultantes : « Il faut que je confesse, avouait-« il, que la colère et l'indignation me font sortir hors « de moi, de voir qu'encore que ces traîtres, ces scé-« lérats, ces assassins, ces meurtriers de rois, ces « confesseurs publics de tels parricides, sont entre « nous; ils vivent, ils hument l'air de la France. « Comment ils vivent?... Ils sont dans les palais, « ils sont caressés, ils sont soutenus, ils font des li-« gues, des factions, des alliances, des associations « nouvelles. Mais, dira-t-on, ils enseignent la jeunesse; « à quoi faire? à désirer et à souhaiter la mort des « rois. Et cette considération de l'instruction de la « jeunesse, loin d'adoucir la peine de leurs crimes, « doit au contraire l'aggraver et l'augmenter. » Il con-

clut à ce qu'ils fussent chassés du royaume; et ajouta
en terminant : « Ou cette séance délivrera la France
« de ces nouveaux monstres engendrés pour la dé-
« membrer; ou bien, si leurs ruses, si leurs artifices
« les maintiennent, je le dis tout haut (ils ont trouvé
« moyen de faire fermer les portes, mais ma voix pé-
« nétrera dans les quatre coins du royaume, et je la
« consacrerai encore à la postérité qui nous jugera
« sans crainte ni passion); je le dis tout haut, ils
« nous feront encore plus de mal qu'ils ne nous en
« firent jamais [1]. »

Louis Dollé se présenta ensuite pour les curés de
Paris; il parla avec plus de modération, et son plaidoyer est un chef-d'œuvre d'éloquence : « Messieurs,
« dit-il, le sénat de Rome, ayant condamné les sa-
« crifices d'Isis et de Sérapis, ordonna que leur tem-
« ple serait détruit, afin que les prêtres isiaques per-
« dissent à jamais l'espérance de le rétablir. Ceux qui
« étaient chargés de cette exécution furent saisis d'une
« frayeur superstitieuse, et n'osèrent y mettre la main,
« de peur qu'en violant l'autel de ces dieux étrangers
« ils ne fussent foudroyés comme on les en menaçait.
« Mais le consul Émilius Paulus, assuré que tout ce
« qu'un citoyen faisait pour le bien de son pays était
« agréable à Dieu, dépouilla sa robe de pourpre, prit
« la hache à la main, et, pour donner l'exemple,
« enfonça la porte le premier.

---

[1] *Annales des soi-disants Jésuites; plaidoyer d'Antoine
Arnauld*, I, 534.

« Il est aujourd'hui question de savoir si l'on doit
« chasser du milieu de nous des prêtres étrangers qui,
« sous prétexte de piété et de dévotion, sappent peu
« à peu les fondements de l'État, dérobent au prince
« le cœur de ses sujets, et débauchent le peuple de
« l'obéissance qu'il doit à son roi.

« Ceux qui manifestaient ces craintes, il y a trente
« ans, n'en parlaient que par conjectures; mais au-
« jourd'hui le ressentiment du mal qu'ils ont fait, et
« l'appréhension du mal qu'ils peuvent faire, forcent
« de recourir au remède. S'il se trouve en vous, mes-
« sieurs, la résolution du sénat, vous trouverez pour
« cette exécution un bon nombre d'Émiles.

« Je suis d'accord avec ceux qui disent qu'il y a
« parmi eux des hommes doctes et d'un grand juge-
« ment; c'est ce qui nous met en peine. Je crains un
« ennemi sage et qui a de la réputation dans le peu-
« ple : il n'y a rien de plus aisé à vaincre; si vous
« gagnez son oreille, vous avez gagné son cœur. L'é-
« loquence voilée de la religion est un grand charme
« pour ensorceler les faibles jugements. Alors il est
« aisé d'imprimer des opinions étrangères en une ame
« étonnée, et d'y semer l'impiété au lieu de la reli-
« gion. La superstition est une furie continuellement
« attachée à la conscience des ignorants. Elle ne les
« laisse pas respirer; elle leur suscite des imaginations
« horribles. Un homme en proie à cette furie est fa-
« cile à persuader.

« N'avons-nous pas vu que les sermons de ces sé-
« ditieux ont allumé un feu qui a embrasé toute la

« France? Cessons donc d'imputer au peuple le mal
« qu'il a fait; il n'était que l'instrument de ces ingé-
« nieurs. Si vous empêchez que le vent ne souffle,
« vous aurez une mer tranquille.....

« Anciennement les pontifes romains étaient obligés
« de donner avis au sénat des prodiges qui se rencon-
« traient, afin de les expier; ainsi les curés de Paris,
« qui ont charge des choses sacrées, vous avertissent
« qu'il y a un grand prodige en France, c'est que des
« hommes qui se disent religieux enseignent à leurs
« écoliers qu'il est permis de tuer les rois et les
« princes [1]. »

L'impression produite par les deux orateurs fut
tellement profonde, que l'avocat des Jésuites, Claude
Duret, n'osant entreprendre leur justification, abandonna ses clients et quitta Paris [2].

Réduits à présenter eux-mêmes leur défense, sans
avoir pu trouver un avocat qui voulût s'en charger [3],
ils reproduisirent les moyens qu'ils avaient déjà fait
valoir, et dont Pasquier, trente ans auparavant, avait
fait justice. Seulement leur fortune qui alors ne mon-
tait qu'à cent mille écus, s'était élevée, suivant Arnauld, jusqu'à deux cent mille livres de rente.

Les Jésuites, vivement menacés et redoutant l'issue
du procès, firent tous leurs efforts pour le faire ap-

[1] *Annales des soi-disants Jésuites; plaidoyer de Louis Dollé*,
I, 552.

[2] CRÉVIER, *Histoire de l'Université*, VI, 459.

[3] CRÉVIER, *Histoire de l'Université*, VI, 460.

pointer. C'était difficile. Le roi alors occupé au siége
de Laon, apprenant que l'on voulait « sous couleur
« de quelques considérations de ce temps, empêcher
« ledit jugement », avait envoyé au Parlement (28
juillet 1594) une lettre de cachet dans laquelle il lui
ordonnait « de passer outre au jugement dudit procès,
« et garder le bon droit ou justice à qui il appartien-
« dra, sans aucune faveur, animosité, ni acception de
« personne quelle qu'elle soit [1]. » En outre, l'avocat de
l'Université n'avait pas craint de dire en pleine audience : « qu'appointer cette affaire au conseil, c'était
« y appointer la vie du roi. » Néaumoins la demande
des Jésuites, appuyée par le procureur-général de
la Guesle et l'avocat-général Séguier, fut accueillie
malgré les efforts du président Augustin de Thou, et
l'affaire fut appointée (6 septembre 1594).

Ils triomphaient, lorsqu'un nouvel attentat commis
sur la personne du roi (27 décembre) par Jean
Châtel, écolier du collége de Clermont, vint prouver
la vérité de la prédiction d'Antoine Arnauld. Complices de cet assassinat par leurs doctrines qui en
avaient fait naître l'idée, il n'y eut plus dans la
France entière qu'une voix sur leur compte. Le blâme
se répandait aussi sur leurs protecteurs, et Crillon
disait tout haut dans le Louvre, qu'il fallait les
traîner à la rivière [2]. Enfin, les Parlements du

[1] *Lettres-patentes de Henri IV au Parlement de Paris.* Voy.
BULLEUS, *Historia Universitatis*, VI, 866.

[2] L'ESTOILE, *Journal du règne de Henri IV*, II, 102.

royaume, interprètes de la vindicte publique, banni-
rent de la France ces religieux qui n'y étaient encore
connus que par le mal qu'ils y avaient fait.

Cet événement causa le plus grand préjudice à
l'Université, qui commençait à se remettre du tort
que lui avaient causé nos guerres civiles. En effet, les
familles n'osaient pas envoyer leurs enfants dans un
pays encore agité par les passions les plus féroces;
« et le bruit du coup de Châtel fit retourner plus de
« six cents écoliers de toutes nations qui venaient à
« Paris, et en fit sortir presque autant d'autres qui
« y étaient habitués [1]. » Pour détruire, autant que
possible, l'impression funeste que ces événements
avaient laissée dans les esprits, et extirper les maux
que le fanatisme pouvait produire, la faculté de théologie, dans une assemblée tenue le 16 janvier 1595,
déclara « que Henri IV devait être reconnu comme
« roi véritable et légitime, qu'il n'était aucunement
« loisible à qui que ce soit d'attenter à sa personne
« sous prétexte de religion, de péril de la foi ou au-
« tres quelconques [2]. »

L'Université voulut ensuite s'acquitter d'une dette
de reconnaissance envers l'avocat qui l'avait défendue
devant le Parlement, et qui, par un noble désinté-
ressement, n'avait voulu rien recevoir. Pénétrée de
sa noble conduite, la compagnie résolut de la reconnaître d'une manière digne d'elle et de lui; et, par

---

[1] L'Estoile, *Journal du règne de Henri IV*, II, 105.
[2] Crévier, *Histoire de l'Université*, VI, 476.

une délibération unanime (18 mars 1595), elle porta un décret ainsi conçu : « Ne voulant point demeurer « coupable d'ingratitude, nous avons jugé nécessaire « de consigner dans nos registres un tel bienfait, afin « que la mémoire s'en conserve toujours : et nous avons « astreint et astreignons tous les ordres de la compagnie « à se regarder comme obligés envers ledit sieur, ses « enfants et descendants, à tous les devoirs auxquels « sont obligés de bons clients envers un fidèle patron, « et à promettre à ne jamais manquer à ce qui pourra « intéresser leur honneur, leur réputation et leur « utilité. » Ce décret, qui fait l'éloge du corps qui le rendit, fut signé du recteur, scellé du grand sceau de l'Université, et offert au généreux avocat comme un témoignage de reconnaissance.

CHAPITRE IV.

Paris et l'Université après l'entrée de Henri IV. — Doctrines ultramontaines poursuivies. — Chaires de théologie fondées par
le roi. — Arrêt contre Guillaume Rose. — Édit de Nantes. —
L'Université y forme opposition. — Excès des écoliers contre
les protestants. — Réformation de l'Université. — De Thou,
Molé, Harlai, Séguier en sont chargés. — Extrait des nouveaux
statuts. — Arrêts contre les Jésuites. — Ils sont rétablis en
France. — Plaintes de l'Université. — Remontrances du Parlement. — Assassinat de Henri IV. — Les Jésuites obtiennent la
permission d'enseigner. — États de 1614. — L'Université n'y
siége pas. — Les Oratoriens. — Construction du collége de
France. — Désordres de la jeunesse des écoles. — Arrêt du
Parlement qui prononce la peine de mort contre les adversaires
d'Aristote. — L'Université offre au roi quatre cents soldats.
— Tarif des droits de présence. — Aliénation totale du Pré-
aux-Clercs.

Le rectorat de Jacques d'Amboise avait été signalé
par des événements importants pour la France et
l'Université. C'était l'expulsion des Jésuites. On la
devait peut-être à la rigueur et à la persévérance
avec laquelle le premier magistrat universitaire les
avait poursuivis, et la compagnie dut s'applaudir de
cet heureux résultat, qui venait la débarrasser de

II.   11

rivaux redoutables, et dont la concurrence était de
nature à lui inspirer les craintes les plus vives pour
sa prospérité future.

On a vu en effet, dans le chapitre précédent,
l'état où la fureur des passions politiques et religieuses avait réduit la France, et surtout Paris.
Cette capitale, si long-temps opprimée par la Ligue,
offrait, au moment où Henri IV en devint possesseur, le spectacle le plus complet de la désolation.
Sa population décimée par le fer et la faim pendant
le siége mémorable qu'elle soutint contre l'armée
royaliste, ses édifices détruits, ses rues désertes, n'en
faisaient plus que l'ombre d'elle-même. De tels événements avaient agi avec une force pareille sur l'U-
niversité ; sa splendeur était attachée à celle de Paris,
et la ruine de l'un avait entraîné la ruine de l'autre:
l'Université en un mot était déserte. Pasquier, qui
lui portait un attachement si pur, si désintéressé,
qui, pendant toute sa vie, lui avait prêté l'appui de
son talent, Pasquier déplorait avec amertume l'état
dans lequel il la voyait plongée, et cherchait, disait-
il, « l'Université dans l'Université sans la trouver [1] ».
Cependant, on pouvait espérer un meilleur ordre de
choses. Le prince qui venait de surmonter tous les
obstacles que le fanatisme lui avait opposés, était animé
du désir ardent de faire le bonheur de son peuple
et de cicatriser les plaies de sa patrie. De jour en
jour, Paris reprenait l'éclat qu'il avait perdu; la con-

[1] Pasquier, *Recherches de la France*, liv. IX, chap. 25.

fiance qu'inspirait le monarque y ramenait une foule d'étrangers; l'Université put bientôt s'apercevoir de ce changement; et, sous le seul rectorat de Jacques d'Amboise, elle compta jusqu'à deux cent seize élèves qui furent admis dans son sein [1].

Henri IV aimait la littérature; c'est à lui qu'on doit, à proprement parler, l'établissement de la bibliothèque royale, qu'il augmenta, par lettres-patentes, de la précieuse collection de livres que la reine Catherine de Médicis avait rassemblés [2]. Il protégeait les savants, en logeait plusieurs dans son palais; et, malgré les excès auxquels l'Université s'était livrée, il avait accueilli ses membres avec la plus grande bienveillance. Tant de bonté, une conduite aussi généreuse avaient ramené vers lui tous les esprits, et les sentiments qu'il avait inspirés à la compagnie en particulier furent le mobile qui la soutint dans sa lutte opiniâtre contre les Jésuites, que tout le monde, depuis les Parlements jusqu'au peuple, considérait comme les ennemis implacables du grand roi.

Tout ce qui tendait à resserrer les liens qui se formaient entre le prince et la nation, à faire disparaître les motifs d'éloignement qui pouvaient encore exister entre elle et lui, était pour l'Université une occasion de manifester l'affection sincère qu'elle por-

[1] CRÉVIER, *Histoire de l'Université*, VII, 2.

[2] FÉLIBIEN, *Histoire de Paris*, II, 1359. — VOLTAIRE, *Essai sur les mœurs et l'esprit des nations*, chap. CLXXIV, de HENRI IV.

tait au souverain légitime. C'est ainsi qu'elle ordonna
des réjouissances extraordinaires pour célébrer l'ab-
solution que le pape Clément VIII, après beaucoup
d'hésitation, venait enfin d'accorder au roi (17 septembre 1595). L'Université était d'autant plus fière
de cet événement, qui enlevait désormais tout prétexte aux ambitieux qui cherchaient encore à exciter
des troubles en invoquant l'intérêt de la religion,
qu'il était l'ouvrage d'un de ses élèves, le cardinal
d'Ossat, qui avait autrefois enseigné la rhétorique et
la philosophie au collége de Lizieux [1].

De tous les corps de l'Université, cependant, la
faculté de théologie était celle qui avait dépouillé
avec le plus de peine les principes qu'elle avait si
long-temps proclamés sur l'omnipotence spirituelle.
Le grand nombre de moines qui la peuplaient, et qui,
en prononçant leurs vœux, abjuraient pour ainsi dire
la qualité de citoyens pour embrasser des doctrines
conformes à l'esprit de leurs ordres, faisait que souvent, malgré les sentiments bien connus de l'Université et ses décrets, les salles de la Sorbonne retentissaient encore de propositions incendiaires qui étaient
de nature à faire impression sur des hommes à peine
sortis de l'arêne des discordes religieuses et civiles.
Ces principes dangereux, soufflés en France par les
partisans de l'ultramontanisme, exigeaient alors une
sévère répression, et le Parlement se montrait attentif

---

[1] *Vie du cardinal d'Ossat.* — FÉLIBIEN, *Histoire de Paris*,
I, 671.

à les poursuivre. Un religieux italien les avait proclamés dans une thèse dans laquelle il soutenait : « que le pape tient la place de Dieu en terre, et que « tous les hommes, de *quelque rang qu'ils puissent* « *être*, sont tenus de lui obéir. » L'auteur fut arrêté, ses propositions proscrites, et il fut condamné à faire à genoux, en présence de la faculté assemblée, une rétractation formelle, à laquelle assistèrent un président et quatre conseillers au Parlement (19 juillet 1595 [1].) Défense fut faite ensuite de soutenir dorénavant de semblables doctrines, sous peine d'être considéré comme criminel de lèze-majesté. Malgré cet arrêt, de semblables délits se renouvelèrent fréquemment dans la suite, et le Parlement se vit obligé d'ordonner (2 août 1618) aux candidats, de communiquer leurs thèses au prieur de la Sorbonne avant de les soutenir. Cet arrêt fut renouvelé trente-trois ans après, en 1651, dans une contestation élevée par Bossuet, alors bachelier en théologie au collége de Navarre, qui avait cherché à se soustraire à cette formalité [2].

Cette mauvaise direction, imprimée aux principes de quelques théologiens, fit sentir à Henri IV la nécessité de faire enseigner cette science conformément

[1] DE THOU, *Histoire Universelle*, chapitre CXIV. — BULLEUS, *Historia Universitatis*, VI, 892. — DUVERNET, *Histoire de la Sorbonne*, II, 161.

[2] *Extrait des registres du Parlement*. — Voyez *Recueil des pièces concernant l'Université*, et appartenant à la bibliothèque de l'Université, pièce n° 5.

aux plus saines doctrines. Il fonda dans ce but, à la Sorbonne (15 mars 1596), deux chaires de théologie *positive* qui furent assimilées à celles qui déja se trouvaient exister au collége Royal. L'Université reçut avec acclamation un bienfait qui devait avoir pour résultat de ramener tous les cœurs au roi ; elle était fière d'être chargée d'instruire la jeunesse française dans les sentiments de dévouement qui étaient devenus les siens ; elle ne voulait laisser partager cette noble tâche par personne, et cette idée, unie à celle de sa conservation, l'engagea alors à s'opposer vivement à l'ouverture d'un établissement dirigé par un nommé Bourgoing, qui prenait le titre d'*académie du roi*, et dans lequel on devait enseigner tous les arts libéraux [1].

Les magistrats ne montraient pas moins d'attachement à la couronne que les membres de l'Université ; ils tempéraient, par une juste sévérité, l'indulgence du monarque, qui, s'abandonnant à la générosité de son caractère, n'avait pas tardé à se laisser fléchir, et avait rendu à leur patrie ceux que d'abord il avait cru prudent d'en éloigner. Parmi ceux-là se trouvait le docteur Guillaume Rose, évêque de Senlis et conservateur apostolique des priviléges universitaires. Prédicateur fougueux, ses déclamations contre le roi retentissaient encore à toutes les oreilles, et son attachement à la Ligue était passé en proverbe. Enhardi par ce premier succès, Rose voulut rentrer dans le

---

[1] CRÉVIER, *Histoire de l'Université*, VII, 32.

sein de l'Université qui l'avait également éloigné; il revendiqua la charge de grand-maître de Navarre, qu'il possédait autrefois, et dont un membre plus royaliste avait été investi, et il attaqua son adversaire devant le Parlement. Le succès ne répondit pas à son attente. Son ancienne conduite attira contre lui les réquisitions véhémentes du ministère public; et, le 5 septembre 1598, un arrêt rigoureux vint les confirmer. Rose, débouté de sa demande, fut condamné à rétracter dans la grande salle du palais, debout et tête nue, les doctrines qu'il avait embrassées, à payer une amende de cent écus, à ne pas prêcher d'un an, et à être éloigné pendant autant de temps de la ville de Senlis, son diocèse [1]. Cet arrêt fut exécuté.

La France, à cette époque, commençait à ressentir les bienfaits de l'administration royale. La paix et ses avantages avaient remplacé les horreurs de la guerre; les Espagnols avaient vu, en présence de leur armée, reconquérir la Picardie qu'ils avaient envahie, et reprendre Amiens (25 septembre 1597), qu'un stratagème leur avait donné quelques mois auparavant, lorsque le traité de Vervins (2 mai 1598) rendit la tranquillité à l'Europe et sanctionna les droits de Henri sur le trône qu'il avait su conquérir. En même temps, la justice était réformée, le commerce en honneur, les duels réprimés par des

---

[1] DUVERNET, *Histoire de la Sorbonne*, II, 163. — BULLEUS, *Historia Universitatis*, 909 et suiv. — LAUNOY, *Regii Navarræ Collegii Historia*, 317.

lois trop sévères sans doute, mais qui avaient pour
but de délivrer la France de ce fléau; et un édit fameux, l'édit de Nantes, ouvrage du président Jean-
nin et de l'historien de Thou [1], était offert aux protestants comme un témoignage de la reconnaissance
du prince dont ils avaient si long-temps partagé la
fortune. Cet édit, qui leur accordait la liberté de
conscience, le libre exercice de leur culte, et qui les
admettait à jouir des droits de citoyens, fut reçu
avec défaveur par les catholiques. Le Parlement
refusa de l'enregistrer, et toute la fin de l'année s'é-
coula sans qu'on pût vaincre sa résistance. L'Université y forma également opposition, et adressa
en même temps ses plaintes au conseil du roi. « La
« requête du recteur de l'Université, dit l'Estoile,
« par laquelle il demandait au conseil de Sa Majesté
« que les précepteurs, écoliers et autres de la religion
« prétendue réformée fussent exclus de l'entrée aux
« colléges de l'Université, et fussent privés de tous
« priviléges, n'a point été jugée; mais il fut défendu
« par ledit conseil, à tous prétendus réformés qui
« iraient aux colléges de l'Université, de dogmatiser [2]. »
Enfin, le 25 février 1599, toutes les difficultés furent levées; le roi vint prendre séance au Parlement,
et l'édit fut enregistré après un discours dans lequel

---

[1] ANQUETIL, *Histoire de France*, VI, 173. *Édition de Janet
et Cotelle*, Paris, 1817.

[2] L'ESTOILE, *Journal du règne de Henri IV*, II, 236. *Collection de M. Petitot.*

il disait aux conseillers : « Sans moi, vous ne seriez
« plus sur vos siéges; ceux qui empêchent que mon
« édit ne passe veulent la guerre; je la déclarerai à
« ceux de la religion, mais je ne la ferai pas, je vous
« y enverrai. Je sais que la justice est mon bras droit;
« mais quand je serais sans bras droit, je sauverais
« encore mon État avec mon bras gauche; j'aurais
« plus de peine, mais j'en viendrais à bout. »

Ces mesures législatives n'éteignirent pas la haine
qu'on portait aux protestants, et qu'une religion peu
éclairée tendait sans cesse à augmenter. Paris ne renfermait pas de temple protestant; les religionnaires
étaient obligés d'aller entendre le prêche d'abord à
Ablon - sur - Seine, puis ensuite à Charenton; et
chaque fois qu'ils sortaient de la ville pour satisfaire aux devoirs de leur culte, leur départ était,
pour une populace fanatique, le signal de mille ou-
trages, de mille violences. Les écoliers étaient souvent les instruments dont on se servait; et les excès à
cet égard allèrent si loin qu'on fut obligé de faire
dresser dans la vallée de Fécan, à l'extrémité du faubourg Saint-Antoine, une potence pour y suspendre
le premier qui troublerait le repos public, de quelque religion qu'il fût [1]. On nous a conservé des monuments de ces provocations faites à une jeunesse
déjà assez turbulente, sans qu'il fût nécessaire de
l'inviter encore à de nouveaux désordres. L'un de
ces placards qu'on affichait alors dans les quartiers de

---

[1] DULAURE, *Histoire de Paris*, V, 275.

l'Université, est ainsi conçu : « On fait savoir à tous
« écoliers, grammairiens, artiens et autres illustres
« étudiants en notre Université lutétienne, qu'ils aient
« à se trouver aujourd'hui, *post prandium*, sur le
« bord de la Seine (c'était sans doute dans le Pré-
« aux-Clercs), *cum fustibus et armis*, pour s'oppo-
« ser, *in tempore opportuno*, aux insolences de la
« maudite secte huguenote et abloniste : faisant dé-
« fenses à tous prévôt, lieutenant et autres d'empêcher
« ceci, sous peine d'encourir l'ire de Dieu et du peu-
« ple chrétien et catholique. A Paris, le 18 septembre
« 1605 [1]. »

Cet appel fait aux écoliers, qui avait pour but de
tourmenter des citoyens paisibles qui n'invoquaient
que l'exécution des lois sous la protection desquelles
on les avait placés, ne fait pas l'éloge de la jeunesse
parisienne. Vingt-cinq années de désordres l'avaient
habituée à ne connaître d'autres lois que ses passions;
elle avait emprunté à nos temps d'anarchie des idées
de trouble qui ne savaient se plier sous l'empire d'aucune autorité. Tous les contemporains se plaignent
des atteintes fréquentes et graves que les écoliers et
les pages, dont le nombre était considérable (car
alors, comme l'a dit depuis La Fontaine, *tout marquis
voulait en avoir*), portaient à la tranquillité publique. La foire Saint-Germain était surtout le théâtre de
leurs excès, et, dit encore l'Estoile, « en 1606, il y
« eut un grand tumulte entre les écoliers et les la-

« quais. Un laquais coupa les deux oreilles à un éco-
« lier, et les lui mit dans sa pochette, et les écoliers
« tuèrent tous les laquais qu'ils rencontrèrent [1]. »

Le besoin de porter un prompt remède à un tel
état de choses, de rétablir la discipline entièrement
oubliée, de faire revivre des réglements qu'on n'ob-
servait plus, se faisait vivement sentir. Les études
réclamaient des améliorations importantes, et la splendeur de l'Université en dépendait. Tous les bons esprits invoquaient donc une réforme devenue indispensable ; le vœu général avait été entendu par le roi,
et, dès l'année 1595, il résolut de l'exaucer. Une
commission composée de magistrats, et parmi lesquels
on remarquait les hommes les plus honorables, les
de Harlai, les de Thou, les Molé, et le lieutenant
civil Séguier, fut chargée de l'important travail de la
réforme universitaire [2].

Cette réforme, connue sous le nom de *réforme de
Henri IV*, ou de 1600, et qui était la quatrième ou
cinquième que l'Université subissait depuis son origine, se distingua de celles qui l'avaient précédée par
un point important ; c'est qu'elle eut lieu sous l'influence directe de l'autorité royale, sans qu'en aucune
manière l'autorité ecclésiastique ni le pouvoir ponti-

---

[1] L'Estoile, *Journal du règne de Henri IV*, II, 486. —
Dulaure, *Histoire de Paris*, V, 503.

[2] Crévier, *Histoire de l'Université*, VII, 53. — Félibien,
Histoire de Paris, II, 1255. — L'Estoile, *Journal du règne
de Henri IV*, II, 296.

fical y intervinssent comme dans les premières, auxquelles un légat du Saint-Siége avait toujours présidé. De Thou, dans le discours qu'il prononça devant l'Université assemblée, fit remarquer cette différence, soutint que le droit précieux d'ordonner dans
son royaume les améliorations nécessaires appartenait
au roi seul; rappela avec éloge la fermeté avec laquelle saint Louis, Charles VII et Louis XII avaient
défendu les libertés de l'Église gallicane, et engagea
l'Université à professer toujours ces principes conservateurs.

Plusieurs années furent nécessaires pour l'accomplissement de cet important travail; et les commissaires, pour alléger un peu leur fardeau, jugèrent
convenable de s'adjoindre quelques-uns des membres
les plus distingués de l'Université, parmi lesquels on
trouve, entre autres, le savant théologien Edmond
Richer. Mais les principales difficultés vinrent de
quelques maîtres, principaux et régents que la réforme
venait blesser dans leurs intérêts en supprimant des
abus dont ils s'étaient fait une habitude. Ils firent
tous leurs efforts pour les décourager. Plusieurs fois,
ils ameutèrent contre eux les écoliers et jusqu'aux
valets des colléges, et souvent les commissaires furent
insultés et maltraités, lorsqu'ils passaient dans les
rues du quartier de l'Université. Cette conduite eut
de mauvais effets, car plusieurs personnes s'en indi-
gnèrent et retirèrent leurs enfants des colléges publics pour les placer sous des maîtres particuliers,

dont les établissements, à partir de cette époque, prirent une grande extension [1].

Enfin, après trois ans et demi de peines et de soins, la commission termina son travail, et le réglement, qui fut son ouvrage, fut enregistré au Parlement le 3 septembre 1598; mais quelques difficultés en retardèrent la publication jusqu'au 18 septembre 1600. L'avocat-général Servin, qui le présenta à l'Université dans son assemblée générale, lui en recommanda l'observation exacte, afin, lui dit-il, qu'elle puisse recouvrer son ancien lustre sans avoir besoin du secours de *nouveaux hommes*, et par là il désignait les Jésuites, dont on redoutait alors le retour, et que l'Université, dans un discours d'actions de graces adressé au Parlement, appelle « une nouvelle Carthage qui est venue établir son camp au milieu du « pays latin, et dont les malignes influences ont flétri « l'éclat de toutes les académies du royaume [2]. »

Les principales dispositions de ce statut célèbre, qui a régi l'Université jusqu'à nos jours, concernent le soin de la religion, des études et de la discipline extérieure et intérieure. Il est défendu de recevoir, comme pensionnaires dans les colléges, les jeunes gens qui ne seraient pas catholiques (art. 3). L'usage de la langue latine est seul permis (art. 16). Un inspecteur (*explorator*) est chargé dans chaque classe de surveiller la conduite des élèves, et d'en rendre compte à la fin de la semaine au principal (art. 17).

[1] Félibien, *Histoire de Paris*, II, 1257.
[2] Crévier, *Histoire de l'Université*, VII, *note de la page* 59.

Les comédiens, les maîtres de danse, d'escrime, de musique sont bannis du quartier de l'Université et relégués au-delà des ponts (art. 29). Les personnalités, équivoques grossières et les plaisanteries qu'on se permettait dans les comédies françaises ou latines qu'on représente dans les collèges, sont sévèrement interdites (art. 35). Il est enjoint aux principaux de visiter chaque mois les chambres et les bibliothèques des maîtres, pour s'assurer s'ils n'auraient pas des armes ou des livres prohibés (art. 20). Les repas pour célébrer l'obtention des grades sont supprimés (art. 46). On n'admet à habiter dans les colléges que les maîtres et les écoliers; les gens mariés en sont exclus, à peine d'une amende contre le principal qui les aurait reçus (art. 60). Tout maître ou principal promu à une fonction ecclésiastique doit être immédiatement remplacé (art. 63). La décence dans l'habillement est sévèrement recommandée; les élèves ne doivent jamais sortir sans ceinture (art. 65). Tous les ans, le 7 octobre, le recteur, accompagné du prévôt de Paris et du procureur du roi, doit convoquer, dans l'auditoire du Châtelet, tous les maîtres en théologie, en droit canon, en médecine, ès-arts et les principaux de colléges, pour fixer, de concert avec deux marchands de Paris, le prix des pensions (art. 67) [1]. Il est enjoint au recteur de faire, pendant la

---

[1] *Leges et statuta in usum Universitatis parisiensis, lata et promulgata, jubente invictissimo rege Francorum Henrico IV.* Voyez le Recueil intitulé: *Lois et Réglements sur l'instruction publique*, I, 1 et suivantes.

durée de sa magistrature, la visite de tous les colléges et maisons d'éducation, accompagné des quatre censeurs (art. 70). Enfin, les portes des colléges doivent être fermées à neuf heures, et les clefs remises au principal [1].

Le même statut conserva à la faculté des arts le privilége exclusif de choisir le recteur dans son sein. Les fêtes de la foire du Lendit, qui étaient pour l'Université l'occasion de tant de désordres, ne furent pas encore abolies à cette époque; mais, neuf ans après (en 1609), le Parlement les suspendit par un arrêt, et cette suspension fut pour toujours [2].

Voilà pour ce qui regarde la faculté des arts. Quant à la faculté de théologie, ce que le réglement renferme de plus important, c'est la fixation du nombre de religieux admis à la licence. Il est borné à cinq Dominicains, quatre Franciscains, trois Augustins, trois Carmes (art. 15), et l'on reconnaît ici le soin que l'Université a pris de tout temps d'éloigner, autant que possible, les moines de son sein. Conformément aux anciens statuts, il fallait cinq ans d'étude et trente ans d'âge pour être admis au baccalauréat (art. 8); cet âge a depuis été limité à vingt-un ans [3]. En troisième lieu, on exige de tous ceux qui aspirent à des

---

[1] *Appendix ad reformationem* (art. 12). *Recueil de lois sur l'instruction publique*, I, 50.

[2] *Priviléges de l'Université*, 216. — CRÉVIER, *Histoire de l'Université*, VII, 71.

[3] CRÉVIER, *Histoire de l'Université*, VII, 81.

grades serment d'obéissance et de fidélité aux lois et au roi (art. 11). Cette précaution avait paru nécessaire dans un temps où les théologiens exerçaient une si grande influence sur les esprits.

Dans la faculté de droit, jusqu'alors réduite à l'enseignement des Décrétales, on permit tacitement l'étude du droit civil, puisqu'on exigeait des professeurs la connaissance des deux législations (art. 5). L'étude du grec et du latin doit être possédée par tous les élèves (art. 4), et le Parlement consacra par un article spécial la permission qu'il avait déja accordée aux professeurs en droit de se marier [1].

La médecine, illustrée depuis un demi-siècle par quelques hommes supérieurs, commençait à sortir de l'état où l'ignorance l'avait si long-temps maintenue. L'étude de la nature, interrogée dans ses propres ouvrages, avait succédé à la science conjecturale; et, parmi les changements importants arrivés dans son sein, on doit remarquer la permission accordée en 1555 à Richard Hubert, docteur en médecine, de faire des démonstrations publiques d'anatomie sur les cadavres des suppliciés [2]. La médecine fixa aussi l'attention des commissaires. L'exemption du célibat, qui avait déja été accordée aux médecins par le cardinal d'Estouteville, est confirmée (art. 40). L'explication d'Hippocrate, de Galien et des autres

---

[1] *Appendix ad reformationem facultatis juris canonici* (art. 2). *Recueil de lois sur l'instruction publique.*, I, 56.

[2] DULAURE, *Histoire de Paris*, IV, 474.

auteurs est recommandée (art. 54). Les écoliers pauvres
sont dispensés des frais d'examen, de doctorat, pourvu
cependant qu'ils justifient de leur pauvreté, et qu'ils
s'engagent à en indemniser la compagnie, si jamais
ils acquièrent de la fortune (art. 25). On recommande
aux docteurs d'être unis entre eux (art. 13). Personne
ne doit visiter un malade sans avoir été bien et duement appelé (art. 14); et on leur prescrit de ne jamais révéler les secrets que la confiance de leurs ma-
lades, le hasard ou leur pénétration auraient pu leur
faire découvrir (art. 19). Enfin, la distinction qui
existait depuis long-temps entre les chirurgiens et les
médecins, et dont ceux-ci étaient si jaloux, subsiste
toujours; et le chirurgien qui voudra acquérir des
grades dans la faculté devra auparavant renoncer,
par acte notarié, à jamais pratiquer la chirurgie
(art. 24).

Telles sont, pour les quatre facultés, les principales dispositions de cette fameuse ordonnance. Nous
les avons rapportées assez longuement, parce qu'elles
ont servi de base à tous les réglements qu'on a faits
depuis. Ouvrage des hommes les plus habiles du Parlement et de l'Université, il remplit parfaitement le
but qu'on s'était proposé. Sous l'empire de cette législation nouvelle, la compagnie vit renaître ses beaux
jours; le bon ordre, la tranquillité reparurent, les
études redevinrent florissantes, les écoliers accouru-
rent en foule à ses leçons et peuplèrent de nouveau
ses colléges; rien, en un mot, n'aurait manqué à sa
prospérité, si elle n'avait été encore à cette époque

II.

agitée par les craintes que lui inspiraient toujours les disciples de Loyola.

Malgré les proscriptions de la magistrature, malgré les arrêts de l'opinion publique, les Jésuites n'avaient pas pour cela cessé d'exister. Ils avaient dépouillé l'habit de leur ordre, ils paraissaient dissous, et, sous une forme nouvelle, ils cherchaient de nouveau à se glisser dans les écoles, et à y propager leurs doctrines [1]. Mais le Parlement, attentif à leur conduite, les surveillait avec persévérance, et les arrêts se succédèrent avec rapidité. Le 21 août 1597, il défendait de leur donner asile dans les colléges, « attendu qu'il « y a péril que la jeunesse ne soit corrompue par blan- « dices et alléchements de mauvaises doctrines ; en « conséquence, fait inhibition et défenses à qui que « ce soit, communautés ou particuliers, de recevoir « les prêtres soi-disants de la société de Jésus, encore « qu'ils aient abjuré et renoncé aux vœux par eux « faits de tenir école publique ou privée ; à peine « contre ceux qui contreviendront d'être déclarés at- « teints et convaincus du *crime de lèze-majesté* [2]. » Et l'année d'après (18 août 1598), il rendait encore une nouvelle décision contre le sénéchal d'Auvergne, qui les avait accueillis dans la ville de Tournon, dont il était seigneur, et dans laquelle il le déclarait indigne et incapable d'exercer son office. En même temps,

[1] CRÉVIER, *Histoire de l'Université*, VII, 25.

[2] *Annales des soi-disants Jésuites*, I, 635. — CRÉVIER, *Histoire de l'Université*, VII, 26.

comme l'Université s'était plainte avec amertume de ce que les Jésuites débauchaient ses écoliers pour les attirer dans leurs colléges de Douai et de Pont-à-Mousson, le Parlement renouvelait en ces termes les anciennes défenses : « La Cour a inhibé et défendu, « inhibe et défend à toutes personnes d'envoyer éco-« liers aux colléges de ladite prétendue société, en « quelque lieu qu'ils soient, pour y être instruits, sous « *les peines portées aux arrêts précédemment ren-* « *dus.* Enjoint aux parents de retirer, dans le délai « de six semaines, les enfants qu'ils y auront mis, « sinon d'être considérés comme rebelles aux ordon-« nances du royaume. Et, dès à présent, a ordonné « et ordonne que tous nos sujets instruits et enseignés « aux colléges de ladite prétendue société, dedans ou « dehors le royaume, depuis l'arrêt du 29 décembre « 1594, ne jouiront des priviléges des Universités « comme incapables des degrés d'icelles. Déclarons les « degrés par eux obtenus ou qu'ils obtiendront nuls, « de nul effet et valeur, sans qu'ils puissent s'en pré-« valoir pour enseigner, être pourvus d'offices ou bé-« néfices, être reçus avocats en notredite Cour, ni « en aucun autre siége, ni aucunement jouir d'aucuns « droits, prérogatives et prééminences, fruits, profits « et émoluments provenus desdits degrés [1]. »

Cependant, les précautions que l'on prenait contre

[1] L'ESTOILE, *Journal du règne de Henri IV*, II, 233. — *Annales des soi-disants Jésuites*, I, 657. — *Extrait des regis-tres du Parlement du 27 mai* 1603.

eux échouèrent devant leur adresse et leur persévérance. Le père Cotton, l'un deux, courtisan habile,
parvenu au poste de confesseur du roi, sut si bien
s'immiscer dans l'esprit du monarque qu'il parvint, à
force d'intrigues et de sollicitations, à obtenir le rappel de ses frères. Ce résultat, dû aux obséquieuses
prières de ce Jésuite, n'avait pas échappé à la pénétration des contemporains, et on faisait alors courir
contre lui cette épigramme :

> Autant que le roi fait de pas,
> Le père Cotton l'accompagne;
> Mais le bon roi ne songe pas
> Que le fin coton vient d'Espagne [1].

Au reste, cela seul ne détermina pas Henri à les
rappeler. La crainte entra à ce qu'il paraît pour
quelque chose dans sa résolution; car, disait-il à
Sully, qui le dissuadait de le faire : « Si je les réduis
« au désespoir, ne pourront-ils pas attenter à ma vie?
« Ce qui me la rendrait si misérable et langoureuse,
« demeurant toujours ainsi dans la défiance d'être em-
« poisonné ou assassiné (car ces gens-là ont des in-
« telligences partout, et grande dextérité à disposer les
« esprits selon qu'il leur plaît), qu'il me vaudrait
« mieux être déja mort [2]. »
Ce fut le 2 septembre 1603 que furent signées, à
Rouen, les lettres-patentes du roi qui ordonnaient le

[1] L'Estoile, *Journal du règne de Henri IV*, II, 420.
[2] Sully, *Économies royales*, III, chap. 30.

rétablissement des Jésuites en France : « A charge,
« par eux, de n'entreprendre ni faire aucune chose,
« tant au spirituel qu'au temporel, au préjudice des
« évêques, chapitres, curés et *Universités* du royaume,
« ni des autres religieux, mais de se conformer au
« droit commun [1]. » L'Université témoigna aussitôt
ses alarmes au Parlement. Elle ne s'opposait pas, disait-elle, à leur rétablissement, pourvu qu'ils s'abs-
tinssent d'enseigner d'autres jeunes gens que ceux
de leur ordre [2]. Les plaintes de l'Université furent
écoutées par la Cour ; elle refusa d'enregistrer l'édit,
et ordonna des remontrances. Le premier président
Achille de Harlai, chargé de porter la parole, fit intervenir dans son discours l'intérêt de l'Université
menacée par cette mesure. « Sire, ajouta-t-il, les rois
« vos prédécesseurs ont eu soin de laisser cet orne-
« ment à votre bonne ville de Paris, dont cette partie
« dans peu de jours sera déserte ; il ne se pourra faire
« que vous ne vous ressentiez de la douleur de voir
« une quatrième partie de la ville inhabitée de tant de
« familles de libraires et d'autres qui vivent avec les
« écoliers, réduites à l'aumône pour gratifier un petit
« nombre de nouveaux docteurs qui devraient étudier,
« lire, enseigner et servir au public, avec les autres,
« sans faire un corps particulier composé d'un ordre
« et d'une religion nouvelle [3]. »

L'ancien adversaire des Jésuites, Arnaud, devenu

---

[1] *Annales des soi-disants Jésuites*, II, 14.
[2] FÉLIBIEN, *Histoire de Paris*, II, 1258.
[3] *Extrait des registres du Parlement du 2 janvier* 1604.

procureur-général prit aussi la défense de son ancienne cliente dans un discours adressé au roi;
après avoir, selon sa coutume, reproché avec amertume aux Jésuites les maux qu'ils avaient fait souffrir à la France, il termina en disant: « On allégue
« en leur faveur qu'ils sont utiles à l'instruction de
« la jeunesse; non, car, tout bien balancé, ils ont
« plutôt nui que profité aux lettres. Auparavant qu'ils
« fussent venus en France, tous les beaux esprits,
« tous les enfants de bon lieu, étudiaient en l'Uni-
« versité de Paris, où il y avait toujours vingt ou
« trente mille écoliers. Cette multitude y attirait tous
« les plus doctes et plus célèbres hommes de l'Eu-
« rope. Les places de lecteurs publics, institués par
« François Ier, étaient recherchées et retenues dix ans
« d'avance par les lumières des lettres. En la seule
« salle de Cambrai se faisaient plus belles et plus doctes
« leçons en un mois, que depuis par toute l'Université
« en un an, y compris les Jésuites qui ont trouvé
« moyen de s'établir petit à petit dans toutes les meil-
« leures villes du royaume. Par là, ils ont coupé la
« source par où venait cette grande multitude d'éco-
« liers; par là, ils ont fait cesser un autre grand bien
« qui advenait à la jeunesse étudiante à Paris, la-
« quelle se civilisait davantage en la langue française
« et aux mœurs, et en affection envers l'État, qu'elle
« n'a fait depuis, ne sortant point des provinces [1]. »

---

[1] *Le franc et véritable discours au roi Henri IV, sur le rétablissement des Jésuites*, par ANTOINE ARNAUD.

L'édit de septembre 1603 ne fut enregistré au Parlement qu'après plusieurs lettres de jussion, mais il ne satisfaisait pas les Jésuites : Paris et son ressort leur étaient interdits, et cependant ils voulaient y revenir. Leurs vœux ne tardèrent pas à être exaucés ; de nouvelles lettres-patentes, du 17 juillet 1606, les remirent en possession de leur collége de Clermont, en leur défendant toutefois, par égard sans doute pour l'Université, de faire aucunes *lectures publiques ou autres choses scholastiques*. Contents de ce succès, ils continuèrent d'aller en avant, et bientôt (12 octobre 1609) ils se firent autoriser à faire des leçons publiques de théologie. Le Parlement refusa encore d'enregistrer, et le procureur-général conclut à ce que le recteur de l'Université fût entendu. La compagnie s'assembla alors extraordinairement. On résolut de s'opposer énergiquement aux envahissements des Jésuites, qui possédaient déja en France trente-cinq colléges, et se vantaient d'avoir plus de quarante mille écoliers ; de présenter requête au roi, et d'implorer sa bonté [1]. Cette vigueur effraya les Jésuites ; ils restèrent alors tranquilles, espérant que le temps calmerait les esprits ; mais le calme fut de courte durée, et nous verrons, après l'assassinat du roi, recommencer entre eux, les Parlements et l'Université une lutte dont ils devaient sortir vainqueurs.

---

[1] D'ARGENTRÉ, *Collectio judiciorum de novis erroribus*, II, 2ᵉ partie, page 2.— *Recueil des Censures de la faculté de théologie*, Paris, 1720, page 160. — *Annales des soi-disants Jésuites*, II, 104 et suiv.

L'opiniâtreté avec laquelle l'Université défendait
une cause à laquelle elle regardait son existence
comme attachée, avait indisposé contre elle la cour de
Rome et une grande partie du clergé, qui voyaient
avec peine les idées de gallicanisme que ses membres
professaient, et ils cherchaient toutes les occasions
de la tourmenter. Tantôt c'était le pape qui faisait
saisir à Paris l'ouvrage de Gerson, intitulé : *De l'autorité des Conciles sur le Pape*, ouvrage dont la
compagnie avait embrassé les principes ; tantôt c'était
l'évêque de Paris qui, assistant à une thèse en Sorbonne, voulait y tenir la première place au-dessus du
recteur, en disant qu'il était roi dans son évêché ; « et
moi aussi, lui répondait le recteur, je suis roi en mon
Université où vous êtes [1] ». Heureusement toutes ces
tracasseries n'étaient pas de nature à porter atteinte
à la splendeur qu'elle commençait à acquérir. Le roi
avait pour elle de la bienveillance ; il protégeait les
études, et songeait, dans ce temps-là même, à étendre l'institution de François Ier, et à donner au collége Royal un développement qui lui manquait. « Le
« mercredi 23 décembre 1609, rapporte l'Estoile,
« quatre commissaires nommés par Sa Majesté, sa-
« voir : le cardinal du Perron, le duc de Sully, le
« président de Thou, et un conseiller au Parlement,
« sont allés visiter les colléges de Tréguier et de Cam-
« brai, et on dit qu'à la place d'iceux colléges, Sa Ma-
« jesté veut en faire édifier un autre plus magnifique,

---

[1] L'ESTOILE, *Journal du règne de Henri IV*, III, 326.

« qui sera appelé *Collége Royal*, dans lequel sera
« mise la bibliothèque du roi [1]. » Mais ces généreuses
intentions ne purent pas être exécutées; le 10 mai
1610, Henri descendait dans la tombe, victime du
fanatisme et de la superstition.

La mort du roi, qu'on soupçonnait être le résultat
d'un complot, porta l'effroi dans toute la France. On
vit reparaître dans le public des écrits incendiaires
qui tendaient à émouvoir de nouveau les passions
populaires. Mais la nation, fatiguée de guerres civiles,
resta sourde aux provocations qu'on lui adressait, et
auxquelles on répondit par des vers qui exprimaient
son apathique indifférence, et son amour pour la
tranquillité :

> Vive le pape et le roi catholique,
> Vive Bourbon avec sa sainte ligue,
> Vive le roi, la reine et son conseil,
> Vivent les bons et vaillants huguenots,
> Vive Sully avec tous ses suppôts,
> Vive le diable, pourvu qu'ayons repos.

Seulement cet affreux événement réveilla le zèle
assoupi de l'Université et du Parlement contre des
maximes qu'ils avaient si souvent combattues, et qu'on
s'efforçait alors de répandre avec une profusion coupable. Le jour même de l'exécution de Ravaillac
(27 mai 1610), la Cour rendit un arrêt pour inviter l'Université à renouveler le décret qu'elle avait
porté deux siècles auparavant (en 1413) contre la

[1] L'ESTOILE, *Journal du règne de Henri IV*, III, 355.

doctrine de Jean Petit; et en même temps elle s'empressa de condamner les principes renfermés dans les livres des Bellarmin, des Santarelle, des Suarez, des Mariana [1], dans lesquels on soutenait la suprématie spirituelle des papes sur les rois, et qu'il est permis de tuer les tyrans. Ces ouvrages furent livrés aux flammes par ordre du Parlement, qui ordonna, par le même arrêt, que le décret de la Sorbonne serait lu, publié et affiché aux portes des églises, et que tous les maîtres en jureraient l'observation; mais le nonce Ubaldin eut assez de crédit pour empêcher l'exécution de cette dernière partie de l'arrêt [2].

Les auteurs dont la magistrature et le corps enseignant flétrissaient ainsi les opinions, étaient tous des Jésuites; et cette circonstance venait fortifier encore les soupçons qu'ils avaient jadis fait concevoir, et la haine qu'on leur portait. Comme Henri IV leur avait, par son testament, légué son cœur, on s'indignait de les voir en possession d'un don si précieux, et on publiait contre eux des satyres sanglantes, dont l'une entre autres finissait par ces vers :

> Vous avez emporté son cœur dedans la Flèche,
> Mais las! vous avez mis la flèche dans son cœur [3].

---

[1] Voyez BELLARMIN, *Tractatus de summi Pontificis potestate in temporalibus.* — SANCTARELLI, *Liber de heresi, schistemate apostasiá.* — SUAREZ, *Defensio fidei catholicæ.* — MARIANA, *De rege et regis institutione.*

[2] FÉLIBIEN, *Histoire de Paris*, II, 1282.

[3] *Annales des soi-disants Jésuites*, II, 243.

On remarqua aussi avec peine que le lendemain de la mort du roi, « *comme s'ils eussent repris cœur* [1], » ils firent recommencer les travaux, depuis long-temps interrompus, de leur collége de Paris.

Ils avaient lieu en effet d'espérer. Le successeur de Henri IV, à peine âgé de dix ans, était sous la tutelle de sa mère que le Parlement venait de déclarer régente. Cette princesse, dévote sans être pieuse, dépourvue de lumières et de jugement, ne se distinguait que par son opiniâtreté, son dévouement à la cour de Rome, et l'affection qu'elle portait à leur ordre. La tombe de son mari était à peine fermée que, le 20 août 1610, les Jésuites obtinrent des lettres-patentes du roi qui les autorisait à faire des leçons publiques de *toutes sciences* en leur collége de Clermont. A ce nouveau succès, qu'ils s'empressèrent de faire connaître à l'Université, les facultés de théologie et de médecine, les nations de France, de Picardie et de Normandie, se rassemblèrent, et, par des conclusions motivées en date du 16 septembre, elles implorèrent le secours du Parlement [2]. Le Parlement, en effet, leur était favorable; il avait trouvé dans l'Université un auxiliaire toujours dévoué pour combattre les doctrines des écrivains de la compagnie de Jésus. Non-seulement elle les avait condamnés, mais encore elle

[1] L'ESTOILE, *Registres journaux sur le règne de Louis XIII*, page 7. *Collection de M.* PETITOT.

[2] D'ARGENTRÉ, *Collectio judiciorum de novis erroribus*, II, 2ᵉ partie, 14. — *Annales des soi-disants Jésuites*, II, 266.

avait déclaré indigne et déchu de tous ses grades quiconque, parmi ses membres, aurait partagé leurs sentiments [1]; et récemment elle avait adressé à la reine
Marie de Médicis et aux membres du conseil de régence une remontrance, au sujet de Bellarmin, qui
avait fait une grande sensation. Le Parlement, dans
cette circonstance, ne manqua pas à l'Université. Son
opposition fut reçue et jugée avec solemnité. Le prince
de Condé, premier prince du sang, vint prendre
séance en qualité de pair. Montholon plaida pour les Jésuites, la Martelière défendit l'Université. Après eux,
on entendit le recteur Pierre d'Hardivilliers, depuis
archevêque de Bourges, qui, dans un discours touchant, supplia les magistrats de protéger l'Université
contre la *cupidité des Jésuites*. « Si vous l'aban-
« donnez, dit-il, commencez auparavant par déployer
« vos robes; recevez-la dans vos bras expirante; re-
« cueillez les derniers soupirs de celle qui vous a
« enfantés; et alors ce qui suivra la chute et la ruine
« de l'Université annoncera non-seulement par nous
« et par les monuments éternels des lettres, mais en-
« core par vous-mêmes, à la postérité, aux peuples,
« aux nations répandues sur la terre, que ce n'est
« pas nous qui avons manqué à la république, mais
« que c'est la république qui nous a manqué [2]. » En-

---

[1] *Actes concernant la jurisdiction de l'Université touchant
la discipline. Recueil appartenant à la bibliothèque de l'Université.*

[2] *Annales des soi-disants Jésuites*, II, 438.

fin, la Cour, par un arrêt célèbre rendu le 22 décembre 1611, ordonna aux Jésuites de se conformer à la doctrine de la Sorbonne, pour ce qui concerne la personne sacrée du roi et les libertés de l'Église gallicane. « Et cependant a fait et fait inhibition et dé-« fenses aux demandeurs de rien innover, faire et « entreprendre contre et au préjudice des lettres « de leur rétablissement et de l'arrêt de vérification « d'icelles ; s'entremettre par eux ou personnes inter-« posées de l'instruction de la jeunesse en cette ville « de Paris en quelque façon que ce soit, et d'y faire « aucun exercice et fonction de scholarité, à peine de « déchéance du rétablissement qui leur a été ac-« cordé [1]. »

La France n'avait pas passé sans commotion du règne de Henri IV à celui de Louis XIII. La minorité du jeune monarque avait donné naissance à mille brigues, à mille factions. Tout le monde voulait avoir part au gouvernement. Les uns se rangeaient du côté de la régente, espérant, sous son nom, être maîtres des affaires ; les autres avaient embrassé le parti du prince de Condé, qui voulait seul les diriger. Des prétentions déçues avaient aigri les esprits. Les mécontents, autorisés par l'exemple du prince de Condé et le duc de Bouillon, abandonnèrent la cour et prirent les armes. Des concessions les leur firent poser, et le seul avantage que la nation retira de cette levée de boucliers fut la convocation des États-généraux.

[1] *Annales des soi-disants Jésuites*, II, 448.

Ils furent assemblés à Paris en 1614. L'Université présenta requête pour y être admise et y avoir des députés : elle invoqua ses priviléges; elle rappela, mais en vain, les anciens usages [1]. Sa voix ne fut pas écoutée; tout ce qu'elle put obtenir, ce fut de faire partie de l'ordre du clergé. Sa présence cependant eût été utile. En effet, dans cette assemblée, la dernière qu'ait eue la France, les plaintes du Tiers-État furent étouffées, les maximes les plus étranges furent professées par le cardinal Duperron; et enfin la chambre du clergé proposa le rétablissement sans condition des Jésuites. L'Université s'y opposa vivement, adressa aux États un cahier de remontrances, et fut appuyée, dans ses efforts, par les Universités provinciales et par le Parlement, qui demandait entre autres choses que le roi s'occupât de faire refleurir l'Université parisienne [2]. Mais ce fut là le dernier succès qu'elle devait obtenir. Ses adversaires, secondés puissamment par le duc de Luynes, devenu tout puissant depuis la mort du maréchal d'Ancre, qu'il avait fait assassiner dans la cour même du Louvre (24 avril 1617), obtinrent le 15 février 1618, à défaut des décisions de la justice, un arrêt du conseil qui les autorisait à enseigner publiquement *toutes sciences*, à la charge toutefois « de se soumettre aux lois et « réglements de l'Université [3]. » Les diverses facultés

[1] VOLTAIRE, *Essais sur les mœurs et l'esprit des nations*, chap. CLXXV. — *Histoire du Parlement de Paris*, chap. XLVI.

[2] ANQUETIL, *Histoire de France*, VI, 355.

[3] *Annales des soi-disants Jésuites*, II, 646.

voulurent en détruire l'effet, en ordonnant que les grades académiques ne pourraient être conférés qu'à ceux qui auraient étudié dans leurs écoles; mais ces décrets, derniers efforts d'une résistance impuissante, furent cassés par arrêt du conseil du 26 avril 1618, et les Jésuites triomphèrent. Ils furent moins heureux en province; ils ne purent arriver à faire ériger en université leur collége de Tournon; et, malgré le Parlement de Toulouse qui leur était favorable, les Universités réunies de Paris, de Valence, de Toulouse, de Cahors, de Caen, de Rheims et de Poitiers parvinrent à s'opposer à leur établissement [1].

Dix ans après leur installation définitive à Paris, ils firent dans la rue Saint-Jacques, et sous la direction de l'architecte Augustin Guillain, rebâtir leur collége sur l'emplacement de l'ancien. Ce sont aujourd'hui les bâtiments du collége Louis-le-Grand. La première pierre en fut posée le 1er août 1628; et, voulant donner de la solemnité à cette cérémonie, ils eurent l'adresse d'inviter le corps de ville à en faire les honneurs. Cette démarche, qui paraissait être une approbation de leur institut, était contradictoire avec la conduite que la ville avait tenue à leur égard, quatre ans auparavant, en s'opposant à l'érection d'un collége de leur ordre à Pontoise; aussi elle alarma l'Université. Une députation, composée du recteur, des doyens des facultés et des procureurs des nations,

[1] FÉLIBIEN, *Histoire de Paris*, II, 1309. — *Annales des soi-disants Jésuites*, II, 847.

fut envoyée par elle au corps de ville pour le prier
de déclarer si, en consentant à poser la première
pierre du collége des Jésuites, il avait entendu par là
se considérer comme leur fondateur. La ville répondit que non, et que dans cette circonstance ses magistrats avaient agi comme simples particuliers et non
pas au nom du corps [1].

De tous les ordres religieux, celui des Jésuites était
le seul contre lequel l'Université avait marqué une
haine aussi active que persévérante. Cinquante ans
s'étaient écoulés, et elle n'avait pas un seul instant
fléchi dans ses opinions. Sans cesse elle les avait repoussés avec énergie; et ses membres avaient soin
d'inspirer à leurs élèves, qui devaient les remplacer un
jour, les sentiments qui avaient été ceux de toute leur
vie. Cette crainte, presque instinctive dans son origine, avait été augmentée par les événements dont
l'Université avait été témoin, bien plus encore que
par la crainte de voir diminuer le nombre de ses écoliers; car, à l'époque même où la lutte était la plus
animée, elle admettait à ses priviléges, sans songer à
la concurrence qui pourrait en résulter, un nouvel
ordre religieux; c'est celui de l'Oratoire.

Fondée en 1611 par le cardinal de Bérulle, cette
congrégation séculière, qui depuis rendit d'importants
services à la littérature, eut l'honneur de former un
grand nombre d'hommes célèbres, et créa le fameux
pensionnat de Juilly, situé à huit lieues de la capitale.

[1] FÉLIBIEN, *Histoire de Paris*, II, 1343.

Cette congrégation, dis-je, trouva dès sa naissance, dans la faculté des arts, des défenseurs qui la soutinrent contre la Sorbonne qui voulait s'opposer à sa formation [1].

Malgré l'échec que l'Université avait reçu dans les premières années du règne de Louis XIII, elle n'eut pourtant pas à se plaindre de ce prince. En 1610, il avait exécuté le projet de son père, et fait commencer la construction du Collége Royal de France, sur la place Cambrai [2]. En 1631, il confirma ses priviléges par des lettres-patentes datées de Saint-Germain. Mais ce qui effrayait le plus l'Université, en présence surtout de la concurrence redoutable qui existait pour elle à Paris, c'était la licence qui régnait parmi les écoliers; licence qu'il lui était presque impossible d'arrêter, et que favorisait le défaut de police et de bonne administration municipale, et qui anéantissait ainsi tous les bons effets qu'on était en droit d'attendre de la réforme faite par le Parlement en 1598.

Le temps de la régence de Marie de Médicis avait été signalé par des désordres de toute espèce. Trois guerres civiles en quelques années étaient venues porter le trouble dans le royaume. Les rênes de l'État étaient abandonnées à des favoris incapables et avides. La France était livrée à leurs déprédations; et l'épouvantable catastrophe de Concini n'avait pas empêché de Luynes d'abuser de l'ascendant qu'il avait su pren-

---

[1] FÉLIBIEN, *Histoire de Paris*, II, 1288. — *Extrait des registres du Parlement du 26 juin 1613.*

[2] L'ESTOILE, *Registres journaux du règne de Louis XIII*, 124; *collection de M. PETITOT.*

dre sur l'esprit faible du roi, au point de faire presque regretter son prédécesseur. Louis, occupé chaque
année à poursuivre dans les provinces, soit des sujets
rebelles, soit les huguenots toujours prêts à se sou-
lever parce qu'ils craignaient sans cesse de voir violer
les garanties qu'ils possédaient, n'avait pas un esprit
assez étendu pour donner en même temps des soins à
l'administration intérieure de son royaume. Paris,
principalement, s'en ressentait. On pillait, on assas-
sinait en plein jour, et des arrêts étaient insuffisants
pour arrêter le désordre. La jeunesse menait la vie la
plus irrégulière ; et le développement tardif des études
rendait le mal d'autant plus grand que les maîtres
ne pouvaient exercer qu'une bien faible autorité sur
des écoliers très-avancés en âge, et logés pour la
plupart hors de l'enceinte des colléges. Les protestants, comme autrefois, étaient souvent l'objet de
leur colère. Ils avaient voulu, en 1619, ériger à Charenton, pour l'instruction de leurs ministres, des
écoles de philosophie et de théologie. L'Université
s'était vivement opposée à cette entreprise [1] ; mais
elle avait laissé dans l'esprit des écoliers de nouveaux germes d'animosité ; car on les voit, en 1621,
figurer parmi une troupe de fanatiques qui assaillirent
et mutilèrent, à la porte Saint-Antoine, un ministre
protestant [2]. En 1625, lors de l'entrée du légat Bar-

[1] *Mercure de France*, VI, 289. — FÉLIBIEN, *Histoire de
Paris*, II, 1276.

[2] DULAURE, *Histoire de Paris*, VI, 145.

borin à Paris, mêlés avec des laquais et des soldats, ils pillèrent et volèrent tous les riches ornements qui servaient à décorer les rues sur son passage, et enlevèrent à l'ambassadeur romain jusqu'à la mule sur laquelle il était monté.

Dans un ouvrage fort curieux, publié à cette époque, et dans lequel deux interlocuteurs passent en revue tous les habitants de Paris, dont ils peignent les mœurs, l'un d'eux s'exprime en ces termes : « Vous « verrez les écoliers plus débauchés que jamais, por-« tant armes, pillant, tuant, paillardant, et faisant « plusieurs autres méchancetés; les maîtres desquels « négligent d'y mettre ordre, et ainsi ils dérobent « l'argent de leurs parents en débauches, saletés, et « quelquefois emportent l'argent de leurs maîtres, « en en changeant tous les mois de nouveaux. » L'autre interlocuteur répond alors : « On en dit « peut-être plus qu'il y en a, à la vérité; c'est quel-« quefois plus de jeunesse que de malice; car vous « en verrez de fort posés, modestes, pieux, obéis-« sants à leurs maîtres... S'il s'en rencontre qui « fassent quelques friponneries, c'est plutôt pour « égayer leurs esprits que par méchanceté [1]. » Enfin, en 1629, le Parlement fut obligé de renouveler les anciennes ordonnances, et de leur défendre de s'attrouper et de porter des armes [2].

Ces désordres, cette licence n'étaient pas propres

[1] *La pourmenade du Pré-aux-Clercs*, Paris, 1622. — DULAURE, *Histoire de Paris*, VI, 219, 221.

[2] *Extrait des registres du Parlement du 23 juin 1629.*

au développement des lumières, ni à hâter le perfectionnement de l'éducation. Les esprits demeuraient
grossiers; l'ignorance et la fausse science obscurcis-
saient ou plutôt avilissaient la raison humaine. Cependant des hommes tout-à-fait au-dessus de leur siècle avaient paru; les l'Hôpital, par leur exemple; les
Charron, les Montaigne, les de Thou, par leurs écrits,
avaient jeté une vive lumière, mais qui malheureusement n'avait pas pénétré par toute la nation. L'Université, absorbée en quelque sorte par le soin de sa
défense, avait vu paraître ces modèles sans songer à
les imiter. Une pédanterie sauvage était l'apanage du
savoir, et aigrissait les mœurs de tous ceux qui se
consacraient à l'éducation de la jeunesse. Un respect
absurde pour l'antiquité les caractérisait également.
Ces défauts dangereux, qui long-temps arrêtèrent les
progrès de l'esprit humain, ne doivent pas seulement
être reprochés à l'Université; ils étaient en même
temps ceux de tous les corps. Aristote en est la preuve.
Échappés à la proscription qui s'était élevée contre eux
dans le quatorzième siècle, ses écrits, depuis cette
époque, étaient devenus l'objet d'un culte universel.
Religion, philosophie, métaphysique, science, belles-
lettres, en tout et partout les opinions du maître
d'Alexandre étaient citées. Depuis Ramus, aucune
voix téméraire ne s'était élevée contre lui, et son
empire paraissait établi sur des bases inébranlables.
L'Université et le Parlement ne pouvaient souffrir
qu'on osât contredire des principes qui étaient devenus
des règles pour eux, et l'année 1624 vit se renouveler

les persécutions dont Ramus, soixante ans auparavant, avait été la victime. Trois chimistes, de Clave, Bitaut et Villon, admettaient des éléments différents de ceux d'Aristote, et ne partageaient pas son avis sur les cathégories et les formes substantielles. Ils soutinrent dans des thèses ce qu'ils avaient avancé. L'Université indignée s'en émut, la Sorbonne cria à l'hérésie. Les propositions nouvelles furent déchirées, condamnées, et le Parlement fut prié de sévir contre les novateurs. Un arrêt qui prononça contre eux la peine de la prison d'abord et du bannissement ensuite, vint leur apprendre qu'il ne faut pas heurter de front, quelque absurdes qu'ils soient, les préjugés établis depuis long-temps, et défendus par un corps influent et nombreux. Et ce qu'on aurait peine à croire, si les registres du Parlement n'en faisaient pas foi, c'est que, par le même arrêt, la Cour, *sous peine de la vie*, défendit de soutenir aucune thèse sans la permission de la faculté [1].

---

[1] Veu par la Cour la requeste présentée, le 28 août 1624, par les doyens, syndics et docteurs de la faculté de théologie en l'Université de Paris, tendant à ce que les nommés de Clave, Bitaut et Villon comparaîtraient en personne pour reconnaître, avouer ou désavouer les thèses par eux publiées, et ouïr leur déclaration, être procédé contre eux, ainsi que de raison ; veu l'avis de ladite faculté, du 2 septembre, contenant la censure des propositions contenues esdites thèses ; le procès-verbal de Cassault, huissier ; ledit de Clave ouy ; conclusions du procureur-général du roy données, et tout considéré : la Cour, après que ledit de Clave a été admonesté, ordonne que lesdites thèses seront déchirées en sa présence, et que commandement sera fait par l'un des huissiers

Pendant tout le reste du règne de Louis XIII, l'histoire de l'Université présente peu d'événements. Elle s'occupa en silence à faire disparaître les causes des plaintes qu'on pouvait lui adresser, à améliorer les études, à rétablir la discipline. La tranquillité qui régna dans le royaume facilita ses desseins; elle fut aussi efficacement protégée par le cardinal de Richelieu, qui ne dédaigna pas de joindre à sa dignité de premier ministre le titre de proviseur de Sorbonne, et fit magnifiquement rebâtir (1629) le collége dont il se plaisait à être regardé comme le protecteur. Elle effaça ainsi la trace des maux que la

de la Cour auxdits de Clave, Bitaut et Villon de sortir dans vingt-quatre heures de cette ville de Paris, avec défense de se retirer dans les villes et lieux du ressort de cette Cour, enseigner la philosophie en aucune des Universités d'icelui, et à toutes personnes, de quelque qualité et condition qu'elles soient, mettre en disputes lesdites propositions, les faire publier, vendre ou débiter, à peine de punition corporelle.

Fait défense à toutes personnes, *sous peine de la vie*, de tenir ni enseigner aucunes maximes contre les anciens auteurs, ni faire aucunes disputes que celles qui seront approuvées par les docteurs de ladite faculté de théologie. Ordonne que ledit arrêt sera lu en l'assemblée de ladite faculté en Sorbonne, mis et transcrit en leurs registres. Et, en outre, copie collationnée d'icelui, baillée au recteur de l'Université pour être distribuée par les colléges, afin qu'aucun n'en prétende cause d'ignorance. Fait au Parlement, et prononcé le 4 septembre 1624.—LAUNOY, *De variâ Aristotelis fortunâ*. Paris, Edmond Martin, 1622. — VOLTAIRE, *Essai sur les mœurs et l'esprit des nations*, chap. CLXXV. — *Histoire du Parlement de Paris*, chap. XLIX. — DUVERNET, *Histoire de la Sorbonne*, II, 207.

fin du siècle précédent et le commencement de celui-
ci lui avaient fait souffrir; elle redevint florissante au
point de pouvoir, dans des moments de danger, offrir
à l'État des secours proportionnés à ses moyens; et,
dans le cours de la guerre active que Richelieu soutint contre la maison d'Autriche, on la vit en 1636,
à l'époque où l'ennemi triomphant avait envahi la
Picardie et menaçait Paris de ses armes, on la vit,
dis-je, offrir un corps de quatre cents soldats levés
et entretenus à ses dépens [1].

Cependant la compagnie n'avait jamais été riche,
et ne l'était pas encore; sa pauvreté contrastait avec
l'opulence de ses adversaires les Jésuites, dont la fortune augmentait sans cesse, et qui en 1611, suivant
La Martelière, possédaient trois cent mille livres de
rente [2]. Il nous reste de cette époque un tarif fort
curieux des droits de présence qu'elle payait à ses
dignitaires pour avoir assisté à quelque cérémonie; il
pourra donner une idée du peu de fortune de la compagnie par la modicité des honoraires qui sont alloués.

Premièrement à M. le recteur, pour
son assistance, la somme de vingt sols.   20 sols.

A chacun de MM. les trois doyens
des supérieures facultés, la somme de
dix sols.   30

A chacun de MM. les procureurs
des nations, la somme de dix sols. .   40

[1] VOLTAIRE, *Histoire du Parlement de Paris*, chap. LIII.
[2] *Plaidoyer de la Martelière pour l'Université*, *Annales des
soi-disants Jésuites*, II, 378.

A M. le prédicateur, la sommé de trente-deux sols............... 32

A M. le prélat, pour l'office, la somme de trente-deux sols........ 32

Au diacre et sous-diacre, chacun d'eux dix sols................. 20

Pour l'église et les sonneurs soixante-quatre sols.................... 64

Pour le port de la croix, huit sols. 8

Pour l'église des Mathurins, la somme de dix sols............. 10

Pour l'offrande, la somme de trois sols........................ 3

Au receveur, la somme de quinze sols 15

Au procureur fiscal, la somme de quinze sols.................. 15

Au scribe, pour son assistance et salaire de l'assemblée, la somme de trente sols.................... 30

Aux huit bedeaux de la faculté des arts, chacun d'eux quinze sols..... 6 liv. »

Au clerc des messagers, la somme de dix sols..................... 10

Aux six bedeaux des facultés supé-rieures, chacun d'eux, cinq sols [1]... 30

TOTAL.......... 25 liv. 18 sols.

[1] *Acte concernant les distributions et payements qui se font des deniers de l'Université. Recueil de pièces appartenant à la bibliothèque de l'Université.*

Ce fut aussi vers ce temps que l'Université acheva d'aliéner le Grand et le Petit-Pré-aux-Clercs, qu'elle possédait depuis si long-temps, et dont la vente avait jadis excité tant de rumeurs. En 1609, elle avait vendu six arpents du Petit-Pré à la reine Marguerite, première femme de Henri IV, pour y construire un hôtel [1]. En 1629, elle demanda au Parlement la permission de vendre à rente et à cens, certaines portions du Grand-Pré, depuis la rue des Saints-Pères jusqu'à la rue du Bac, et trois arpents au-delà. Enfin, vers 1640, les rues Saint-Dominique, autrefois appelée *Chemin-aux-Vaches*, de Bourbon et de Verneuil, furent également ouvertes sur le Grand-Pré. Ces constructions, qui s'élevaient sur des terrains qui depuis des siècles appartenaient à l'Université, ne causèrent alors aucun trouble, aucun désordre; elles contribuèrent beaucoup à l'embellissement de ce quartier de Paris, auquel l'Université avait déjà rendu un grand service, en obtenant du Parlement, en 1587, le pavage de la rue du Colombier [2]; et Corneille, dans sa comédie du *Menteur*, représentée en 1642, à propos de ces nouveaux édifices, faisait dire à l'un de ses personnages :

Paris semble, à mes yeux, un pays de romans.
. . . .
Quelqu'Amphion nouveau, sans l'aide des maçons,
En superbes palais a changé ses buissons.

[1] DULAURE, *Histoire de Paris*, VI, 58.
[2] DULAURE, *Histoire de Paris*, IV, 443.

Et Géronte répondait :

> Paris voit tous les jours de ces métamorphoses ;
> Dans tout le Pré–aux-Clercs , tu verras même chose.

CHAPITRE V.

Richelieu. — L'Université perd entièrement tout caractère politique. — Améliorations dans l'enseignement. — Louis XIV. — Troubles de la fronde. — Disputes au sujet de la grâce. — Arnauld est exclu de la Sorbonne. — Formule du serment scholastique. — Les messagers et les imprimeurs soustraits au pouvoir de l'Université. — Fondation du collége Mazarin. — Académie des inscriptions. — Académie des sciences. — Observatoire. — Bibliothèque royale. — Ordonnances sur les médecins. — Chaires de droit civil créées dans l'Université. — L'Université de Rheims et les Jésuites. — Protection que leur accorde le roi. — Ils donnent à leur collége le nom de Louis-le-Grand. — Déclaration du clergé de 1682. — L'enseignement en est ordonné dans toutes les Universités de France. — Révocation de l'édit de Nantes. — La bulle Unigenitus et la Sorbonne.

Le règne ministériel du cardinal de Richelieu avait vu s'accomplir le changement que depuis long-temps nous avions indiqué dans la nature du pouvoir qu'exerçait l'Université. A partir de cette époque, il cessa entièrement d'être politique, il ne dut plus être que moral. Ce n'était qu'à l'aide des troubles qui, sous quatre rois, agitèrent consécutivement la France, qu'elle avait pu ressaisir sur les affaires publiques une

influence que François Ier, et après lui Henri II,
s'étaient efforcés de lui enlever; et cette influence
disparut tout-à-fait, et pour toujours, lorsque le
royaume eut recouvré le repos après lequel il soupi-
rait. Ce changement arriva comme de lui-même, et
fut le résultat de la force des choses et de l'opinion
publique. Personne ne s'en étonna, et l'Université
elle-même parut comprendre qu'elle ne devait pas
conserver dans une monarchie absolue le caractère
qu'elle avait eu autrefois, à une époque où les droits
de l'autorité royale n'étaient pas encore établis d'une
manière invariable et fixe.

Le premier acte authentique de cette cessation
d'existence politique forme une époque intéressante
dans l'histoire de l'Université parisienne, et remonte
à la convocation des États-généraux de 1614. La
compagnie ne put être admise à y siéger comme
corps, bien qu'elle invoquât ses priviléges et des
usages presque aussi anciens que la monarchie.
Dépouillée alors du rôle qu'elle était accoutumée à
remplir depuis tant de siècles, les événements qui se
succédèrent pendant tout le règne de Louis XIII ne
furent pas propres à lui donner l'espérance de pouvoir jamais le reprendre. Richelieu gouvernait, et le
ministre altier qui, pendant plus de vingt ans, sut
tenir la France sous un joug de fer, abaisser l'orgueil
des grands, et forcer la mère et le frère de son roi à
plier devant ses volontés et à fuir sur la terre étrangère, aurait facilement réprimé les efforts qu'aurait
pu tenter l'Université pour sortir de la sphère dans

laquelle elle était désormais placée. Mais elle n'en eut même pas la pensée; d'autres soins occupèrent toute son attention, et, par son respect et sa soumission envers le pouvoir, elle parvint à mériter la protection de l'homme qui était l'arbitre de la France. Richelieu signala principalement son affection pour une de ses facultés, et la Sorbonne est encore aujourd'hui un monument de sa magnificence.

L'administration de Richelieu se rattache à notre histoire, parce qu'elle fut marquée par la création de divers établissements que le génie de l'homme d'état consacrait à la gloire de la France. L'Imprimerie Royale était fondée; le Jardin des Plantes, formé en 1626, était placé en 1634 sous la surveillance du premier médecin du roi; les premiers journaux quotidiens paraissaient (1637); et enfin l'Académie française, établie par des lettres-patentes du 10 janvier 1635, s'élevait sous les auspices du cardinal-ministre. On sait que le Parlement, craignant que cette nouvelle compagnie ne voulût s'attribuer un jour le droit de juger et les auteurs et les écrits, ne consentit à enregistrer les lettres-patentes qu'avec cette clause « que l'Académie « ne pourrait connaître que de la langue française, et « des livres qu'on soumettrait à son jugement [1]. » L'Université, qui, soixante ans auparavant, s'était opposée, sous Charles IX, à la formation d'une société semblable, eut cette fois le bon esprit de sentir qu'une pareille institution ne pouvait que tourner au profit

---

[1] FÉLIBIEN, *Histoire de Paris*, II, 1362.

des belles-lettres, en établissant un tribunal destiné en quelque sorte à offrir aux écrivains des modèles; elle eut aussi le courage de s'élever au-dessus des craintes que son intérêt pouvait lui faire concevoir, et l'Académie française ne la rencontra jamais dans les rangs de ses ennemis.

Tous ces établissements importants, qui devaient si utilement servir aux progrès de la civilisation, étaient l'ouvrage des dernières années de Louis XIII : ces dernières années étaient aussi pour l'Université l'époque d'améliorations notables dans son sein. Un zèle nouveau sembla s'être emparé de tous ses membres; elle n'était plus alors, comme autrefois, exclusivement chargée de l'éducation de la jeunesse; plusieurs corps religieux, les uns malgré sa résistance, les autres de son consentement, s'y étaient aussi adonnés; de toutes parts s'élevaient des rivalités redoutables, et il devenait nécessaire de redoubler de zèle et d'efforts pour conserver à sa compagnie son antique renommée. Les professeurs, par amour-propre, par esprit de corps, mettaient tous leurs soins à assurer la supériorité de leur méthode d'enseignement, et cherchaient à l'envi à se surpasser; de là naquit une émulation qui tourna entièrement à l'avantage des études. L'Université, prenant exemple sur ses adversaires, commença à dépouiller son enseignement des formes pédantesques qu'il avait si long-temps conservées; elle ne resta plus étrangère aux progrès que faisait la littérature; et sur la fin du siècle de Louis XIV, Voltaire disait d'elle, qu'elle donnait une excellente éducation à la jeunesse [1]. En même temps, elle s'occupait d'assujettir à des règles, et de donner des formes à l'écriture française, jusqu'alors soumise en quelque sorte au caprice; et ce fut d'après ses ordres qu'en 1639 le Bé et Louis Barbedor, syndics des écrivains de Paris, fixèrent l'écriture française d'une manière invariable, par des exemplaires déposés aux greffes du Parlement [2].

Tel était l'état de l'Université et le mouvement de progression qu'on avait su lui imprimer, lorsque Richelieu mourut, conservant jusqu'à sa mort, d'une main ferme, le sceptre dont il s'était emparé, et, de son lit de douleur, envoyant encore au supplice les imprudents qui d'avance avaient osé méditer sa chute et se partager sa succession au pouvoir. Peu de mois après (14 mai 1643), Louis XIII lui-même descendit dans la tombe, comme si désormais il n'eût plus besoin sur la terre, depuis que l'homme qui régnait en son nom en avait disparu, et Louis XIV, à peine âgé de cinq ans, lui succéda.

La minorité de ce prince, qui devait plus tard si bien affermir les droits de la couronne, fut, comme l'avait été la minorité de son père, et comme le sont toutes les minorités dans un gouvernement qui ne repose pas sur des bases au maintien desquelles la nation a intérêt, fort agitée par des troubles et des factions. Un Italien, un cardinal, créature de Ri-

---

[1] VOLTAIRE, *Siècle de Louis XIV*, chap. *du Jansénisme.*
[2] DULAURE, *Histoire de Paris*, VI, 264.

chelieu, avait su prendre sur l'esprit de la régente,
Anne d'Autriche, l'empire que son protecteur avait
eu sur le dernier roi. Doux, facile et rusé autant
que Richelieu était fier et inflexible, Mazarin voulait
continuer par son esprit et ses intrigues le système de
politique que son prédécesseur avait conçu et com-
mencé par la force de son génie. Sa qualité d'étranger,
sa qualité d'ecclésiastique, la manière avec laquelle
Anne d'Autriche l'accueillait, et, plus que tout cela,
le désir de le renverser pour s'élever à sa place, lui
faisaient à la cour des ennemis puissants qui surent
intéresser à leur querelle le peuple, alors accablé
d'impôts, et les Parlements, en leur représentant
qu'il était de leur devoir de défendre le peuple contre
l'oppression. Ce fut là la cause de ces guerres civiles
de la fronde, guerres remarquables par la physiono-
mie singulière qu'elles ont conservée, et qui les dis-
tinguera toujours de nos autres discordes. Ce ne fut
point cette fureur sombre qui forme le caractère des
dissensions religieuses : ce ne fut point non plus cet
attachement à son parti que donne la conviction de
la bonté de sa cause, et qu'on voit presque toujours
dans les troubles politiques : des femmes, des intrigues, des chansons, de l'insouciance, nulle persévérance dans ses opinions, voilà des deux côtés le tableau des troubles de cette époque. Le Parlement de
Paris, lié par un traité d'union avec toute la magistrature de France, était l'ame du parti qui voulait
renverser Mazarin; et le peuple avait suivi avec
empressement l'exemple de ses magistrats qu'il voyait

se dévouer pour lui. Paris, devenu entièrement fron-
deur, n'entendait plus retentir dans ses murs que les
cris : *A bas Mazarin*, *point de Mazarin*. Tous les
efforts pour obtenir le renvoi du ministre furent inutiles ; et la reine, constante dans son choix, préféra
abandonner la capitale, emmenant avec elle le roi
son fils, encore enfant (6 janvier 1649). Les hostilités éclatèrent bientôt : la Bastille fut prise, et le
Parlement déclara Mazarin criminel de lèze-majesté.
Pour mettre ses arrêts à exécution, des armées furent
levées, et chacun dut contribuer de sa fortune à sti-
pendier les troupes destinées à agir contre l'ennemi
commun. Le Parlement donna l'exemple : tout le
monde s'empressa de l'imiter. L'Université, dont
les suppôts avaient déja figuré dans les attroupements
populaires [1], ne se sépara pas alors du Parlement, sur
lequel, depuis long-temps, elle modelait sa conduite
et ses opinions ; et le 16 janvier 1649, tous les
« membres de l'Université, conduits par le recteur,
« vinrent offrir leurs services au Parlement, auquel
« ils présentèrent 10,000 liv. pour tout le corps, et
« demandèrent d'être conservés dans leurs priviléges.
« Le premier président répondit que la cour accep-
« tait leurs offres, et qu'ils pouvaient compter sur
« sa protection [2]. » Ces désordres dans l'État, qui se
perpétuèrent plusieurs années encore, et pendant
lesquelles on vit alternativement les chefs des deux

[1] ANQUETIL., *Histoire de France*, VII, 246.
[2] FÉLIBIEN, *Histoire de Paris*, II, 1405.

II.   14

partis abandonner la défense de leurs amis, pour devenir tour à tour royalistes ou frondeurs, durèrent
jusqu'à la majorité de Louis XIV ; mais l'Université,
devenue enfin paisible, n'y prit aucune part, et on
ne la vit plus qu'une seule fois apparaître pour demander la mise en liberté du fameux cardinal de
Retz, qui venait d'être arrêté (1652) par ordre de
la cour [1].

Pendant que tous ces événements se passaient, une
dispute théologique sur des points obscurs de controverse religieuse fixait l'attention de tout le clergé
qui y prenait part, et de l'Université aussi qui
était appelée à donner son opinion ; c'était au sujet
de la grace et de Jansénius. Deux ordres religieux,
les Dominicains et les Jésuites, étaient depuis le seizième siècle partagés sur certaines doctrines contenues dans les ouvrages d'un théologien de Louvain,
nommé Baius, et du jésuite Molina. La cour de Rome
avait apaisé cette querelle en évoquant à elle la contestation. Un siècle s'était écoulé dans le silence, et
l'on croyait cette guerre scolastique terminée, lorsqu'elle recommença tout-à-coup avec une violence
qu'elle n'avait jamais eue. Un évêque d'Ypres, dans
les Pays-Bas, Cornélius Jansénius, publia, sur les
opinions de saint Augustin, un livre qu'il intitula du
nom de ce père de l'Église, et dans lequel quelques
idées de Baius se trouvaient reproduites. Les Jésuites
demandèrent à Rome la condamnation de cet ou-

vrage; la politique vint leur prêter son secours, les ambassadeurs de diverses puissances employèrent leur crédit auprès du saint-père, et le pape Urbain VIII proscrivit en 1642 le livre de Jansénius. Les Jésuites triomphaient, l'adversaire de Molina était terrassé; mais à ce succès ils voulurent en ajouter encore un autre, ce fut de faire approuver la bulle du pape par la Sorbonne. Cette bulle avait trouvé des antagonistes; l'abbé de Saint-Cyran, Duvergier de Hauranne, qui jadis, sous le ministère de Richelieu, avait subi une détention de cinq années, pour avoir attaqué les doctrines de quelques auteurs jésuites, défendit à cette époque les opinions de Jansénius son ami : Arnauld, son élève, dont le nom était aussi cher à l'Université qu'odieux à la compagnie de Jésus, lui prêta le secours de sa plume et de son éloquence. Vivement attaquée, la bulle fut vivement défendue; Mazarin, par une lettre de cachet, ordonna à la faculté de théologie de la recevoir; mais soixante docteurs interjetèrent appel comme d'abus auprès du Parlement du décret qui fut rendu [1].

Dès ce moment la guerre fut engagée entre l'Université et ses anciens ennemis : d'un côté se trouvaient les Jésuites et leurs partisans; de l'autre, Arnauld, par son nom et l'autorité de son talent, leur opposait une énergique résistance. La Sorbonne, sans rejeter

[1] *Annales des soi-disant Jésuites*, IV, 250 et suiv. — VOLTAIRE, *Siècle de Louis XIV*, chap. *du Jansénisme*. — DUVERNET, *Histoire de la Sorbonne*, II, 213.

la bulle, avait ajourné sa décision; et comme ce précédent semblait peu favorable à ceux qui s'en étaient
constitués les défenseurs, ils travaillèrent à semer la
discorde parmi les théologiens. Par leurs manœuvres
ils obtinrent de plusieurs prêtres irlandais une déclaration portant qu'ils seraient toujours fermement attachés aux décrets des pontifes, qu'ils promettaient
de considérer comme des actes de foi. Une obéissance
aussi servile, une condescendance aussi aveugle pour
les volontés de la cour de Rome, indisposa l'Université tout entière; elle y reconnut la main des Jésuites, et l'intention d'anéantir les franchises de l'É-
glise de France. « Toute l'Église, disait-elle alors à
« ces religieux, vous considère comme des usurpa-
« teurs de la puissance de ses pasteurs; toutes vos
« actions sont des attentats contre la sainteté de leur
« caractère. Vous les méprisez en chaire, vous les
« diffamez dans vos livres, vous les attaquez en gé-
« néral, vous les noircissez en particulier: on peut
« compter toutes les années de votre société par des
« rébellions continuelles contre les successeurs des
« apôtres; vous vous soulevez contre eux avec con-
« spiration, avec arrogance [1]. » Le recteur de l'Université cita les signataires de la déclaration à comparaître devant son tribunal, et le 21 mars 1644 il
annula leur ouvrage. Ce jugement fut confirmé par

[1] *Réponse de l'Université de Paris à l'apologie des Jésuites
en* 1644, chap. XXVI. — *Annales des soi-disants Jésuites,* I,
Introduction, 76.

la compagnie en assemblée générale ; mais déja les condamnés s'étaient pourvus devant le Parlement. Des mémoires furent publiés de part et d'autre, et l'Université surtout démontra avec force les conséquences d'une semblable doctrine, l'atteinte qu'elle portait à l'autorité royale, et soutint avec énergie les droits de la puissance temporelle qu'on s'efforçait d'anéantir ; enfin, s'érigeant en gardienne de nos libertés, elle s'écriait avec courage : « L'Université, qui ne peut plus ignorer une entreprise si « dangereuse, négligera-t-elle de la réprimer par la « juste sévérité de ses décrets? ne se mettra-t-elle « pas en état de casser cette déclaration, et de punir « ceux qui l'ont signée, s'ils ne la révoquent et s'ils « n'y renoncent? Mais, si le recteur était capable « d'une si molle et si stupide patience, que dirait « l'Université? et si l'Université avait tant d'indifférence pour les droits de la couronne, que dirait le « roi, que dirait le Parlement [1]? »

Au milieu de toutes ces discussions théologiques, le premier des corps enseignants de la France ne perdait pas de vue le maintien des principes qu'il avait toujours professés sur les attributions des deux pouvoirs temporels et spirituels ; et, quoique dans le cours de cette longue querelle entre les Jansénistes et les Molinistes, qui se prolongea pendant

---

[1] *Mémoire apologétique pour les recteur, doyens, procureurs et suppôts de l'Université de Paris.* Voy. *Recueil de pièces appartenant à la bibliothèque de l'Université.*

toute la durée du règne de Louis XIV, et ne s'éteignit qu'après lui, l'Université, dominée par l'influence qu'exerçaient alors les Jésuites, parut souvent embrasser les opinions qu'ils professaient. Cependant il faut lui rendre à cet égard une justice éclatante, elle se séparait d'eux toutes les fois qu'ils osaient invoquer des maximes qu'elle considérait commme injurieuses à la majesté du trône. Alors, comme autrefois, ses décisions étaient les bases sur lesquelles les magistrats appuyaient leur résistance contre les prétentions ultramontaines. Ces prétentions furent renouvelées avec force pendant la minorité du jeune monarque; de toutes parts on soutenait les opinions les plus subversives de l'ordre social; et la faculté de théologie se crut obligée en 1663, pour empêcher l'envahissement de semblables doctrines, de faire, en six articles, une déclaration motivée de principes (4 mai 1663)[1], qui bientôt après fut sanctionnée par un arrêt du Parlement, dans lequel on traitait de chimère l'infaillibilité du pape[2], et par une ordonnance du roi, qui lui donnait force de loi par tout le royaume.

Tout le monde sait comment se terminèrent les disputes sur la grace : elles commencèrent par des bulles et des écrits, et finirent par des persécutions. Les Jésuites, tout puissants pendant la vie de

[1] *Annales des soi-disants Jésuites*, V, 611.
[2] *Extrait des registres du Parlement du* 30 *mai* 1663.

Louis XIV, invoquèrent le secours de la force contre leurs adversaires : le peuple les détestait ; mais ils étaient les maîtres, et le fouet du satyrique Pascal avait beau les stigmatiser, ils avaient encore assez de crédit pour faire brûler *les Provinciales* par la main du bourreau. Tout ce qui s'était opposé à eux était obligé de fuir ou de se cacher. Arnauld, le plus redoutable de leurs antagonistes, exclu d'abord de la Sorbonne en 1656 par l'influence des moines, dont le nombre, parmi les théologiens, allait sans cesse en augmentant, de sorte, disait Pascal, « qu'il est « plus aisé d'en trouver que des raisons[1], » termina dans l'exil une vie agitée par plus de quarante années de combats ; ses amis furent jetés dans les fers, et Port-Royal, cette maison si célèbre par les vertueux solitaires qu'elle renfermait, et qui avait donné à la France Racine, Pascal et tant d'autres hommes illustres, détruite de fond en comble (1709), vit profaner jusques aux cendres des morts qui y reposaient[2], et put offrir à la France la preuve de la ténacité avec laquelle les sectateurs de Molina poursuivaient l'exécution de leurs desseins et de leur vengeance. La liberté de penser comprimée ainsi par la terreur parut anéantie, les discussions cessèrent, les esprits parurent réunis ; mais ce silence n'était que

[1] PASCAL, *Lettres provinciales.*

[2] VOLTAIRE, *Siècle de Louis XIV*, chap. XXXVII, *du Jansénisme.*

le résultat de la crainte, et la fameuse constitution *Unigenitus*, qui empoisonna la vieillesse de Louis XIV, devait bientôt le faire cesser.

L'Université en corps prit, comme on voit, peu de part à toutes ces discussions, dont l'origine remontait au règne de Louis XIII. Pendant ce temps-là, au contraire, elle s'occupait de son intérieur, fixait à 60 liv. les gages de son procureur fiscal, et arrêtait la formule de serment que devaient prêter les écoliers avant la délivrance des lettres de scolarité, sans lesquelles, comme on sait, on ne pouvait obtenir aucun grade. On leur faisait jurer de respecter toute leur vie les priviléges, droits, franchises et statuts de l'Université parisienne, de ne jamais révéler ses secrets, et, enfin à quelque dignité qu'ils parvinssent par la suite, de respecter toujours le recteur [1].

Mais les soins qui l'occupaient n'avaient pas toujours un but bien réel d'utilité : on discutait, par exemple, avec beaucoup de gravité sur la valeur des épithètes qu'on devait donner à chaque dignité académique dans les assemblées solennelles, et des arrêts du Parlement venaient confirmer les titres de *amplissimi*, *dignissimi* et *ornatissimi*, que l'étiquette scolastique accordait aux recteur, procureurs et doyens des facultés. L'amour-propre faisait aussi naître des divisions qu'on avait souvent bien de la peine à

---

[1] *Acte concernant les serments reçus par M. le recteur ; recueil de pièces appartenant à la bibliothèque de l'Université.*

apaiser ; il y avait surtout une contestation fort ancienne qui se renouvelait en quelque sorte périodiquement, sans qu'on pût jamais l'éteindre ; c'était
celle qui existait entre les facultés supérieures et les
Quatre-Nations de la faculté des arts. Ces dernières
prétendaient être sur le pied de l'égalité avec les premières, et des débats fort animés s'élevèrent en 1653,
parce qu'on soutenait que, dans les distributions universitaires, les quatre procureurs, ne représentant
que la faculté des arts, ne devaient pas recevoir ensemble plus que chaque doyen en particulier. La faculté des arts repoussa vivement ce système, rappela
son antique origine, qu'elle était la mère de l'Université, qu'elle existait avant même qu'il ne fût question des facultés supérieures, et soutint que ses procureurs devaient être assimilés aux doyens. On parla
beaucoup, on écrivit davantage, on publia de longs
mémoires ; et enfin les esprits s'apaisèrent, et les
choses restèrent dans l'état où elles étaient depuis
des siècles.

Cette année 1653 était aussi signalée par la fin
des troubles de la Fronde. La nation était fatiguée
d'une guerre burlesque qui n'avait apporté aucun
soulagement à ses maux : sa haine contre le cardinal
de Mazarin s'était exhalée en chansons ; et, mécontente des intrigants qui avaient cherché dans la guerre
civile leur élévation plutôt que son intérêt, elle rentra facilement dans le devoir. Mazarin, qu'on avait
cru devoir sacrifier pour la seconde fois au peuple,
en l'exilant ; Mazarin, plus utile à la France dans

l'exil qu'à la tête du gouvernement, car il venait, par le célèbre traité de Westphalie, d'ajouter l'Alsace au royaume, Mazarin rentra tout puissant, et son retour fut célébré avec allégresse par ce même peuple qui l'année d'auparavant demandait sa tête. Depuis cette époque, jusqu'à sa mort arrivée en 1661, il fut maître absolu des affaires, malgré les efforts du grand Condé que la jalousie avait détourné de sa patrie, et qui s'était jeté dans les bras des Espagnols. Il continua contre ceux-ci une guerre dont Turenne remporta tout l'honneur ; il s'unit avec les Anglais et Cromwel qui était devenu leur protecteur, et finit par rétablir la paix dans l'Europe, par le mariage de son royal pupille avec l'infante d'Espagne Marie-Thérèse (1660). Ce fut là le terme de ses travaux : bientôt après il mourut sans être haï ni regretté, laissant une fortune immense de plus de 200,000,000 l., acquise, pour la plus grande partie, par des voies peu honorables, et surtout peu dignes de la position élevée dans laquelle il se trouvait [1].

Pendant la durée de son gouvernement, l'Université n'eut pas à se louer de sa bienveillance pour elle ; ses usages, ses priviléges eurent à souffrir de graves atteintes. Accessible à toutes les sollicitations, occupé de prévenir, de déjouer, d'apaiser les brigues que de tous côtés on ourdissait contre lui, le ministre accordait aux gens qu'il croyait avoir besoin de ménager, toutes les graces qu'ils demandaient, sans

---

[1] VOLTAIRE, *Siècle de Louis XIV*, chap. VI.

s'embarrasser s'il violait ou non des droits acquis. C'est ainsi que la compagnie, qui depuis sa formation avait des messagers chargés spécialement du transport des lettres et effets des écoliers, eut à lutter contre les prétentions des fermiers généraux qui, entrevoyant dans ce service une occasion de profit, obtenaient de la faveur de la cour des édits qui leur en attribuaient l'exploitation exclusive. C'est ainsi encore que l'Université, qui de temps immémorial avait exercé sur l'imprimerie et la librairie une surveillance continuelle, et dont ces deux professions avaient souvent tenté, mais en vain, de s'affranchir, se vit enlever en 1649 ce droit précieux par une ordonnance royale qui, tout en déclarant « que les « imprimeurs et les libraires continueraient à faire « partie du corps de l'Université, » les soustrayait néanmoins au pouvoir qu'elle avait jusqu'alors exercé sur eux [1]. L'Université éleva la voix, recourut au Parlement, s'opposa à l'enregistrement de l'édit : on plaida ; mais son règne était passé, et elle dut s'attendre à voir disparaître ainsi pièce à pièce les derniers vestiges de son ancienne puissance.

Cependant le règne de Louis XIV, et notamment l'administration du cardinal de Mazarin, virent s'ouvrir quelques nouveaux colléges. Ces fondations autrefois si fréquentes étaient bien passées de mode depuis que l'instruction publique avait pris en France quelque

---

[1] *Recueil de pièces et d'actes concernant l'Université et appartenant à la bibliothèque de Sainte-Geneviève*, lettre Q.

extension, et les seules que nous ayons à signaler à
nos lecteurs, pendant toute la durée de la vie de
Louis XIV, sont le séminaire ou collége des Trente-
Trois, fondé en 1657, rue de la Montagne-Sainte-Ge-
neviève, par le prêtre Bernard. Son nom indique le
nombre des élèves qu'il renfermait ; ils devaient tous
être dans un état complet d'indigence, et se consacrer uniquement à l'étude de la philosophie et de la
théologie [1] : le collége des Irlandais, moins fondé que
rétabli, en 1681, pour les écoliers de cette nation,
rue des Carmes, n° 23, dans les bâtiments abandonnés
du collége des Lombards [2] : mais celui de tous qui
fut le plus célèbre, dont l'érection se fit avec une
magnificence vraiment royale, c'est le collége des
Quatre-Nations ou de Mazarin, fondé quai Conti,
n° 23, par le cardinal de Mazarin, par son testament
du 6 mars 1661. Deux millions furent affectés par le
testateur à la construction de l'édifice qui devait s'é-
lever sur les rives de la Seine en face du palais des
rois, avec lequel le pont des Arts offre aujourd'hui
une communication élégante et facile. L'architecte
Leveau en donna les dessins. Ce collége, auquel le
cardinal légua sa précieuse bibliothèque, formée par
les soins du savant Gabriel Naudé, et composée de
41,643 volumes, était exclusivement destiné, ainsi
que l'atteste son nom, à recevoir soixante étudiants,
appartenants aux quatre provinces d'Alsace, de Pig-

[1] FÉLIBIEN, *Histoire de Paris*, II, 1461.
[2] DULAURE, *Histoire de Paris*, VI, 413.

nerol et son territoire, de l'État ecclésiastique, de
Flandre ou de Roussillon, et qui tous devaient être
gentilshommes. D'après les statuts rédigés conformément aux volontés du fondateur, les écoliers devaient
être logés, nourris dans le collége, instruits dans la
religion et les belles-lettres, et devaient apprendre à
monter à cheval, à faire des armes et à danser. Ces
statuts furent approuvés par un édit, qui accorda au
nouvel établissement les priviléges dont jouissaient
les maisons de fondation royale [1].

Lorsque les travaux de constructions eurent été
terminés, les exécuteurs testamentaires du cardinal
Mazarin présentèrent une requête à l'Université pour
la prier d'admettre dans son sein le nouveau collége.
Après en avoir délibéré, l'avis des facultés et des
nations fut favorable (décembre 1674); on consentit à le recevoir, mais à condition qu'il serait soumis
aux lois universitaires, qu'on n'y enseignerait ni la
théologie, ni la jurisprudence, ni la médecine, qu'il
n'y aurait ni manége de chevaux, ni maîtres d'escrime, que le principal et les professeurs seraient
membres de l'Université; et enfin que les statuts
particuliers du collége seraient soumis à la censure
de la compagnie [2].

Les Quatre-Nations, devenues aujourd'hui le chef-
lieu de l'Institut, furent une espèce de restitution
faite à la France par le ministre qui s'était enrichi

[1] DULAURE, *Histoire de Paris*, VI, 510.
[2] FÉLIBIEN, *Histoire de Paris*, II, 1474. *Preuves*, II, 202.

à ses dépens : tant qu'il avait vécu, il avait tenu
Louis XIV sous sa dépendance ; ce ne fut qu'après
sa mort que le jeune prince commença à régner. Pour
conserver, pour assurer son pouvoir, l'habile cardinal
avait entièrement tourné l'esprit du roi vers les
plaisirs ; son éducation avait été des plus incomplètes ;
il avait eu soin d'écarter de lui tout ce qui pouvait
tendre à élever son esprit, à former son jugement ;
et à vingt-deux ans Louis XIV se trouva chargé du
fardeau du gouvernement sans avoir aucune des
connaissances nécessaires à un roi. Mais heureusement la nature avait tout fait pour lui ; il était né
pour le trône, il se trouva digne de l'occuper. Se-
condé par d'habiles ministres, indépendamment de
l'éclat que la gloire de ses armes répandit sur son
règne, il sut donner l'impulsion à tous les genres de
connaissances humaines. Les sciences, les arts, les
lettres, l'industrie, généreusement encouragés, prirent
un essor rapide : de toutes parts on vit surgir des
hommes de génie, la France était devenue pour eux
une patrie nouvelle, et à quelque pays qu'ils appar-
tinssent, ils étaient sûrs d'y être accueillis et hono-
rés. Chaque jour était signalé par des institutions
sages, destinées à répandre et à fixer dans la nation
ce goût du beau en toutes choses, qui nous manquait
encore. Colbert, dont la gloire s'associe à celle de
Louis XIV, secondait avec bonheur les intentions de
son maître, et on voyait en même temps se former
l'académie des inscriptions (1663), dont le nombre
des membres d'abord très-restreint fut porté par la

suite (1699) jusqu'à quarante ; l'académie des sciences (1663), qui devait s'occuper de mathématiques,
d'astronomie, de chimie, de botanique et d'anatomie. On avait proposé aussi d'y joindre la théologie ;
mais la Sorbonne alarmée vint se plaindre que l'on
empiétait sur ses attributions, et l'on eut égard à ses
remontrances. Une chose remarquable, qui donne
une idée de l'état dans lequel se trouvaient alors les
sciences et le besoin qu'elles avaient de perfectionnement, c'est que le gouvernement, dans ses lettres-patentes d'établissement, se crut obligé de recomman-
der aux astronomes de ne point s'appliquer à l'*as-
trologie judiciaire*, et aux chimistes de ne point
chercher la *pierre philosophale* [1].

A peu de distance de là (1667), on bâtissait, sur
les plans de Claude Perrault, l'observatoire, bientôt
illustré par les travaux des Cassini, des Huygens, des
Roëmer. La bibliothèque royale, ce vaste dépôt des
lumières et des erreurs des hommes, prenait aussi
un accroissement rapide; commencée par Henri IV,
placée par lui dans les bâtiments du collége de Clermont, puis transférée dans le couvent des Cordeliers,
elle y resta pendant tout le règne de Louis XIII; le
nombre des volumes s'élevait alors à 16,746. Colbert
l'augmenta considérablement, jusqu'à près de 51,000
volumes ; sous son ministère, et par ses soins elle
fut transportée du couvent des Cordeliers dans la rue
Vivienne, près de son hôtel, et elle y resta jusqu'en

---

[1] DULAURE, *Histoire de Paris*, VII, 30, 32.

1721. A cette époque, pendant la régence du duc d'Orléans, le local étant devenu trop petit, il fut ordonné qu'on la placerait rue de Richelieu, dans les bâtiments du palais Mazarin, où elle est encore [1].

Tout cela excitait l'admiration de l'Europe pour Louis XIV, et cette admiration était augmentée encore par l'idée qu'on avait de sa puissance. Vingt années, écoulées depuis qu'il tenait dans ses mains les rênes du gouvernement, avaient toutes été signalées par des victoires et des conquêtes. Condé, Turenne, Luxembourg, avaient rendu ses armées invincibles. La Flandre était conquise (1665); trois semaines avaient suffi pour faire de la Franche-Comté une province française (1674). La Hollande envahie n'avait trouvé de ressource qu'à bord de ses navires (1672), lorsque la paix de Nimègue (1678) vint lui assurer la possession de ses nouveaux États. Le continent seul n'était pas le théâtre de ses succès, la mer lui offrait également des triomphes; ses flottes parcouraient les Deux-Mondes, disputaient aux Hollandais l'empire de Neptune, et allaient jusque devant Alger réprimer et punir l'audace des corsaires, accoutumés jusqu'alors à ne respecter aucun pavillon (1681). La France, dans l'enthousiasme, avait décerné au monarque le surnom de Grand, et l'Europe, quoique jalouse, n'avait pas réclamé contre ces honneurs [2]. Partout on entendait vanter sa gloire, et

[1] FÉLIBIEN, *Histoire de Paris*, II, 1495. — DULAURE, *Histoire de Paris*, VII, 50.

[2] VOLTAIRE, *Siècle de Louis XIV*, chap. XIII.

en 1684, le prévôt des marchands de Paris avait fondé
une rente annuelle de quatre cent quarante livres
au profit de l'Université, et destinée à faire les frais
d'un panégyrique qu'un des membres de la compagnie devait prononcer tous les ans au quinze mai [1].

Pendant que Louis tenait ainsi les yeux de l'Europe
fixés sur lui, l'Université obtenait de temps en temps
quelques-uns de ses regards; il confirmait (en 1675)
les priviléges de la faculté de théologie, et rendait la
paix à la faculté de médecine, tourmentée depuis plusieurs années par les entreprises des médecins provinciaux. De tout temps elle s'était opposée à ce
que les médecins qui n'avaient pas été reçus par elle
exerçassent à Paris, avant d'avoir justifié, par
de nouveaux examens, qu'ils en étaient dignes.
Cette condition leur avait toujours paru humi-
liante; ils s'étaient sans cesse efforcés de s'y soustraire, et il avait fallu de nombreux arrêts du Parlement pour les y astreindre. Cependant cet usage
avait été suivi avec peu de rigueur, et les médecins
provinciaux, pour ne pas être soumis à l'examen
d'une faculté qu'ils considéraient comme leur égale,
avaient établi à Paris une chambre à laquelle ils
avaient donné le nom de *royale*, et qui était chargée
de prononcer sur le mérite et la réception des candidats : ils avaient même obtenu, à cet effet, la sanction royale. La faculté parisienne, alarmée de cet

[1] FÉLIBIEN, *Histoire de Paris*, II, 1513. — DULAURE, *His-*
toire de Paris, VI, 378.

établissement qui lui enlevait tout droit de contrôle, fit entendre ses plaintes, représenta la responsabilité qui pesait sur elle, les dangers que trop d'indulgence pourrait causer, et un arrêt du conseil, du 17 juin 1673, vint supprimer la chambre royale. Cet arrêt, qui se fondait sur ce que cette chambre était contraire aux articles 87 de l'ordonnance de Blois, et 58 du statut universitaire de 1598, fut renouvelé en 1694, avec défense à tout médecin étranger à l'Université de Paris d'y exercer, à moins d'être approuvé par elle, ou d'être attaché à la personne du roi ou des membres de la famille royale. Enfin, plus de seize ans après, une déclaration du roi vint encore confirmer ces prohibitions (1711), en établissant seulement une préférence bien honorable en faveur de la faculté de médecine de l'Université de Paris, dont les membres eurent le privilége de pouvoir exercer sans obstacle dans toute l'étendue de la France : « Attendu, porte l'ordonnance, que ceux qui « étudient en médecine dans la capitale, y trouvant « plus de moyens que partout ailleurs de s'instruire « de toutes les parties de la science qui y sont en- « seignées par les maîtres les plus habiles, ce serait « inutilement qu'on les obligerait à recommencer de « nouvelles études sous des professeurs parmi lesquels « il s'en rencontrerait rarement d'aussi capables que « ceux dont ils auraient pris les leçons [1]. »

---

[1] Félibien, *Histoire de Paris*, II, 1506, 1521. — Preuves, II, 234, 313. 441.

Mais l'amélioration la plus importante que l'Université dut au grand roi, fut la suppression des entraves qui, depuis six siècles, privaient Paris de l'enseignement du droit civil romain. Vingt fois des efforts avaient été tentés sans succès durables, et la bulle d'Honorius III [1] avait traversé les âges sans recevoir aucune atteinte. Louis s'aperçut qu'il existait une lacune, il résolut de la combler, et du sein des plaisirs, du château de Saint-Germain-en-Laye, il il brisa les ridicules obstacles que la sollicitude peu éclairée d'un pontife avait autrefois imposés à la raison de la France. Des lettres-patentes du mois d'avril 1679, enregistrées au Parlement le 8 mai suivant, rendirent cet important service à la science ; et les motifs qui animaient le législateur en appelant tous ses sujets à méditer et à s'instruire dans ce vaste dépôt de la sagesse humaine, font autant l'éloge de son jugement que de son cœur : « Nous avons cru, dit-il, « ne pouvoir rien faire de plus avantageux pour le « bonheur de nos peuples, que de donner aux gens « qui se destinent au ministère de la justice les moyens « d'acquérir la doctrine et la capacité nécessaires, en « leur imposant la nécessité de s'instruire des principes « de la jurisprudence, tant des canons de l'église et « des lois romaines que du droit français ; ayant « d'ailleurs reconnu que l'incertitude des jugements, « qui est si préjudiciable à la fortune de nos sujets, « provient *principalement* de ce que l'étude du droit

[1] *Voyez tome I*, page 59.

« civil a été presque entièrement négligée depuis plus
« d'un siècle par toute la France, et que la profession
« publique en a été discontinuée dans l'Université de
« Paris.

   « A ces causes, nous ordonnons que dorénavant les
« leçons publiques du droit romain seront rétablies
« dans l'Université de Paris (art. 1.) et dans toutes
« les Universités de notre royaume où il y a faculté
« de droit (art. 2) : nous ordonnons également que
« le droit français, contenu dans nos ordonnances et
« dans nos coutumes, soit publiquement enseigné
« (art. 14)[1]. »

   Par la même disposition, il accorda des distinctions honorifiques aux professeurs en droit, et l'année
d'après (1680), dans un nouvel édit, il établit pour
ceux d'entre eux qui auraient professé pendant sept
années, une préférence pour la nomination aux bénéfices[2].

   L'enseignement, sous certains rapports, avait
pris, pendant le règne de Louis XIV, une grande
extension dans l'Université, et elle serait sans doute
arrivée alors au plus haut degré de splendeur, si ses
éternels rivaux les Jésuites n'avaient employé tous
leurs efforts et leur habileté pour arrêter l'accroissement vers lequel elle tendait. Tout ce qui n'appartenait pas à leur ordre, tout ce qui voulait s'opposer
à leur agrandissement, signaler les moyens à l'aide

[1] *Collection des édits et ordonnances de Louis XIV.*
[2] NÉRON, *Recueil d'édits et ordonnances royaux*, II, 160.

desquels ils s'efforçaient d'établir leur empire, devenait pour eux autant d'ennemis. Puissants à la ville,
puissants à la cour, ils savaient au besoin faire intervenir l'autorité au secours de leurs querelles particulières; et malheur à ceux qu'ils avaient signalés à
la haine de leurs frères; ils ne devaient plus compter
sur le repos ni la tranquillité jusqu'à ce qu'ils eussent
été humiliés, anéantis. Un siècle ne s'était pas encore
écoulé depuis qu'ils avaient été solennellement bannis
de la France, et déja ils occupaient toute sa surface.
Dominés par le désir de tout envahir, ils pénétraient
partout, et avaient l'art de s'y maintenir malgré les
plaintes et l'opposition générale. C'est ce qu'ils avaient
fait à Paris, à Amiens et partout, c'est ce qu'ils firent
aussi à Rheims. Depuis le règne de Henri II, cette
ville possédait une Université, *en toutes facultés*,
fondée en 1547 par le cardinal de Lorraine, qui lui
avait laissé de grands biens, et approuvée peu de
temps après par le pape Paul V [1]. Les Jésuites, protégés par la maison de Guise, désirèrent de bonne heure
de s'établir dans une ville, alors une des plus importantes de la monarchie, et dont l'Université était
l'ouvrage d'un de leurs patrons. Cependant ils éprou-
vèrent des difficultés auxquelles ils étaient loin de s'attendre, et ce ne fut qu'en 1606 qu'ils obtinrent, de
Henri IV, des lettres-patentes portant permission d'y
ouvrir un collége. Plus tard, ils voulurent faire partie
de l'Université rhémoise, et parvinrent même à s'y faire

---

[1] Pasquier, *Recherches de la France*, liv. iii, chap. 37.

agréger. L'Université les avait vus avec peine entrer
dans son sein, et elle s'efforça de les en faire sortir.
La lutte se prolongea pendant plus de cinquante
années; mais, vers 1663, elle devint plus animée:
on signala les vices de leur admission; on publia contre eux beaucoup de mémoires, dont l'un entre autres
se terminait ainsi : « A Dieu ne plaise que dans la ville
« où nos rois reçoivent l'onction sacrée, qui, en im-
« primant le respect et l'amour dans le cœur de leurs
« sujets, ranime leurs devoirs inspirés par la religion,
« une Université royale consente jamais à l'agréga-
« tion d'une société qui a des lois et des maximes
« *contraires à ces devoirs* [1]. » Enfin, l'attaque fut
faite avec tant de force et de persévérance que l'U-
niversité triompha; les Jésuites se turent, et cessèrent désormais de participer à ses priviléges.

Cet échec fut bientôt réparé par leur influence toujours croissante. A Paris, ils avaient tout pouvoir; la
jeunesse abondait dans leurs écoles, et chacun s'empressait d'envoyer ses enfants chez des maîtres dont le
crédit pouvait un jour être utile à leurs élèves. Leur
collége de Clermont était arrivé à un degré de prospérité qu'ils avaient dû être loin de prévoir : son
enceinte, sans cesse agrandie, se trouvait toujours
trop étroite, et, peu à peu, ils englobèrent tout ce
qui les entourait, les colléges des Cholets, du Plessis,
de Marmontier, du Mans, etc. Ces envahissements,

---

[1] *Mémoire pour l'Université de Rheims contre les Jésuites.*
Voyez *Annales des soi-disants Jésuites*, V, 694.

qui causaient un grave préjudice à l'Université en diminuant le nombre des maisons qu'elle possédait, ne se firent pas sans murmures. Dans ses écrits, dans ses paroles, l'Université n'épargnait pas l'amertume; elle montrait au grand jour les attentats des Jésuites contre le droit sacré de propriété, leur mépris pour les décisions de la justice; elle peignait avec sévérité, avec énergie leurs desseins, leur conduite : « S'intro- « duire humblement dans les villes par le crédit et « la faveur, disait-elle; n'y demander d'abord qu'un « pouce de terre pour s'établir; s'étendre peu à peu, « et envahir les maisons voisines en dépit des vérita- « bles possesseurs; absorber dans ses vastes bâtiments « des colléges que la piété des fondateurs avait des- « tinés à d'autres usages, malgré ses constitutions, « malgré les arrêts de la cour, malgré les conditions « de son rétablissement; voilà ce qu'on peut appeler « des entreprises [1]. » Tout cela était inutile, leur marche n'était pas ralentie : si les Parlements leur étaient contraires, des évocations au conseil, armes souvent employées par l'arbitraire pour soustraire les citoyens à leurs juges naturels et les renvoyer devant un tribunal d'exception, venaient à leur secours. A l'aide de ce moyen, Louis XIV, en 1682, fit annuler l'opposition formée à la vente du collége du Mans par le recteur de l'Université, le principal et les boursiers de ce collége, et fit cadeau aux religieux

[1] *Histoire générale de la naissance et des progrès de la com- pagnie de Jésus*, II, 410.

qu'il protégeait d'une somme de 53,159 livres, destinée à payer des indemnités à ceux qu'on dépouillait [1].

C'était au détriment de l'Université que le roi com-
blait les Jésuites de ses faveurs; ceux-ci, reconnais-
sants, saisissaient avec empressement toutes les occasions de témoigner au prince leur gratitude, d'exalter sa
gloire, et savaient, en flattant à propos son amour-
propre, s'avancer encore davantage dans ses bonnes
graces; quelques années auparavant, ils en avaient
donné un exemple adroit. Leur maison de Paris avait
conservé jusqu'en 1674, par respect pour la mémoire de leur premier bienfaiteur, le nom de collége
de Clermont. A cette époque, Louis XIV vint assister à une de leurs distributions de prix. Satisfait des
exercices dont il avait été témoin, le monarque, en
en faisant l'éloge devant sa cour, laissa échapper ces
paroles : « *Faut-il s'en étonner? c'est mon collége.* »
Le principal sut en profiter habilement, et dans la
nuit même, il fit enlever l'inscription placée au-dessus
de la porte : *Collegium Claramontanum societatis
Jesu*, et la fit sur-le-champ remplacer par une nouvelle portant ces mots : *Collegium Ludovici Magni.*
On peut croire que ce premier hommage public, rendu
par les Jésuites à la gloire de Louis XIV, dut flatter
l'amour qu'il avait pour la renommée, et devint,
peut-être sans qu'il s'en doutât, la cause réelle de la
protection qu'il accorda constamment depuis aux Jé-

[1] *Recueil de la Bibliothèque de Sainte-Geneviève*, marqué
de la lettre Q.

suites. Ce changement de nom, au reste, ne fut pas
généralement approuvé; beaucoup de personnes le
regardèrent comme un acte d'adulation tout à-la-fois
et d'ingratitude envers celui qui le premier les avait
accueillis en France. On n'épargna pas contre eux
les épigrammes, parmi lesquelles on remarqua ce
distique latin :

> Sustulit hinc Jesum, posuitque insignia regis
> Impia gens; alium nescit habere Deum.

L'auteur de ce distique, écolier de seize ans, en fut
cruellement puni; il fut enfermé à la Bastille, où il
resta, dit-on, trente-un ans prisonnier [1].

Cependant les Jésuites, malgré leur crédit et l'attachement qu'ils portaient au pape, n'avaient pu empêcher que sa puissance ne reçût une grave atteinte
(1682). Louis XIV, accoutumé à voir tout plier devant ses volontés, n'avait pu souffrir que le pontife
romain prît la défense des évêques français dans l'affaire de la régale. Aussi fier, aussi inflexible que le
monarque, Odescalchi, qui, sous le nom d'Innocent XI,
avait succédé, en 1676, à Clément X sur la chaire
de Saint-Pierre, était venu au secours de l'épiscopat
qu'il croyait menacé. Le roi fit un appel au clergé
gallican, et celui-ci, dans une assemblée mémorable,
posa des limites à la puissance spirituelle par une
déclaration célèbre de principes, en quatre articles,

---

[1] DELAURE, *Histoire de Paris*, V, 438 et suiv.

que Bossuet avait rédigée, et dont voici la substance
(13 mars 1682):

1° Dieu n'a donné à Pierre et à ses successeurs aucune puissance, directe ni indirecte, sur les choses temporelles ;

2° L'église gallicane approuve le concile de Constance, qui déclare les conciles généraux supérieurs au pape dans le spirituel ;

3° Les règles, les usages, les pratiques reçues dans le royaume et dans l'Église gallicane, doivent demeurer inébranlables ;

4° Les décisions du pape, en matière de foi, ne sont sûres qu'après que l'Église les a acceptées.

Ces quatre articles consacraient les principes que naguère la couronne s'était efforcée de défendre contre les usurpations des Grégoire VII, des Boniface VIII. Le roi ordonna qu'ils seraient vérifiés dans tous les Parlements, qu'ils seraient enregistrés dans toutes les Universités de France [1], et qu'ils formeraient la base de l'enseignement dans toutes les facultés de théologie. L'Université de Paris vit avec joie cette sanction royale donnée à des maximes que, depuis son origine, elle avait toujours voulu faire prévaloir, et elle souscrivit avec empressement à cette partie de l'ordonnance qui prescrivait à ses suppôts de jurer de s'y soumettre et de l'observer [2].

[1] ANQUETIL, *Histoire de France*, VIII, 106. — VOLTAIRE, *Siècle de Louis XIV*, ch. xxv, *des libertés de l'Église gallicane*.

[2] NÉRON, *Recueil d'édits et ordonnances royaux*, II, 173.

Dans le temps que Louis XIV humiliait ainsi le pape en s'affranchissant d'une main de la suprématie qu'il prétendait exercer ; de l'autre il voulait écraser le calvinisme. Paisibles et satisfaits des garanties qui leur étaient accordées par l'édit de Nantes, les protestants, depuis la prise de la Rochelle, et le coup que leur avait porté le cardinal de Richelieu, avaient cessé d'être dans l'État un parti dangereux. Confondus dans la nation, remplissant leurs devoirs de citoyens, on s'accoutumait à ne plus voir en eux des hommes différents des autres Français, et un grand nombre avaient été appelés aux plus hautes dignités. Mais ce temps de calme, de tolérance religieuse, ne devait pas toujours durer. Animé par les Jésuites, par Louvois et le chancelier Le Tellier son père, Louis s'était accoutumé à regarder les protestants comme d'anciens rebelles comprimés, mais non soumis, et il voulut les anéantir. Les vexations de toute nature, les persécutions sourdes furent d'abord employées contre eux. Non-seulement l'exercice public de leur religion leur fut interdit, mais on les excluait de la plupart des professions. Espèces d'ilotes politiques, de parias, rien ne leur était accordé, tout était permis contre eux. L'arme si puissante, dans les sociétés modernes, de la corruption, était aussi employée avec avantage ; l'argent, les exemptions, les faveurs étaient accordés à celui qui abjurait la religion de ses pères, comme si la religion eût dû retirer un grand fruit de semblables conversions. Des édits royaux éloignaient de la magistrature et des

emplois administratifs ceux qui voulaient y-parve-
nir, et en arrachaient ceux qui y étaient parvenus.
Les chambres de l'édit, dans lesquelles siégeaient les
juges calvinistes, furent supprimées. Ils ne purent
être avocats, médecins, imprimeurs, etc. etc.; et
ceux qui auraient osé continuer leurs professions
étaient condamnés à 3,000 livres d'amende. Leurs
noms furent rayés des matricules des Universités [1], et
on mit même en usage des moyens que la morale
publique aurait dû repousser et flétrir, lors, par
exemple, que, sans respect pour le droit sacré de
puissance paternelle, on permettait aux enfans con-
vertis de se marier sans le consentement de leurs
pères. On n'oublia pas non plus de les priver de
l'influence que peut donner l'instruction de la jeunesse. Depuis long-temps on avait excessivement restreint pour eux la faculté d'enseigner; il était défendu
aux maîtres d'écoles calvinistes de recevoir des pensionnaires, et une ordonnance de 1670 ne leur permit de montrer que l'écriture, la lecture et l'arith-
métique; l'étude des langues, de la philosophie et
la théologie, leur fut interdite. On fit fermer les plus
célèbres écoles protestantes (1681-1685); et les fameux colléges de Sedan, de Semur, qui avaient formé
tant de savants illustres, ne furent bientôt plus que
des déserts. C'est ainsi qu'on arriva peu à peu au
but que l'on voulait atteindre, la révocation de l'édit
de Nantes : elle eut lieu le 22 octobre 1685; et l'on

[1] ANQUETIL, *Histoire de France*, VIII, 123.

remarque parmi les articles de l'édit celui qui interdit pour toujours aux religionnaires de se livrer à l'éducation de la jeunesse (art. VII). Louis XIV détruisit le monument élevé par la reconnaissance d'Henri IV; et le monarque, qui aspirait au titre de grand, fit plus de mal à son pays, en forçant vingt mille familles fidèles à fuir et à le détester, que ses conquêtes n'avaient pu lui procurer d'avantages.

On connaît les suites désastreuses de cet édit; les protestants exilés portèrent chez des voisins jaloux leurs arts, leurs connaissances, leur instruction, et furent ainsi les auteurs de la splendeur littéraire et industrielle de la Hollande pendant tout le cours du dix-huitième siècle. Cette mesure impolitique et cruelle fut comme le terme de la grandeur de Louis XIV. Ce prince, qu'on avait comparé au soleil, et qui avait brillé jusqu'alors d'un si vif éclat, ne laissait plus tomber que des rayons sans chaleur : il vit disparaître tout ce qu'il avait de généraux illustres; il soutint contre l'Europe réunie des guerres sanglantes et dispendieuses, il vit renverser du trône un prince son allié, sans pouvoir l'y rétablir. Une suite continuelle de revers et de désastres pendant les quinze dernières années de son règne vint jeter l'effroi jusqu'au milieu de la France, si long-temps habituée à la victoire : frappé lui-même dans ses affections les plus chères, dans sa famille, il vit descendre avant lui dans la tombe sa nombreuse postérité, et les destinées de la France attachées à la frêle existence d'un jeune enfant.

Ce n'était point assez de tant de tourments et de
malheurs, il fallut encore que des intrigues religieuses vinssent empoisonner les derniers jours de
sa vie. Le jansénisme et le molinisme, qui quarante
années auparavant avaient partagé la France religieuse, existaient toujours. A cette époque, Louis
n'attachait pas une grande importance à ces disputes
théologiques, et cependant Arnauld et ses amis, per-
sécutés par leurs adversaires, avaient été obligés de
se condamner à un exil volontaire ; mais plus tard
le roi, naturellement ennemi de toute résistance,
avait vu d'un œil jaloux l'indépendance d'esprit de
ces hommes qui, s'élevant au-dessus des croyances
générales, refusaient d'avoir une foi illimitée dans
les lumières du pape. Le prince, qui n'avait pas
voulu souffrir deux cultes dans ses États, et qui venait d'en chasser les protestants, ne pouvait non plus
supporter qu'on osât ne pas penser comme lui en
toutes choses. Sa conscience, d'ailleurs, était encore
alarmée par les représentations des Jésuites qui l'entouraient, et surtout de ses confesseurs, d'abord le
père Lachaise, ensuite Le Tellier, dont l'empire sur
son esprit augmentait à mesure qu'il avançait en
âge, et ils le déterminèrent facilement, en lui représentant la religion menacée, à faire usage de son
autorité. Un ami d'Arnauld, Quesnel, de l'Oratoire,
fut le prétexte apparent de cette levée de boucliers
des Jésuites ; il avait composé, trente ou quarante
ans auparavant, un livre intitulé *Réflexions morales
sur l'ancien testament.* Cet ouvrage, approuvé d'a-

bord par plusieurs évêques, avait reçu, lors de son apparition, la sanction du pape. Cependant Quesnel était janséniste; on crut trouver dans son livre quelques-unes des doctrines sur la grace jadis condamnées, et aussitôt les Jésuites se réveillent, et ils eurent assez de crédit pour faire demander à la cour de Rome, par Louis XIV lui-même, la condamnation de l'ouvrage. Le pape, qui l'avait jadis approuvé, le condamna (1708); mais cette censure ne devait alors causer aucun trouble. Enfin le père Lachaise mourut, et Le Tellier le remplaça auprès du roi. Aussi inflexible, aussi attaché à ses volontés que son prédécesseur était doux et modéré, il voulait faire triompher ses opinions et écraser ses adversaires; à leur tête était le cardinal de Noailles, archevêque de Paris, prélat que ses vertus et sa bienfaisance recommandaient à l'amour de ses diocésains, et qui un des premiers avait fait l'éloge du livre de Quesnel. Ce fut contre lui que Le Tellier dirigea ses attaques. Trois cents propositions extraites des *Réflexions morales* avaient été déférées à la censure du souverain pontife, comme hérétiques. Cent une furent condamnées par une bulle donnée le 8 septembre 1713, c'est la fameuse constitution *Unigenitus*. Ce décret, qui enveloppait dans une même proscription des sentences dont on ne pouvait nier la sagesse, entre autres celle-ci : « Il est bon de lire des livres de piété le dimanche, et surtout la Sainte-Écriture, » et celle-là : « la crainte d'une excommunication injuste ne doit pas nous empêcher de faire notre devoir, » était regardé

partout comme l'ouvrage des Jésuites, et fut mal accueillie en France. Plusieurs évêques ne voulurent pas
s'y soumettre, et le clergé français fut divisé en *ac-
ceptants* et en *refusants*. Le roi, dirigé par Le Tellier,
s'offensa de cette résistance. L'exil fut prononcé contre les prélats récalcitrants ; la Sorbonne, dont l'autorité doctrinale était si puissante, devait nécessairement être invoquée dans cette circonstance ; elle
s'assembla, ses opinions n'étaient pas favorables aux
constitutionnaires (c'est ainsi qu'on appelait les partisans de la bulle); mais les injonctions du pouvoir
la rendirent docile (29 février 1714). Des lettres
du roi lui ordonnèrent d'enregistrer le décret de
Clément XI ; et quiconque osait dans la délibération
conserver l'indépendance de sa pensée, était signalé
comme un ennemi du trône et de l'autel, et entendait retentir à ses oreilles ces mots: *adversatur regi, nota nomen* [1]. On parvint ainsi à écarter par
la crainte ceux dont on redoutait les suffrages, et il
ne resta plus dans l'assemblée que les docteurs dont
les voix étaient gagnées, et quelques hommes courageux qui restèrent pour honorer, disaient-ils, par leur
présence, les funérailles de la liberté de la Sorbonne.

Enfin le roi mourut (1er septembre 1715), et le
Jésuite Le Tellier, l'auteur de tous ces scandales par
son opiniâtreté à défendre la bulle envers et contre
tous, fut exilé. Philippe d'Orléans, devenu régent
pendant la minorité de Louis XV, arrêta les persé-

---

[1] DUVERNET, *Histoire de la Sorbonne*, II, 274, 278.

cutions dont les jansénistes étaient l'objet. Un appel
de la bulle fut interjeté par eux au concile futur, et
ils vinrent notifier leur appel à la faculté de théologie assemblée, qui s'empressa d'y adhérer, en rétrac-
tant le décret d'acceptation qu'on lui avait précédemment arraché, et qui fut déchiré de ses registres ;
l'Université entière suivit son exemple, qui fut imité
encore par les Universités de Rheims et de Nantes.

II.

16

CHAPITRE VI.

Influence du siècle de Louis XIV sur l'Université. — Parallèle de l'éducation des Jésuites et de l'éducation universitaire. — Rollin. — Protection accordée à la compagnie par le régent Philippe d'Orléans. — Instruction gratuite dans l'Université. — Établissements des écoles primaires. — Édits sur les imprimeurs et les libraires. — Le czar Pierre-le-Grand à la Sorbonne. — Fin des querelles du jansénisme. — Académie de chirurgie. — Fondation de l'École de Droit. — Progrès de l'esprit philosophique. — Discrédit de la Sorbonne. — Expulsion des Jésuites. — Discours de la Chalotais et de Montclar. — Le collége de Louis-le-Grand devient chef-lieu de l'Université. — On y réunit les boursiers de tous les colléges. — Crévier, Le Beau. — Conseils de l'Université à ses maîtres. — Louis XVI. — Le Collége de France et l'École de Médecine construits. — Détails sur le collége Louis-le-Grand. — Robespierre boursier. — Stérilité de l'histoire de l'Université à cette époque. — Révolution. — L'Université est entraînée dans le naufrage de toutes nos anciennes institutions.

———◦◦◦———

L'Université de Paris n'était pas restée étrangère au mouvement du grand siècle qui venait de s'écouler. Participant de l'impulsion que le génie de Louis XIV avait su donner à l'esprit de ses contemporains, elle avait fait, pendant la vie de ce prince,

des pas rapides vers la perfection, et, en peu d'années, elle était arrivée à donner aux nombreux élèves
dont la jeunesse lui était confiée une éducation et
des connaissances bien supérieures à celles qu'on eût
osé espérer un demi-siècle auparavant. D'illustres
disciples, Pascal, Descartes, Boileau, Molière et tant
d'autres sortis de son sein, attestaient, par leur exemple, l'excellence et la force des études qu'on faisait
dans ses écoles, et venaient, par l'éclat de leur réputation, augmenter la confiance qu'on avait en elle.

Fière de la gloire de ses enfants, cette fille aînée
du trône semblait rajeunie par leurs triomphes; elle
s'efforçait, en les offrant pour modèles, de leur donner de dignes successeurs, de conserver ainsi le rang
qu'elle avait toujours occupé dans la république des
lettres, et de ne pas rester au-dessous de son antique
renommée. Long-temps, le respect pour d'anciens
usages, pour des méthodes que leurs pères leur
avaient transmises avec le souvenir de l'éclat dont la
compagnie avait brillé, avait enchaîné les efforts de
ses maîtres; l'empire de la tradition s'était fait sentir
avec assez de puissance pour les empêcher de suivre
la marche de la raison humaine qu'ils auraient dû
au contraire devancer. Mais cet état de stagnation
avait peu duré, et bientôt on la vit donner à son
enseignement ce développement, cette élévation qui,
loin d'arrêter les idées, devaient au contraire leur
faire prendre l'essort le plus étendu.

Plusieurs causes contribuèrent à cet heureux résultat: l'ordre naturel des choses, qui permet que les

générations nouvelles s'enrichissent des lumières et des travaux des générations passées, et leur offre ainsi l'espérance d'approcher de la perfectibilité; la tendance visible des esprits, depuis le seizième siècle, à se dépouiller de cette rouille de barbarie qui les couvrait encore, et enfin les luttes et la concurrence des Jésuites avec la compagnie.

Cette société, dont l'apparition avait excité tant de craintes, qui, malgré la résistance qu'elle avait éprouvée de tous les corps enseignants de la France, était parvenue, à force de persévérance et d'adresse, à s'emparer de l'éducation d'une partie de la jeunesse, devait, à certains égards, devenir par la suite aussi utile à l'Université qu'elle lui avait d'abord causé de préjudice. Les haines, les préventions qui s'élevèrent contre les Jésuites depuis l'époque de leur naissance, et qui aujourd'hui même ne sont pas encore éteintes, ne doivent pas nous aveugler sur les services qu'ils ont pu rendre à la science. Tout en blâmant ce que les doctrines de quelques-uns de leurs écrivains pouvaient avoir de dangereux, ce que les statuts de leur société pouvaient avoir de contraire aux véritables intérêts de l'ordre social, il faut cependant leur rendre la justice qu'ils méritent, et reconnaître ce qu'ils ont pu faire de bien. C'est à eux surtout que l'enseignement doit les progrès qu'il fit dans le cours d'un siècle. Arrivés tard sur la scène du monde, dès le moment qu'ils aspirèrent aux importantes fonctions d'élever la jeunesse, ils conçurent son éducation sur un plan tout différent de celui qui était en usage dans

l'Université depuis un temps immémorial. Ils n'a-
vaient pas à lutter comme elle contre la puissance
de la routine; ils étaient libres d'adopter la méthode
qui leur semblerait la meilleure, et ils étaient assez
habiles pour faire un bon choix. Composée presque
entièrement d'hommes supérieurs, leur société, bor-
née d'abord à un petit nombre de colléges, avait soin
de n'en confier la direction qu'à des maîtres capables
de leur donner de la splendeur. Ils dégagèrent les
études de ces formes tristes et sévères qui n'étaient
propres à porter dans l'ame des jeunes gens que le
dégoût et l'ennui : ils comprirent de bonne heure
qu'ils n'avaient pas seulement à former des savants,
mais bien aussi des hommes du monde, et ils s'atta-
chèrent à orner l'esprit de leurs élèves, sans pour cela
négliger les études solides. Peu rigoristes, loin de
repousser les arts d'agréments que des hommes plus
graves qualifiaient de mondains, ils s'en servirent
au contraire comme formant le complément de leur
système d'éducation : les armes, la danse, la musique,
l'équitation, bannies par l'Université, étaient accueillies par eux, et ils rendaient, aux familles satisfaites,
des jeunes gens prêts à paraître dans la société, et
possédant tous les talents nécessaires pour y paraître
avec avantage. Tel est le tableau extérieur que présentaient leurs maisons, mais que ne tardèrent pas à
rembrunir les plaintes qui s'élevèrent de toutes parts,
et avec amertume, contre le relâchement des mœurs
et de la discipline.

Les résultats qu'ils obtinrent furent immenses. Une

jeunesse nombreuse vint bientôt remplir leurs colléges, et l'influence qu'ils exerçaient au dehors contribua encore à leur envoyer des écoliers. Rien de ce qui
pouvait servir à assurer la supériorité de leurs écoles
n'était négligé par eux, et ils surent principalement
employer un mobile puissant sur l'esprit des jeunes
gens, je veux parler de l'émulation. Des récompenses
honorables et flatteuses étaient accordées à celui qui
se distinguait, et tous les ans des fêtes brillantes réunissaient avec solennité les familles, et étaient destinées à faire éclater la gloire des vainqueurs, couronnés par les mains de leurs maîtres, en présence de
leurs mères attendries.

Tous ces moyens leur donnèrent d'abord de grands
avantages sur l'Université, dont l'enseignement plus
sérieux avait surtout le grand inconvénient de manquer d'unité. Divisée en un grand nombre de colléges, bien que des statuts, des réglements généraux
dussent être suivis par la compagnie tout entière,
cependant l'intérieur des maisons, dont l'ensemble
formait l'Université parisienne, était régi par des
principaux dont l'empire, en quelque sorte absolu,
n'était que bien légèrement affaibli par l'autorité dont
le recteur était revêtu. De ces hommes, de leur capacité, dépendait la destinée des colléges ; et comme
les lois particulières à chaque établissement laissaient
peu de nominations à la disposition du corps, souvent
des individus incapables se trouvaient élevés à des
fonctions qu'ils étaient hors d'état de remplir.

Heureusement pour l'Université, l'esprit de corpo-

ration eut chez elle assez de force pour donner à tous ses
membres le désir de conserver à leur compagnie la
réputation dont elle avait joui si long-temps, et la
volonté ferme de diminuer le tort que leur faisaient
les Jésuites en s'attachant à améliorer les études et à y
introduire les perfectionnements qu'on pouvait désirer.
Dès-lors, ils secouèrent les préjugés que leurs devanciers leur avaient transmis, et bientôt ils purent lutter avec avantage contre ceux qui avaient failli les
supplanter. Ces changements, ces soins nouveaux
furent l'ouvrage de quelques hommes d'un vrai mérite que l'Université peut citer avec orgueil, les Her-
mand, les Saint-Amour, les Hersan, et surtout Rollin. Rollin dont le nom se place avec honneur à côté
des noms qui illustrèrent la France, Rollin qui consacra sa longue carrière à l'éducation de la jeunesse,
et dont l'éloge se trouve dans toutes les bouches,
introduisit dans l'Université les réformes les plus
utiles, et sut joindre le précepte à l'exemple. Né dans
la condition la plus humble, parvenu par ses talents
et ses vertus aux plus hautes dignités scolastiques, il
abandonna sans regret les honneurs dont ses collégues
l'avaient comblé pour reprendre ses modestes travaux. Sous sa direction, le collége de Beauvais acquit une célébrité jusqu'alors inconnue dans l'Université parisienne, et il sut y former des élèves dignes
de le remplacer un jour. Ses nombreux ouvrages
attestent la bonté de son cœur, la justesse de son
esprit, et son amour touchant pour la jeunesse. C'é-
tait à elle qu'il reportait le tribut de ses méditations,

c'était à elle qu'il consacrait ses veilles. Il laissa à
ceux de ses contemporains qui se livraient comme
lui aux nobles fonctions d'instituteurs sa vie tout
entière à imiter, et il légua à la postérité reconnaissante des écrits précieux, où, dans sa sollicitude, il
avait tracé pour les maîtres futurs les règles d'après
lesquelles ils devaient se conduire un jour [1].

Sous de tels hommes, l'Université reprit le rang
qu'elle avait si long-temps occupé dans l'opinion
publique, et qu'elle avait été sur le point de perdre.
Cette conquête ne lui fut pas difficile, car tous les
vœux étaient pour elle. On la regardait comme un
établissement national, à la gloire duquel la patrie
était intéressée, tandis que des répugnances invincibles, et quelquefois motivées, avaient constamment
accueilli ses adversaires, qui n'avaient pas toujours
su profiter avec modération des faveurs de la fortune. Les querelles du jansénisme en étaient la
preuve; le royaume entier y avait pris part, et,
malgré la protection que le pouvoir accordait aux
Jésuites, on avait vu avec indignation l'intervention
de la force dans les controverses théologiques. L'U-
niversité, que ses antécédents et ses intérêts avaient
rendue l'auxiliaire de Port-Royal, se trouva enveloppée, pendant la longue vieillesse de Louis XIV,
dans la disgrace de ceux qu'elle avait voulu défendre.
Les regards du monarque n'étaient tournés que vers
les Jésuites, et il cessa d'environner de sa protection

[1] ROLLIN, *Traité des études*, liv. VIII.

une compagnie que ses prédécesseurs s'étaient sans
cesse attachés à faire fleurir. Heureusement, l'estime
et la confiance générale servirent de compensation
aux préventions du prince ; elles consolèrent les membres de l'Université de la prédilection dont d'autres
qu'eux étaient les objets, et, en espérant un meilleur
avenir, ils trouvèrent une récompense dans leurs
travaux.

Cet avenir ne se fit pas long-temps attendre ;
Louis XV, orphelin de cinq ans, remplaça son aïeul,
Louis XIV, sur le trône ; et le premier des princes
du sang, Philippe, duc d'Orléans, fut investi de la
régence. Célèbre par ses graces et son esprit au moins
autant que par son goût pour les plaisirs, Philippe,
qui avait pu apprécier par lui-même les bienfaits
d'une bonne éducation, contribua de tous ses efforts
à donner à l'Université une extension qu'elle n'avait
pas encore. De tous les avantages que les Jésuites
possédaient sur elle, celui qu'ils faisaient le plus valoir, et qu'ils exaltaient avec le plus d'ostentation,
c'étaient les leçons gratuites qu'ils faisaient dans leurs
colléges. Ils étaient parvenus, en vantant sans cesse
leurs services, à éblouir les yeux de la multitude, et
ils affectaient, sous ce rapport, une prétendue supériorité, parce que l'Université, qui n'était pas comme
eux richement dotée, exigeait de ses élèves une mo-
dique rétribution. Cet avantage était peu important,
car il ne s'appliquait qu'à quelques classes de la faculté des arts ; les leçons de philosophie et celles des
facultés supérieures étant depuis long-temps gratui-

tes [1], même dans l'Université. Cependant, la compagnie avait plusieurs fois tenté de détruire les préjugés qui s'élevaient contre elle, et elle avait invoqué, sans beaucoup de succès, la plume des plus éloquents de ses membres [2]. Elle sentit que, dans son intérêt, il était nécessaire d'offrir à la jeunesse les mêmes facilités d'instruction dont les Jésuites paraissaient être si fiers ; par là, elle contrebalançait leur influence et faisait cesser toute comparaison désavantageuse. Les moyens d'exécution étaient difficiles ; il fallait assurer aux professeurs un traitement égal à celui qu'ils recevaient des élèves, et l'Université avait peu de revenus : les seuls à-peu-près qu'elle possédât consistaient dans l'adjudication du bail de ses messageries, encore le profit qu'elle en retirait était-il diminué de jour en jour par les entreprises que faisaient les fermiers-généraux pour lui enlever ce privilége ; cependant, ce qui en restait était encore assez considérable, car la seule nation de Normandie affermait les siens plus de vingt-quatre mille francs par an [3]. Néanmoins, la compagnie n'hésita pas à en faire le

---

[1] *Vérités académiques*, ou *Réfutation des préjugés populaires dont se servent les Jésuites contre l'Université de Paris*, chap. x, 285.

[2] Voyez entre autres les ouvrages intitulés : *Traité pour la défense de l'Université de Paris contre les Jésuites.* — *Vérités académiques*, ou *Réfutation des préjugés populaires dont se servent les Jésuites contre l'Université de Paris.*

[3] Voyez les *considerants de l'arrêt du conseil du* 14 *avril* 1719.

sacrifice à l'intérêt général. Persuadée que le nouveau gouvernement la traiterait plus favorablement que l'ancien, et comptant sur l'appui du régent, elle forma, au commencement de l'année 1719, une demande tendant à ce que ses messageries fussent réunies à l'administration générale des postes du royaume, moyennant une rente de cent cinquante mille francs, « à charge par elle de faire gratuitement l'éducation « de la jeunesse dans tous les colléges de plein exer- « cice de Paris ¹. »

Cette requête fut favorablement accueillie; le roi autorisa la réunion demandée, et fixa, par des lettres-patentes du 14 avril 1719, les droits de l'Université au vingt-huitième effectif du bail général des postes ².

¹ Ils étaient au nombre de neuf : c'étaient les colléges d'Harcourt, du Cardinal Lemoine, de Navarre, de Montaigu, du Plessis, de Lizieux, de la Marche, des Grassins et de Beauvais.

² Louis, etc., etc., voulant favorablement traiter notre très-chère et très-aimée fille aînée l'Université de notre bonne ville de Paris, de l'avis de notre très-cher oncle le duc d'Orléans, petit-fils de France, régent, nous ordonnons : que le bail des messageries appartenant à notre fille aînée sera toujours compris dans le bail général des postes, et que le prix du bail desdites messageries de ladite Université demeurera fixé pour toujours au vingt-huitième effectif du prix du bail général, lequel vingt-huitième sera payé par l'adjudicataire sans aucune retenue et quitte de toutes charges. En conséquence dudit prix, et du consentement de la faculté des arts contenu dans la requête à nous présentée, ordonnons qu'à commencer du 1ᵉʳ avril présente année, l'instruction de la jeunesse sera faite gratuitement dans les colléges de plein exercice de notre fille aînée ladite Université de Paris, sans que, sous

Par là, elle eut un fonds certain pour assurer des émoluments à ses professeurs, et ce fonds fut plus considérable qu'elle n'avait pu l'espérer d'abord ; car il s'éleva progressivement dans la proportion du bail général ; et de nouvelles lettres-patentes, en date du 29 mai 1766, en fixèrent (art. I) la valeur à la somme de deux cent soixante-treize mille deux cent soixante-treize livres quinze sous dix deniers [1]. L'Université, reconnaissante d'un tel bienfait, s'empressa de remercier le prince auquel elle en était redevable, et le recteur Coffin vint à la tête du corps exprimer au régent ses sentiments de reconnaissance [2]. Ce fut pendant l'administration du même prince que fut introduit à Paris, dans quelques colléges, l'usage de faire instruire dans les langues orientales des jeunes gens qu'on appelait *enfants des langues* ou *Arméniens*, et qu'on employait ensuite dans les relations diplomatiques avec le Levant (arrêt du conseil du 20 juillet 1721 [3]).

quelque prétexte que ce soit, les régents desdits colléges puissent exiger aucuns honoraires de leurs écoliers : faute de laquelle instruction gratuite, les présentes demeureront nulles comme non avenues. — *Lettres-patentes du 14 avril 1719, enregistrées au Parlement le 8 mai.* — Voyez *Recueil d'arrêts du conseil appartenant à la bibliothèque des avocats à la cour de cassation : année* 1719.

[1] *Recueil des délibérations importantes prises par le bureau d'administration du collége de Louis-le-Grand*, in-4°. Paris, 1781, page 117.

[2] BRILLON, *Dictionnaire des arrêts.* VERBO *Université.*

[3] FÉLIBIEN, *Histoire de Paris*, II, 1530.

La protection que le duc d'Orléans avait donnée
à l'éducation de la jeunesse, fut continuée après sa
mort (1er décembre 1723) : on ne négligea pas cette
partie de l'administration si digne de l'attention de
ceux qui gouvernent ; on s'occupa même de faire jouir
de ces avantages les individus appartenant aux classes
pauvres, sans pour cela donner à l'instruction populaire autant d'extension qu'on aurait pu le souhaiter.
On établissait des écoles, mais les termes même dont
on se servait prouvaient qu'elles n'étaient pas indistinctement destinées à tous les individus. « Nous
« voulons, porte une de ces ordonnances, qu'il y ait,
« autant qu'il sera possible, des maîtres et maîtresses
« d'écoles dans toutes les paroisses où il n'y en a
« point, pour instruire les enfants de l'un et de l'au-
« tre sexe dans les devoirs de la religion catholique,
« comme aussi pour y apprendre à lire et même à écrire
« à *ceux qui pourront en avoir besoin* : voulons, à
« cet effet, que dans les lieux où il n'y aura pas
« d'autres fonds, il puisse être imposé sur tous les
« habitants la somme qui manquera pour l'établisse-
« ment desdits maîtres et maîtresses, jusqu'à concur-
« rence de cent cinquante livres par an [1]. »

Ces établissements cependant propageaient l'instruction, et contribuaient à faire prospérer les colléges en multipliant le nombre des individus pour
lesquels l'éducation devenait un besoin. L'Université

[1] *Déclaration du roi du 14 mai 1724 ; art. V.*

alors était florissante et tranquille; le gouvernement
s'empressait de seconder son zèle pour tout ce qui
était utile, et sa protection s'étendait d'une manière
visible sur elle. Il lui en donna une preuve dans les
nouveaux édits publiés sur les imprimeurs et les libraires. Depuis des siècles, comme on sait, ces professions étaient restées sous la dépendance absolue
de la compagnie; elle les avait admises au nombre de
ses clients; elle les faisait participer à ses priviléges,
et, en échange de ces avantages, elle s'était attribuée
sur eux un droit de surveillance et de contrôle que
les rois eux-mêmes avaient long-temps autorisé. Cependant, depuis que la découverte de l'imprimerie
était venue donner de l'importance à ces professions,
peu à peu l'administration publique s'était efforcée
de ressaisir les droits qu'elle avait abandonnés, et,
sous Louis XIV, plusieurs ordonnances successives
anéantirent en quelque sorte le pouvoir que l'Université avait si long-temps exercé, en ne lui conservant qu'une supériorité nominale et illusoire. Sous
Louis XV, un nouveau réglement fut publié (28
février 1723), de grandes prérogatives accordées aux
imprimeurs et aux libraires, qui furent associés à
tous les priviléges et franchises universitaires, et dont
le commerce fut exempté de toutes taxes et impositions quelconques (articles I et II), sans qu'il fût
fait, en aucune manière, mention de l'ancienne jurisdiction universitaire, si ce n'est qu'on exigeait du
candidat qui aspirait à la maîtrise un certificat du

recteur, « constatant qu'il est congru en langue latine
« et qu'il sait lire le grec (articles XX et XLIII [1]). »

Cet édit réveilla l'Université; elle porta ses plaintes
au pied du trône (1er décembre 1725); elles furent
écoutées, et, le 10 décembre, parut un arrêt du
conseil en dix articles, qui faisait droit à ses réclamations, et la rétablissait dans une partie de ses anciens pouvoirs. Ce réglement, qui fut long-temps la
loi des parties, enjoignait aux imprimeurs et libraires
de porter le nom d'*imprimeurs ou libraires jurés
de l'Université* (art. X); on les obligeait à prêter
serment à la compagnie (art. V), et on les soumettait à son examen avant leur nomination (art. III);
les syndics et adjoints de ces deux professions devaient être respectueusement présentés au recteur le
jour même de leur élection (art. XII); et enfin les
maîtres de l'Université qui, après sept années d'exercice, voulaient embrasser l'un ou l'autre de ces états,
pouvaient, jusqu'au nombre de trois, être reçus sans
frais ni examens (art. IX [2]).

C'était ainsi que l'Université recouvrait son ancienne splendeur, splendeur qui lui avait valu quelques années auparavant une auguste visite. Législateur de son peuple et vainqueur des Suédois, le czar
Pierre-le-Grand, après avoir fondé la civilisation
russe, résolut de parcourir pour la seconde fois, et

---

[1] *Arrêt du conseil du 18 février 1723.* — BRILLON, *Dictionnaire des arrêts*, VI, 922. VERBO *Université*.

[2] *Arrêt du conseil privé du 10 décembre 1725.* — BRILLON,
Dictionnaire des arrêts, VI, 934. VERBO *Université*.

en quittant l'incognito, les cours européennes. Il traversa le Danemarck, la Prusse, s'arrêta en Hollande, et arriva au commencement de mai 1717 à Paris. Pendant son court séjour dans cette ville, il visita tous les établissements qu'elle renfermait, et dont son génie voulait ensuite enrichir sa patrie. L'académie des sciences, les médailles, les Gobelins fixèrent son attention; il n'oublia pas non plus l'Université, et la Sorbonne se souvint long-temps de sa présence. Cette visite est célèbre par l'admiration que Pierre témoigna pour le cardinal de Richelieu, dont il embrassa la statue en s'écriant: « Grand homme, je t'aurais donné « la moitié de mes États pour apprendre de toi à « gouverner l'autre [1], » et par le projet plus louable que praticable que conçurent les membres de la faculté de théologie de réunir les églises latine et grecque. Les essais jusqu'alors tentés pour opérer ce grand œuvre étaient toujours restés infructueux, et les efforts de quelques pontifes romains n'avaient eu pour résultat que de creuser encore davantage la ligne qui séparait les deux communions. La Sorbonne espéra réussir là où les successeurs de saint Pierre avaient échoué. Elle présenta au monarque un volumineux mémoire dans lequel elle s'efforçait de le convaincre; Pierre le reçut avec bonté; mais il gouvernait son église, et il n'était pas disposé à se donner un maître. Cette démarche n'aboutit qu'à faire

---

[1] VOLTAIRE, *Histoire de Russie sous Pierre-le-Grand*, ch. 8.
— DUVERNET, *Histoire de la Sorbonne*, II, 286.

instituer en Russie la *fête du Conclave*[1], parodie grossière dans laquelle les dignités les plus respectables de notre religion étaient tournées en ridicule, et les théologiens durent cette fois encore renoncer aux espérances qu'ils avaient pu concevoir.

Des objets d'un intérêt pour eux plus direct occupaient alors toute leur attention : c'était la suite des dissensions que la bulle Unigenitus avait fait naître. Les Jésuites avaient perdu, pendant la vie du duc d'Orléans, un crédit qu'ils ne tardèrent pas à recouvrer, lorsqu'en 1726 le cardinal de Fleury arriva au pouvoir. Précepteur du roi Louis XV, le cardinal avait acquis sur l'esprit de son élève un empire qui le préserva toujours des intrigues à l'aide desquelles on s'efforça plusieurs fois de le renverser. Doux, modéré, faible même, il servit souvent d'instrument à l'esprit de parti, et on le vit, cédant à des insinuations étrangères, renouveler contre les Jansénistes les anciennes persécutions. On vit pleuvoir en quelque sorte les lettres de cachet; l'exil fut employé avec profusion, et le ministre, abusant de son autorité et voulant, à quelque prix que ce fût, dominer les consciences, fit chasser de la Sorbonne, en une seule année (1729), plus de cent docteurs qui refusaient de se soumettre à ses volontés[2]. Tout le règne de Louis XV fut constamment troublé par des disputes de ce genre. A la bulle Unigenitus succédèrent les

[1] DUVERNET, *Histoire de la Sorbonne*, II, 290.
[2] ANQUETIL, *Histoire de France*, VIII, 380.

convulsions et les miracles qui se faisaient au cime-
tière Saint-Médard sur le tombeau du diacre Pâris,
l'un des coryphées du jansénisme. Tout le monde y
courait, et le gouvernement, en voulant faire cesser
par la force un engouement dont le ridicule devait
bientôt faire justice, ne faisait au contraire que l'augmenter; enfin, les billets de confession vinrent servir
de complément à tous ces désordres. Dans ces dif-
férentes circonstances, le Parlement s'était toujours
montré opposé au clergé; il avait soutenu les con-
vulsionnaires contre le cardinal de Fleury et l'archevêque de Paris, de Vintimille; il soutint les Jansénistes contre la cour et l'archevêque Christophe de
Beaumont, qui refusait les secours de la religion aux
mourants qui ne pensaient pas comme lui. La lutte
commença, dans cette dernière querelle, à propos
d'un membre de l'Université, de Coffin, dont tout
le monde honorait le caractère et les talents, et que
l'opinion publique désignait comme le successeur du
célèbre Rollin [1]. Il mourut sans recevoir les sacre-
ments, parce qu'il passait pour contraire à la bulle.
Dès ce moment la guerre fut engagée, les scandales
se multiplièrent, les mandements lançaient l'ana-
thème, les arrêts de la cour les faisaient brûler par
la main du bourreau, et l'on vit tour-à-tour le Parlement et l'archevêque envoyés en exil. Au milieu de
ces débats, l'Université était restée attachée au parti

---

[1] VOLTAIRE, *Histoire du Parlement*, chap. LXV. *Des convulsions.* — ANQUETIL, *Histoire de France*, VIII, 11.

de la magistrature, qui, la première, était descendue dans l'arène pour défendre un de ses membres; mais il n'y eut pas unanimité complète. La faculté de théologie, devenue moliniste depuis l'élimination dont elle avait été l'objet en 1729, se sépara de ses sœurs, et, après avoir regardé la bulle avec horreur, elle la regardait maintenant comme une règle de foi; elle refusa d'obéir aux arrêts de la cour, qui envoya des conseillers en Sorbonne pour les y faire enregistrer de force [1]. Les théologiens irrités menacèrent de cesser leurs leçons, et le Parlement ordonna que le doyen et le syndic de la faculté, accompagnés des professeurs en théologie, viendraient à la barre avec le greffier et leurs registres, pour y être réprimandés et voir déchirer leurs conclusions (1754) [2].

Pendant le cours de toutes ces tracasseries qui fixaient l'attention de la ville, l'Université avait vu les sciences recevoir quelques encouragements. En 1731, Louis XV avait fondé, rue de l'École-de-Médecine n° 7, dans l'emplacement aujourd'hui occupé par l'école gratuite de dessin, une académie royale de chirurgie, confirmée par lettres-patentes de 1748. Soixante académiciens en faisaient partie, et quatorze professeurs y enseignaient à une jeunesse nombreuse la science chirurgicale [3]. C'était rendre

---

[1] VOLTAIRE, *Siècle de Louis XV*, chap. XXXVI. *Querelles du clergé et du Parlement.*

[2] VOLTAIRE, *Histoire du Parlement*, chap. LXVI.

[3] DULAURE, *Histoire de Paris*, VIII, 15.

un véritable service à l'humanité, et par là on créait une existence honorable à l'art si précieux de la chirurgie, qui, pendant long-temps, s'était traînée misérablement à la suite de la faculté de médecine.

La faculté de droit devait aussi recevoir, quelques années après, un établissement digne de son importance. Jusqu'alors elle n'avait pas eu d'écoles fixes, et ses professeurs avaient fait leurs leçons tantôt sur la place Cambrai, tantôt dans la rue Saint-Jean-de-Beauvais. Depuis l'ordonnance de Louis XIV, de 1679, qui avait rétabli à Paris l'étude du droit civil, elle était parvenue à de brillantes destinées, et se composait, d'après une déclaration du même prince, de 1680, de six professeurs en droit civil et canon, d'un professeur en droit français, et de douze agrégés [1]. Les bâtiments où se faisaient les cours étant devenus insuffisants et menaçant ruine, on résolut de lui élever un édifice convenable [2]. Les fondements en furent jetés en 1771 sur la place où s'élevait alors l'immense basilique de Sainte-Geneviève. Soufflot en fut l'architecte, et douze ans après, le 24 novembre 1783, les professeurs de la faculté de droit prirent solennellement possession de leur nouvelle école, après une fête brillante dans laquelle l'Université tout entière en fit l'inauguration [3].

---

[1] Néron, *Recueil d'édits et ordonnances royaux*, II.

[2] *Lettres-patentes du roi du 10 novembre 1763.* — *Recueil de la bibliothèque Sainte-Geneviève, concernant les Jésuites,* III, 573.

[3] Dulaure, *Histoire de Paris*, VIII, 18.

Le ridicule qui s'était attaché aux controverses religieuses qui agitèrent une partie du dix-septième siècle, les railleries dont elles avaient été les objets, avaient accoutumé les esprits à penser avec indépendance : on s'habituait à porter ses regards sur des matières naguère interdites à l'examen, et le siècle de Louis XIV, en produisant des chefs-d'œuvre qui avaient répandu une vive lumière par toute la France, avait généralement inspiré le goût des études fortes et solides. Se débarrassant des entraves qu'on leur avait si long-temps imposées, des hommes d'un génie vaste et hardi embrassèrent toutes les sciences, portèrent partout leur esprit d'analyse et d'observation, et éclairèrent avec le flambeau de la raison les choses même dont le respect les avait jusqu'alors tenus éloignés. Le voile qui pendant si long-temps avait couvert leurs yeux fut déchiré, et la controverse s'établit sur tous les points des connaissances humaines. Ce fut alors que la philosophie commença à grandir. Montesquieu, attaquant dans ses *Lettres persanes* les préjugés avec l'arme du ridicule, et dans son *Esprit des lois* faisant connaître à l'homme ses droits imprescriptibles, Montesquieu en fut le premier apôtre. Voltaire, après lui, redoutable par l'étendue et la variété de ses talents, devait le dépasser encore dans la route qu'il avait suivie. Sur leurs pas marchaient une foule d'hommes, tous distingués par leur esprit, leurs connaissances, tous avançant vers le même but, et travaillant avec persévérance et concert à déraciner des abus dont ils avaient juré la ruine. Appelant les

hommes à l'exercice de toutes leurs facultés, on vit
bientôt grossir les rangs de ceux qui se pressaient
sous leurs bannières, et aucune digue ne pouvait leur
être opposée. Depuis les saturnales de la régence, la
cour, en perdant la considération qui l'environnait,
avait perdu toute son influence, et la vie privée du
monarque n'était pas de nature à la lui faire recouvrer :
ce n'était plus sur elle que la nation fixait ses regards,
c'était sur ces hommes qu'elle regardait comme ses
bienfaiteurs, et qui lui avaient révélé son existence,
son pouvoir et ses droits.

Ces idées avaient germé partout ; elles avaient fait
d'étonnants progrès, et avaient pénétré jusque dans
le sein du clergé lui-même, chez lequel elles sem-
'blaient ne devoir jamais avoir accès. L'Université,
par les changements qu'elle avait introduits dans les
études, et que nous avons indiqués, avait payé son
tribut à la marche du siècle ; mais la Sorbonne, envahie, dominée par une multitude de docteurs qui
n'obéissaient qu'à des intérêts de corporation, devait
quelquefois encore, par une opposition opiniâtre à
des progrès qu'elle ne pouvait plus empêcher, attirer
sur elle le blâme général. Ses censures contre des vérités physiques, contre des livres de jurisprudence et
de philosophie, ses condamnations doctrinales contre
des hommes que la raison publique admirait, les Montesquieu, les Buffon ; son décret contre la morale de
Bélisaire que l'Europe entière défendit contre elle,
l'avaient entièrement discréditée et couverte de ridicule. Quelques-uns de ses élèves néanmoins s'écar-

tèrent des doctrines de leurs maîtres, et il arriva qu'on entendit les voûtes de la Sorbonne retentir de propositions inaccoutumées, dans une thèse dont l'auteur, l'abbé de *Prades*, soutint, dit-on, la cause du Déisme [1] (1751). L'imprudent récipiendaire reçut le prix de son audace; il fut obligé de fuir [2], et les persécutions qui s'élevèrent contre lui indisposèrent encore un siècle qui regardait la tolérance religieuse comme la première des vertus politiques. Cependant, à côté de ces actes qu'on peut justifier peut-être par l'intention, et qui montraient, soit l'attachement des théologiens aux anciennes doctrines, qu'ils aimaient à défendre, soit la crainte que leur inspiraient les idées nouvelles, nous devons placer un acte de sagesse qui prouve qu'ils savaient, dans certaines circonstances, s'élever au-dessus des préjugés. L'inoculation, importée de l'Orient pour guérir une maladie terrible (la petite vérole) que l'Orient nous avait communiquée, avait été accueillie en France avec défiance; les médecins disputaient avec aigreur, on avait pris parti pour ou contre, et la religion, on ne sait comment, avait été invoquée dans la querelle. Le Parlement consulta la Sorbonne (1765), et sa réponse fut admirable : « *Ce qui est utile aux hommes*, dit-elle, « *ne peut déplaire à Dieu* [3]. »

---

[1] DUVERNET, *Histoire de la Sorbonne*, II, 322.

[2] VOLTAIRE, *Mélanges littéraires*, II. PIÈCE INTITULÉE *le Tombeau de la Sorbonne.*

[3] DUVERNET, *Histoire de la Sorbonne*, II, 353.

Ce fut en quelque sorte là le dernier signe qu'elle donna de son existence ; elle continua de subsister jusqu'à l'époque où toutes nos institutions s'écroulèrent ; mais elle subsista en survivant à sa réputation. Il semble qu'elle avait épuisé ce qui lui restait de force dans le dernier combat qu'elle venait de livrer aux Jésuites. Cette société fameuse succomba sous les efforts des nombreux ennemis qu'elle s'était faits, et la fin du règne de Louis XV vit leur chute. Les Jansénistes qu'ils avaient accablés de tout le poids de leur crédit, l'Université qu'ils avaient voulu anéantir, et la philosophie qu'ils avaient persécutée en s'opposant de tout leur pouvoir à l'élévation du monument encyclopédique, se réunirent pour frapper des coups assurés. Les Jésuites, malgré leur crédit, leurs richesses, leurs puissants protecteurs, ne purent se soustraire au sort qui les menaçait, et ces religieux dont la fortune avait été si rapide, qui avaient écrasé tous leurs adversaires, qui avaient imposé des lois à la France, et dont les maisons, au nombre de cent quarante-neuf, couvraient sa surface, ne devaient bientôt plus avoir même un seul asile où ils pussent se rassembler.

Un procès commercial, la banqueroute d'un de leurs membres, fut, comme on sait, le signal de leur destruction. Le Parlement de Paris les condamna à payer, et ordonna l'examen de leurs constitutions. Cet examen fut mortel pour eux, et l'abbé Chauvelin, leur rapporteur, représenta la société « comme un co- « losse redoutable, dont les bras embrassaient les deux

« mondes, et qui affectait l'empire de l'univers [1]. »
L'ombre du jansénisme se leva de son tombeau pour
venir les accuser, et les magistrats effrayés, remontant
à la source du mal, ordonnèrent par plusieurs arrêts
(février et mars 1662) que les Jésuites cesseraient
provisoirement toutes les fonctions de l'enseignement.
Pour s'éclairer efficacement sur une affaire qui occupait toute l'Europe, le Parlement demanda, pendant
tout le temps que durèrent les procédures, des mémoires et des éclaircissements aux Universités de son
ressort [2]. Ils ne furent pas favorables aux Jésuites ; de
toutes parts s'élevaient des plaintes contre eux ; tous les
Parlements du royaume les poursuivaient avec sévérité, et des voix éloquentes les signalaient à la France,
déja prévenue, comme des hommes dangereux. L'é-
ducation de la jeunesse, placée entre leurs mains,
était surtout regardée comme une calamité nationale,
et l'avocat-général, Omer Joly de Fleury, insistait
dans ses conclusions pour qu'il leur fût enjoint de
ne rien faire de *préjudiciable aux Universités* [3].
« L'éducation publique que les Jésuites donnent à
« la jeunesse, disait le courageux La Chalotais (dé-
« cembre 1761), tient à l'esprit ultramontain qui
« les domine, à l'esprit de parti qui les agite, en con-
« séquence aux anciens préjugés et à l'ignorance du
« seizième siècle. Que penser, en effet, d'une institu-

[1] ANQUETIL, *Histoire de France*, IX, 90.
[2] DULAURE, *Histoire de Paris*, VII, 502 et suiv.
[3] *Conclusions de l'avocat-général Omer Joly de Fleury dans
l'affaire des Jésuites.*

« tion littéraire et enseignante qui n'a jamais songé
« à se perfectionner; d'une institution où il y a peut-
« être eu plus de cinquante mille professeurs de phi-
« losophie et pas un philosophe?... Sire, ajoutait-
« il en terminant, il n'y a que les sciences et les
« bonnes études qui puissent arracher le bandeau de
« l'ignorance et de la superstition, qui sont les véri-
« tables sources du fanatisme, car il n'y a que les
« lumières qui puissent chasser les ténèbres. Réformez
« l'éducation de la jeunesse; elle est vicieuse et bar-
« bare, surtout dans les colléges de la société. Pro-
« tégez les lettres et les sciences; elles font le bonheur
« des royaumes et l'honneur des règnes [1]. » Ces paroles avaient trouvé de l'écho en France, et, un an
après, l'éloquent Montclar, à l'autre extrémité du
royaume, s'écriait avec non moins de force au milieu
du Parlement de Provence : « Avec les Jésuites, l'édu-
« cation de la jeunesse n'est plus sous l'inspection de
« l'État, elle est sous la direction d'un général, d'un
« religieux ultramontain, d'un monarque étranger.
« On a osé publier que cela était nécessaire pour main-
« tenir l'ordre dans le royaume... . Quoi! il faudra
« qu'un étranger préside à l'éducation de nos enfants
« pour les rendre vrais Français, et la nation perdra
« ses principes si elle est abandonnée à l'enseignement
« national? C'est outrager à-la-fois le gouvernement,

---

[1] *Compte rendu au Parlement de Bretagne, touchant les consultations des Jésuites, par le procureur-général de La Chalotais*, 60, 78.

« la magistrature, l'Université et ses lois. O délire du
« fanatisme, ô opprobre de la raison, ô douleur pour
« la magistrature [1] ! » Enfin, le Parlement de Paris
donna le premier l'exemple, et par arrêt du 6 août
1762, rendu sous le rapport du conseiller Terray,
toutes les chambres assemblées, il supprima la société
des Jésuites, leur enjoignit de vider leurs colléges, et
leur fit défenses de vivre désormais en commun,
« attendu (entre autres motifs) que presque tous les
« corps de l'État ont été successivement détruits ou
« affaiblis, les Universités combattues, presque anéan-
« ties ou forcées de recevoir les Jésuites dans leur
« sein, ou réduites souvent à de fâcheuses extrémi-
« tés [2]. » Deux ans après (novembre 1764), un édit
du roi vint confirmer cet arrêt [3].

Leurs biens, excepté leur collége de Louis-le-
Grand, qu'un arrêt (28 juillet 1763) déclara « ne
« pouvoir être employé à autre usage qu'à l'instruction
« publique, » furent affectés au payement de leurs dettes : en même temps, pour combler le vide que leur
départ laissait dans l'enseignement, le Parlement fit un
appel aux Universités de son ressort, et principalement
à celle de Paris, pour qu'elles eussent « à envoyer

[1] *Plaidoyer du procureur-général de Montclar au Parlement de Provence, dans l'affaire des soi-disants Jésuites.* —
*Supplément au Recueil par ordre de dates des arrêts, édits,
ordonnances, etc. concernant les Jésuites,* I.

[2] *Recueil par ordre de dates des arrêts, édits et ordonnances,
etc., etc. concernant les Jésuites,* I, 365.

[3] *Recueil par ordre de dates des arrêts, etc., etc.,* IV, 633.

« dans trois mois, au procureur-général, des mé-
« moires contenant des réglements d'étude et de dis-
« cipline, afin que l'instruction publique de la jeu-
« nesse puisse procurer à l'État des citoyens capables
« de remplir les emplois auxquels ils peuvent être
« appelés [1]. » A partir de l'arrêt d'expulsion, toute
la faveur du gouvernement se reporta sur l'Université,
et on défendit, à sa requête, tant on redoutait encore
l'adresse des Jésuites, à toutes personnes, excepté
les pères, mères, tuteurs, etc., etc., d'enseigner ni
d'instruire dans leurs maisons les enfants qui auront
plus de neuf ans.

Le collége de Louis-le-Grand, devenu libre, fut
destiné à servir de chef-lieu à l'Université, qui n'en
avait jamais eu jusqu'alors. Ce fut là que dut siéger
désormais le tribunal académique; ce fut là que furent
transférées et les archives de tous les colléges et la
halle au parchemin. La bibliothèque de l'Université
fut également placée dans son enceinte, et on réunit
dans le reste de ses vastes bâtiments, dont une partie
fut destinée au collége de Beauvais, tous les boursiers
des autres colléges où il n'y avait plus de plein exercice, et on les soumit à la surveillance d'un conseil
permanent d'administration, composé du recteur, de
cinq professeurs émérites, du syndic et du principal
du collége [2]. Cette réunion occasionna la suppression
d'un grand nombre de colléges, au nombre de vingt-

---

[1] *Extrait des registres du Parlement du* 3 *septembre* 1762.
[2] *Lettres-patentes du roi du* 21 *novembre* 1763.

neuf[1], dont les revenus étaient presque anéantis, par suite de la diminution des valeurs nominales, et dont les bâtiments furent vendus et les fonds versés dans la caisse de Louis-le-Grand.

L'Université, depuis l'expulsion des Jésuites, était rentrée en possession de la prérogative dont elle avait joui exclusivement jusqu'à l'époque de leur apparition, d'être chargée seule de l'éducation de la jeunesse. Mais, en recouvrant ces avantages qu'elle avait perdus, de grandes obligations en revanche lui étaient imposées. Il fallait remplacer d'une manière digne d'elle ceux auxquels elle était appelée à succéder, et surtout ne pas les faire regretter. L'enseignement des Jésuites, malgré des succès apparents, avait excité beaucoup de plaintes, et avait sans doute en lui des causes secrètes qui faisaient désirer de les voir enlevés à ces importantes fonctions, puisqu'on vit s'unir à leurs ennemis ceux même qui avaient étudié dans leurs maisons. L'Université n'offrait pas les mêmes dangers, ne faisait pas concevoir les mêmes inquiétudes : les études étaient aussi bonnes que chez eux, et ses doc-

[1] C'étaient les colléges d'Arras, d'Autun, de Bayeux, de Beauvais, de Boissy, des Bons-Enfants, de Bourgogne, de Cambrai, des Cholets, de Cornouailles, de Daimville, des Dix-huit, de Fortet, d'Huban, de Justice, de Laon, du Mans, de Maitre-Gervais, de Mignon, de Narbonne, de Presles, de Rheims, de Sainte-Barbe, de Saint-Michel, de Séez, de Tours, de Tréguier et des Trésoriers. — *Recueil des délibérations du bureau d'administration du collége de Louis-le-Grand*, 321 et suiv.

trines étaient plus pures. Rollin avait laissé des exemples qu'on s'empressait d'imiter, et sur ses traces s'é-
taient formés des élèves jaloux de succéder à la réputation de leur maître. Les professeurs habiles s'étaient
multipliés dans son sein ; et quelques-uns parmi eux,
sortant du cercle ordinaire de leurs travaux, avaient
consacré leurs veilles à composer pour la jeunesse des
ouvrages que l'âge mûr avait acceptés avec empressement. Les ouvrages de Rollin avaient servi de modèle, et ses disciples continuèrent l'œuvre qu'il avait
entreprise et que le temps ne lui avait pas permis
d'achever. Crévier, Le Beau venaient de publier des
livres estimables, et ce fut à des membres de l'U-
niversité que nous dûmes, dans ce siècle, le corps
le plus complet que nous possédions encore aujour-
d'hui d'histoire romaine. Ces mêmes hommes portaient dans l'enseignement les talents et l'instruction
qui les distinguaient ; et à côté d'eux se trouvaient
une foule de maîtres formés à leur école, et tous capables de transmettre avec fruit à la jeunesse des
leçons dont ils avaient profité.

On avait tout fait pour former dans l'Université un
corps en état de bien remplir ses importantes fonctions,
et tout récemment on avait établi dans la faculté des
arts des docteurs agrégés qui ne pouvaient être nommés
qu'au concours, et à qui seuls les chaires pouvaient
être données : ils étaient au nombre de soixante ; un
tiers pour la philosophie, un tiers pour les belles-
lettres et les humanités, et l'autre tiers pour la gram-

maire et les classes inférieures [1]. Par là, on était sûr
de ne confier les classes qu'à des sujets dignes de bien
les conduire, et on assurait pour l'avenir les destinées
de l'Université.

Il est facile de s'apercevoir, en jetant les yeux
sur les délibérations de la compagnie, combien elle
avait fait de progrès vers la perfection. Les réglements
de cette époque peuvent encore aujourd'hui servir de
modèle, et les conseils qu'elle adressait à ses membres sont empreints d'une haute sagesse; j'en citerai,
pour exemple, le préambule d'un statut dressé en 1769
pour le collége Louis-le-Grand, et qui, dans les quatorze titres qui le composent, renferme d'excellentes
règles, tant pour les études que pour la discipline.
« Tous les supérieurs et maîtres, y est-il dit, étant
« institués pour procurer un même bien, ils doivent
« être animés d'un même esprit et d'un même zèle,
« et faire régner entre eux la paix et la concorde. »

« Comme le bien de l'éducation ne consiste pas tant
« à corriger les fautes des jeunes gens qu'à les pré-
« venir, autant qu'il sera possible, tous les maîtres se
« feront de leur exactitude et de leur surveillance un
« premier moyen de faire éviter à leurs élèves les
« fautes que leur négligence pourrait occasionner. »

« Un devoir très-important pour eux est de s'ap-
« pliquer à connaître le caractère de ceux qui leur
« seront confiés, afin de leur inspirer par leur in-

_____

[1] *Lettres-patentes du roi du* 3 *mai* 1767. — *Recueil par
ordre de dates des édits, etc., etc.*, V, 405.

« struction, et surtout par leur exemple, l'amour de
« la vertu et du travail. »

« Ils ne borneront pas leurs soins à cultiver les
« talents de leurs élèves, mais ils regarderont comme
« leur premier devoir de former leurs mœurs en leur
« inspirant des sentiments de religion et de piété. »

« Ils n'useront de sévérité qu'après avoir épuisé
« tous les autres moyens qui peuvent faire impression
« sur une ame honnête et sensible. »

« Pour se soutenir contre les peines et les dégoûts
« inévitables dans l'éducation de la jeunesse, ils con-
« sidéreront souvent l'importance de l'œuvre dont ils
« sont chargés; ils penseront qu'ils en sont respon-
« sables non seulement à la société, mais à Dieu
« même, auteur de toute science et de tout bien : et
« non contents de s'instruire par leur propre expé-
« rience dans l'art de former les jeunes gens à la
« science et à la vertu, ils auront recours aux con-
« seils des maîtres les plus expérimentés, et auront
« soin de puiser les principes et les maximes de leur
« conduite dans l'excellent ouvrage de M. Rollin sur
« la manière d'enseigner et d'étudier [1]. »

Rien de remarquable n'arriva à l'Université pendant tout le reste de la durée du règne de Louis XV.
Son existence, vivement menacée par le crédit de ses
adversaires, se consolida après leur expulsion de la
manière la plus stable; et elle était dans cette situation, lorsque Louis XV mourut (10 mai 1774).

[1] *Lois et Réglements sur l'instruction publique*, I, 63.

Sous le gouvernement de ce prince, l'Université vit s'introduire dans son sein tous les changements qu'elle pouvait désirer. Ses droits furent affermis, ses priviléges conservés, l'instruction gratuite lui fut accordée, et, après l'avoir mise ainsi en état de soutenir la concurrence avec tous les corps enseignants, la magistrature et le trône, cédant à la force de l'opinion publique, lui rendirent le plus grand service que la compagnie pût souhaiter, en détruisant les Jésuites devenus les seuls obstacles qui s'opposassent à sa complète prospérité. Des hommes d'un mérite réel, et en grand nombre, lui rendirent pendant ce siècle l'éclat qu'elle avait perdu, et c'est alors (1761) que Crévier, pénétré de son importance, s'empressa d'écrire son histoire. La liberté, l'indépendance qu'acquirent les esprits pendant toute cette période, contribuèrent aussi à cet heureux résultat : on s'occupa davantage de l'éducation, parce que l'on commençait à comprendre qu'elle est la base de toutes les vertus publiques et privées ; elle devint l'objet des méditations générales ; des voix généreuses s'élevèrent pour réformer la société, tracèrent des plans pour rendre l'homme meilleur à l'aide d'une instruction plus étendue, et La Chalotais, se rendant l'organe de son siècle, faisait entendre dans le sanctuaire de la justice ces belles paroles, expression de la pensée de tout un peuple : « Il n'y a que les sciences et les bonnes études « qui puissent arracher le bandeau de l'ignorance et « de la superstition ; il n'y a que les lumières qui « puissent chasser les ténèbres. »

II.

Telle était la situation de l'Université, et le point de progression où elle était parvenue, lors de l'avénement de Louis XVI à la couronne. Le jeune monarque, qui apportait avec lui sur le trône toutes les vertus de l'honnête homme, était animé des plus louables intentions, et surtout du désir ardent de faire le bonheur de la France. Il signala les commencements de son règne par l'élévation de deux monuments consacrés aux lettres et à la science. Le collége royal de France, que Henri IV avait voulu faire construire, et dont Louis XIII avait posé la première pierre, était depuis cette époque resté inachevé; le nouveau roi donna des ordres pour sa continuation, et quatre ans après il fut terminé, sur les dessins de l'architecte Chalgrin, tel qu'on le voit maintenant [1]. En même temps, on élevait, sur la place dite aujourd'hui de l'École-de-Médecine et sur l'emplacement du collége de Bourgogne, un temple magnifique à l'art de guérir. Jusqu'alors la faculté de médecine de Paris n'avait pas eu d'écoles dignes de sa renommée; elle les avait tour-à-tour transportées de la rue de la Bûcherie à la rue Saint-Jean-de-Beauvais, et le grand nombre d'écoliers qui lui arrivaient de tous les points du royaume les avaient rendues insuffisantes. Louis XVI résolut de lui en donner de convenables; le 14 décembre 1774, il en posa la première pierre; Gondouin en fut l'architecte [2]. Tous les arts

[1] DULAURE, *Histoire de Paris*, VIII, 407.
[2] DULAURE, *Histoire de Paris*, VIII, 409.

furent appelés pour concourir à son embellissement, et un vaste amphithéâtre, sur les murs duquel on lit encore deux vers latins qui rappellent sa noble destination,

Ad cædes hominum prisca amphitheatra patebant :
Ut longum discant vivere, nostra patent.

fut ouvert à la jeunesse qui s'y pressait pour entendre les leçons qu'y faisaient vingt-deux professeurs sur les diverses parties de la science médicale.

L'Université, vers les derniers temps de Louis XV, avait changé en quelque sorte de forme. Depuis que les Jésuites avaient disparu, elle était devenue pour ainsi dire plus compacte; elle n'était plus disséminée en un grand nombre de maisons, elle était restreinte au contraire à quelques colléges; et Louis-le-Grand, dans l'enceinte duquel on avait réuni presque tous les boursiers de Paris, était, à partir de cette époque, son chef-lieu et la plus florissante de ses écoles. Ce collége, qui était sous la surveillance immédiate de l'Université, était gouverné par un conseil d'administration, composé de conseillers au Parlement et de notables [1], et avait été mis en possession de toutes les immunités que la faveur de Louis XIV avait accordées aux Jésuites; il ne payait pas d'impôt sur le sel; il pouvait faire entrer trois cents muids de vin pour sa consommation sans être soumis à aucuns droits. En

[1] *Recueil des délibérations du bureau d'administration du collége de Louis-le-Grand. Introduction*, 14.

outre, on lui avait accordé la jouissance de tous les bénéfices et propriétés qui composaient sa fortune sous les Jésuites [1], et parmi lesquels se trouvait le prieuré-cure de Pomponne, près Lagny-sur-Marne. Indépendamment des boursiers, ce collége renfermait un nombre d'élèves assez considérable; ses revenus, d'après des tableaux statistiques de cette époque qui nous ont été conservés, montaient à près de six cent mille francs, et parmi les dépenses de bouche, l'achat seul de la viande de boucherie s'élevait, par an, à plus de cinquante-cinq mille francs.

L'excédant de ses revenus servait à donner des gratifications, soit aux maîtres, soit aux employés de l'établissement, dont les gages étaient très-modiques, soit même aux boursiers qui s'étaient distingués pendant le cours de leurs études par leur bonne conduite et leur application, et j'ai trouvé une gratification de cette nature accordée à un homme dont le nom est devenu depuis malheureusement célèbre dans le cours de la révolution, par procès-verbal du 19 juillet 1781, ainsi conçu : « Sur le compte rendu « par M. le principal des talents éminents du sieur de « Robespierre, boursier du collége d'Arras, lequel « est sur le point de terminer son cours d'études, de « sa bonne conduite pendant deux années et de ses « succès pendant le cours de ses classes, tant aux « distributions des prix qu'aux examens de philosophie « et de droit, le bureau a unanimement accordé au

<hr>

[1] *Lettres-patentes du roi du 16 août 1764.*

« sieur de Robespierre une gratification de la somme
« de six cents livres qui lui sera payée par M. le
« grand-maître du temporel sur sa quittance [1]. »

Ce sont là les seuls documents que nous offre l'histoire de l'Université pendant le règne de Louis XVI;
et bientôt cette compagnie, qui était née en quelque
sorte avec la monarchie, qui en avait traversé tous
les âges, devait succomber comme elle dans les orages
de la révolution. Les États-généraux, convoqués par
le roi lui-même pour chercher un remède aux maux
du royaume, avaient changé leur dénomination, qui
appartenait aux anciens usages, pour en prendre une
autre qui fût plus conforme aux idées qui germaient
dans toute la nation. Sous le nom d'Assemblée Nationale ou d'Assemblée Constituante, elle s'occupa de
détruire les abus dont tous les ordres de l'État demandaient depuis long-temps la réforme, pour reconstituer ensuite le gouvernement sur de nouvelles bases.
Dans la lutte qui s'établit, et que la résistance rendit
plus vive, entre les classes privilégiées, pour retenir
des distinctions ou des avantages que des siècles avaient
presque consacrés, et le peuple qui tendait à s'élever
vers une liberté légale qu'il regardait comme un droit
imprescriptible, on vit disparaître pièce à pièce tous
les éléments qui composaient l'antique monarchie
française, et s'élever à leur place des éléments nouveaux, destinés à établir entre tous les citoyens indistinctement un équilibre qui jusqu'alors n'avait pas

---

[1] *Recueil des délibérations du bureau d'administration*, 213.

existé. Dans cet ébranlement général, lorsque le trône était menacé, lorsque toutes les institutions qui appartenaient à nos premières époques étaient l'objet des plus vives attaques, l'Université devait craindre pour son existence. Imbue d'idées monarchiques qui ne cadraient plus avec le nouvel ordre de choses, l'Université, on le concevra facilement, devait inspirer de la défiance aux hommes qui voulaient refaire la France, et donner aux générations nouvelles une indépendance d'esprit à laquelle, selon eux, l'ancienne éducation ne pouvait pas atteindre. Il leur convenait à cet effet de donner à la jeunesse des principes sur lesquels ils pussent asseoir solidement les bases de leur édifice; jamais ils ne perdirent de vue ce point si important pour eux; et l'on vit dans toutes les assemblées souveraines qui gouvernèrent successivement la France éclore tour-à-tour des projets qui tous tendaient vers ce but.

Au milieu du mouvement immense qui agitait alors tout le royaume, lorsque la crainte, l'espérance ou l'ambition dominaient toutes les ames, lorsque chacun fixait avec inquiétude et avidité les yeux sur un avenir qui semblait receler tant d'événements, les sciences, les lettres, les arts devaient, en présence d'intérêts si graves, attirer peu d'attention : ils ont besoin, pour prospérer et pour fleurir, de calme et de tranquillité; les troubles politiques ne sont pas propres à leur donner de l'essor; l'Université en fit bientôt l'épreuve. Ses écoles se dépeuplèrent, ses biens lui furent enlevés, les secours que l'État lui

accordait furent consacrés à d'autres usages; il lui
devint impossible de satisfaire aux nombreuses charges qui pesaient sur elle, et la compagnie, dans l'im-
puissance d'agir, vit approcher pour elle le moment
de la dissolution. Elle succomba, ou plutôt elle s'é-
teignit comme d'elle-même, entraînée par le torrent
de la révolution qui ne devait laisser rien subsister
en France de ce que nos ancêtres nous avaient légué.
Aucun décret, aucune loi ne prononça la suppression
de l'Université [1], et cependant elle cessa bientôt d'exister, comme si le sort d'une compagnie qui avait toujours été si dévouée à la cause des rois devait être de
périr avec eux.

Ainsi devait finir une corporation qui comptait plus
de six siècles de durée. Dépositaire des lumières à des
époques où la barbarie et l'ignorance étendaient partout leur empire, elle servit plus tard de modèle à
toutes les écoles qui couvrirent la surface de l'Europe,
et a droit, par cela seul, à la reconnaissance de tous
les hommes. Forte par l'ascendant que lui donnait sa
supériorité intellectuelle sur des esprits grossiers, elle
fut long-temps investie d'un grand pouvoir, et ce
pouvoir ne diminua que lorsqu'elle eut vu s'élever un
grand nombre de rivales. Peu à peu elle perdit de
son caractère politique, elle changea de rôle, et ne
conserva que l'influence respectable qui était attachée
à la nature de ses fonctions. Les efforts qu'elle fit

[1] MERLIN, *Répertoire de jurisprudence.* VERBO *Université*,
parag. 2. — FABRY, *Génie de la Révolution*, I, 10.

pour améliorer les études dans son sein, pour profiter
des progrès que la raison humaine avait faits dans les
derniers siècles, avaient été appréciés par tout le
monde, et il semblait que l'opinion générale prononcée en sa faveur aurait dû la préserver de la
destruction. Mais la France marchait rapidement
vers un bouleversement total. Au siècle brillant de
Louis XIV, qui avait été celui de l'imagination, avait
succédé le siècle de Louis XV, qui avait été celui de
l'examen. On était fatigué de l'ancien ordre de choses,
on voulait tout changer, et pour changer, on voulait
tout détruire. L'Université se trouva enveloppée dans
la proscription. Le dix-huitième siècle avait fait la
révolution, la révolution à son tour voulut faire le
dix-neuvième siècle, et consolider son ouvrage en
propageant ses principes et ses doctrines. L'Université
n'était pas propre à remplir son but; elle n'aurait
peut-être pas assez oublié ses anciens souvenirs; son
action, en outre, ne s'étendait pas sur toute la France;
elle était restreinte à son ressort, et le principe de
l'égalité proclamé par les réformateurs exigeait pour
tous les Français une éducation uniforme. L'Université dut donc cesser d'exister, parce que son existence
n'était plus en harmonie avec les idées de son siècle.

Là, devrait se terminer le travail que nous avons entrepris. Nous avons remonté au berceau de l'Université, nous l'avons suivie dans toutes les phases de son
histoire, nous avons montré sa chute, il semble que
notre tâche soit accomplie; cependant, il nous reste
encore une lacune à remplir. Notre but, en traçant

l'histoire de la plus ancienne des compagnies savantes, a moins été de faire l'histoire d'une corporation en particulier que celle de l'instruction publique en France, et notre travail resterait incomplet, si nous nous arrêtions à cette époque. A peine l'Université avait-elle disparu que l'on s'occupait déja de la remplacer. L'éducation de la jeunesse fixa les regards de toutes les assemblées législatives; des savants, des philosophes y consacrèrent leurs méditations; des projets furent adoptés, puis supprimés, et la France resta, à cet égard, sans organisation stable jusqu'à l'époque où l'Université, recréée sur un plan plus vaste, renaquit pour ainsi dire de sa cendre.

C'est le tableau intéressant de ces variations que je veux présenter rapidement; il servira de conclusion à mon ouvrage.

CHAPITRE VII.

Assemblée Nationale. — Direction qu'elle veut imprimer à l'éducation. — Elle maintient l'Université jusqu'à l'adoption d'un nouveau système. — Rapport de M. de Talleyrand-Périgord. — Observations. — Ajournement du projet. — Assemblée Législative. — Elle nomme un comité d'instruction publique. — Discours de M. de Larochefoucault-Liancourt. — Suppression de la Sorbonne et du tribunal académique. — Réflexions sur la situation de l'Université. — Rapport de Condorcet. — Examen. — Mesures maladroites de l'Assemblée Législative. — L'Université de Paris cesse entièrement d'exister.

Nous entrons maintenant dans une nouvelle série d'événements; ce n'est plus l'Université qui va fixer nos regards. Vieille comme la monarchie, le moment de la mort est arrivé pour elle, et elle disparaît avec le trône qui l'avait élevée, et à l'ombre duquel elle avait grandi. L'Assemblée Nationale, réunie par la volonté et les ordres du prince, devait bientôt s'élever au-dessus de celui qui lui avait donné l'existence. Une pensée la domine, c'est celle de restituer à la nation un pouvoir et des droits que le temps, selon elle, n'a jamais pu détruire. Elle marche vers son but avec fermeté, avec persévérance ; rien ne l'arrête dans l'accomplissement de ses desseins, et pour y parvenir, elle a formé le projet de changer la France, telle que l'avaient faite quatorze siècles de monarchie, et de lui donner des mœurs, des idées, un gouvernement nouveau. Pour arriver à ce résultat, les législateurs immolèrent à notre régénération politique toutes les institutions appartenant à l'ancien ordre de choses : ils veulent rajeunir les Français, et leur système exige qu'ils fassent disparaître tout ce qui pourrait leur rappeler le passé, et qu'ils bannissent des souvenirs que le temps et l'habitude ont profondément gravés dans les esprits.

Mais, pour consolider leur ouvrage, pour l'asseoir sur des bases inébranlables, ce n'est pas sur la génération actuelle qu'ils devront compter ; élevée dans des principes de respect et de soumission au pouvoir, accoutumée à rapporter tout au monarque dont le nom seul est environné pour elle d'une auréole sacrée, elle n'a pas, ou du moins une grande partie de ses membres n'a pas l'indépendance de caractère de nos réformateurs ; ils ne pourront se débarrasser à l'instant des préjugés qui furent ceux de leur enfance, de toute leur vie ; ils ne pourront renoncer à des avantages, à des distinctions peu en harmonie, il est vrai, avec les principes de l'égalité, mais que le temps leur a légués, ils lutteront pour les conserver, et ils s'efforceront de proscrire et de renverser un système qui leur enlève des droits acquis, et qu'ils regardent comme spoliateur. Ce n'est donc pas sur la génération présente qui n'a pas adopté à l'unanimité ses projets, que l'Assemblée Nationale devra s'appuyer, mais au contraire sur la génération qui va s'élever, et qui vierge encore de tous préjugés, sans aucun intérêt pour le passé, tout entière à l'avenir, sera plus disposée à recevoir les impressions qu'on voudra lui donner, et grandira avec les germes d'une indépendance qu'elle transmettra à ses enfants, et qu'elle pourrait défendre un jour, si jamais elle était attaquée.

Avec de telles idées, l'éducation de la jeunesse devait fixer l'attention de l'Assemblée Constituante, et était pour elle un objet d'une haute importance, car il devait être le complément et la consolidation de son travail. Elle l'avait bien compris, mais la tâche était difficile. L'Université existait toujours; mais l'Université n'offrait pas les garanties que l'époque réclamait. Son antiquité, son attachement à la royauté la faisaient regarder avec défiance; on craignait que son enseignement ne fût entaché de principes qu'on ne voulait plus alors voir dominer; et son nom seul était odieux à beaucoup de gens, parce qu'il se rattachait à d'anciens souvenirs. En même temps, on attaquait son organisation, on signalait les vices de ses méthodes, et, malgré les améliorations qu'elle avait reçues, les hommes qu'elle avait produits, et dont les noms seuls suffisaient pour son apologie, tout annonçait qu'elle devait bientôt suivre dans leur chute les corporations qui déja avaient disparu, et dont l'origine ne remontait pas à une époque moins reculée que la sienne.

Cependant elle n'avait pas tout à fait cessé d'être. Les colléges subsistaient encore, les classes étaient restées ouvertes; mais elles étaient dans la stagnation, et elles étaient dominées par le sentiment de leur ruine prochaine. Cette idée enchaînait les efforts des maîtres, arrêtait l'émulation des élèves, et l'Université n'avait plus, pour ainsi dire, qu'une existence matérielle. Ce qui surtout formait un obstacle à la continuation morale de l'Université, c'est qu'elle n'avait qu'une action restreinte et limitée; elle n'occupait qu'une partie de la surface de la France, et son ressort avait été graduellement diminué par l'établissement successif des diverses Universités; elle n'embrassait dans sa surveillance qu'un rayon assez peu étendu de la France. Un tel système ne pouvait convenir à l'Assemblée Constituante, qui voulait pour tout le royaume une instruction donnée d'après les mêmes principes, et qui, après avoir substitué le règne de l'égalité à celui des classes et des priviléges, voulait que tous les Français appelés à jouir désormais des mêmes droits reçussent une éducation uniforme, et qui, répandue jusqu'aux extrémités du royaume, inspirât à tous les mêmes sentiments. Quoique l'Université, avec son organisation telle que le temps l'avait faite, ne put pas atteindre le but qu'on se proposait, néanmoins l'Assemblée Constituante eut, dans cette circonstance, la sagesse de ne pas dé-

truire avant d'avoir édifié, et, dès les premiers
moments de sa réunion, elle chargea son comité de
constitution de lui présenter un plan d'instruction
publique générale. Ce plan exigeait de grands travaux ; l'annonce seule de son exécution avait suffi
pour inquiéter les maîtres et les décourager, et il
convenait qu'ils continuassent de remplir leurs fonctions jusqu'à l'époque où les changements pourraient
être accomplis. Les représentants le comprirent facilement, et M. de Talleyrand-Périgord, chargé de
l'importante mission de satisfaire aux besoins de la
France en préparant un projet d'instruction qui
devait permettre à tous les individus d'acquérir
les connaissances nouvelles ou d'augmenter celles
qu'ils avaient déja, s'exprimait ainsi, dans la séance
du 13 octobre 1790, au nom de la commission
dont il était le rapporteur : « Le comité dont je
« suis l'organe ne vous présente point aujourd'hui
« l'ensemble de ses vues sur l'instruction. Ce travail,
« très-avancé, devra trouver sa place à la fin de la
« constitution ; mais je viens fixer votre attention sur
« des objets dont l'importance me paraît solliciter
« votre sagesse... L'enseignement actuel a dû né-
« cessairement languir : les maîtres se sont décou-
« ragés ; le zèle s'est refroidi par la crainte d'être
« jugé inutile dans le nouvel ordre de choses. L'Assem-
« blée Nationale ne peut trop se hâter d'animer le
« zèle des instituteurs ; elle doit manifester son in-
« tention de faire honorer plus que jamais leurs fonc-
« tions, de les entourer de cette considération uni-

« verselle qu'un préjugé stupide osa leur disputer au-
« trefois, comme aussi d'assurer à ceux qui s'y sont
« livrés avec succès la récompense que leurs travaux
« auront méritée.

« Votre comité vous observe que l'organisation des
« établissements qui seront la suite de son travail ne
« pourra se faire tout à coup, qu'elle entraînera des
« détails d'administration auxquels trop de précipita-
« tion serait funeste; et comme il est de principe qu'il
« ne faut point de lacune dans l'instruction publique,
« qu'il ne faut rien détruire sans remplacer prompte-
« ment, votre comité pense qu'il faut que les écoles
« publiques s'ouvrent, comme à l'ordinaire, dans
« toute l'étendue du royaume [1]. »

Un décret sanctionna cette proposition (13 octobre 1790), et les colléges restèrent en activité pendant que les législateurs s'occupaient en silence de
préparer un projet qui pût satisfaire à tous les
vœux. Les immenses travaux de l'Assemblée qui
rendit en moins de deux ans plus de trois mille
lois, les soins qu'exigeait l'établissement de la
constitution qui, en fixant les droits et les rapports
du souverain et du peuple, devait calmer l'inquiétude des esprits, ne lui permirent pas de consacrer le
temps nécessaire à l'examen du plan qu'on avait tracé
par ses ordres. Elle se contenta d'ordonner (3 septembre 1791) « qu'il serait établi une instruction
« publique commune à tous les citoyens, et gratuite

[1] MONITEUR du 14 octobre 1790, séance du 13.

« à l'égard des parties de l'enseignement indispen-
« sable à tous les hommes [1], » posant ainsi le principe sans rien faire pour en déterminer l'application.
Cependant, quelques jours après, elle entendit le
rapport qui lui fut présenté par M. de Talleyrand,
et qui, dit-on, était l'ouvrage de l'abbé Desrenaudes.
Trois séances furent employées à sa lecture; le projet embrassait dans son vaste ensemble toutes les parties des connaissances humaines; il prenait l'homme
à son enfance, et le conduisait jusqu'à la jeunesse en
lui offrant graduellement tous les moyens d'acquérir,
de perfectionner et d'étendre son éducation. Il indi-
quait avec sagesse le degré d'instruction que l'on devait donner à chaque homme en particulier, en prenant pour base la position sociale dans laquelle il se
trouvait placé, sans toutefois exclure celui que son
organisation et ses talents auraient destiné à faire des
progrès rapides vers des études dont sa naissance
paraissait l'éloigner.

L'orateur indique au commencement de son discours la nécessité de la réforme qu'il vient demander :
« Les pouvoirs publics sont organisés, dit-il, la li-
« berté, l'égalité existent sous la garde toute puis-
« sante des lois; la propriété a retrouvé ses véritables
« bases, et pourtant la constitution pourrait sembler
« incomplète, si l'on n'y attachait enfin, comme partie
« conservatrice et vivifiante, l'instruction publique,

---

[1] *Loi des* 3 *et* 14 *septembre* 1791. Voyez *Recueil de lois
concernant l'instruction publique*, I, 2ᵉ partie, page 1.

« que sans doute on aurait le droit d'appeler un pou-
« voir, puisqu'elle embrasse un ordre de fonctions
« distinctes qui doivent agir sans relâche sur le per-
« fectionnement du corps politique et sur la prospé-
« rité générale.

« La loi, rappelée enfin à son origine, est rede-
« venue ce qu'elle n'eût jamais dû cesser d'être, l'ex-
« pression de la volonté commune. Mais pour que
« cette volonté, qui doit se trouver toute dans les
« représentants de la nation chargés d'être ses orga-
« nes, ne soit pas à la merci des volontés éparses ou
« tumultueuses de la multitude souvent égarée, il faut
« que la raison publique, amie de la toute-puissance
« de l'instruction et des lumières, prévienne ou réprime
« sans cesse ces usurpations individuelles, afin que le
« parti le plus fort soit aussi, et pour toujours, le
« parti le plus juste.

« Les hommes sont déclarés libres; mais ne sait-on
« pas que l'instruction agrandit sans cesse la sphère
« de la liberté civile, et seule peut maintenir la li-
« berté politique contre toutes les espèces de despo-
« tisme.

« Les hommes sont reconnus égaux; et pourtant
« combien cette égalité de droit serait peu sentie,
« serait peu réelle au milieu de tant d'inégalités de
« fait, si l'instruction ne faisait sans cesse des efforts
« pour rétablir le niveau, et pour affaiblir au moins
« les funestes disparités qu'elle ne peut détruire.

« Tout proclame donc l'instante nécessité d'orga-
« niser l'instruction; tout nous démontre que le nou-

II.   19

« vel état de choses, élevé sur les ruines de tant d'a-
« bus, nécessite une création de ce genre. La déca-
« dence rapide et presque spontanée des établissements
« actuels qui, dans toutes les parties du royaume,
« dépérissent comme des plantes sur un terrain nou-
« veau qui les rejette, annonce clairement que le mo-
« ment est venu d'entreprendre ce grand ouvrage [1]. »

M. de Talleyrand pose en principe et réclame une
liberté absolue en faveur de l'enseignement; il la
signale comme moyen prédominant et devant produire les meilleurs résultats; il s'élève ensuite contre
les priviléges odieux, dit-il, par leur nature, mais
plus odieux et plus absurdes encore en matière d'instruction; et enfin il considère l'éducation comme
devant avoir trois buts, et devant également s'occuper
de la culture et du développement des facultés physiques, intellectuelles et morales de l'homme. Passant
alors aux moyens d'exécution de son système, il le
modèle sur notre organisation politique; et de même
qu'il y avait dans la hiérarchie administrative de cette
époque des assemblées primaires, de district, de département, il établit des écoles primaires, de district
et de département. placées dans chaque chef-lieu, et
enfin, dans la capitale, un institut universel et national, autour duquel se presseront les jeunes gens

---

[1] *Rapport sur l'instruction publique, fait à l'Assemblée Na-
tionale au nom du comité de constitution par* M. DE TALLEY-
RAND - PÉRIGORD. Paris, 1791, imprimerie de DUPONT DE
NEMOURS, 1, 4, 5.

qui auront achevé leurs études, pour entendre les leçons des plus hautes célébrités scientifiques et littéraires.

Les écoles primaires étaient destinées à recevoir les enfants de six à sept ans; les principes de la langue nationale, du calcul, de la religion, de la morale et de la constitution, devaient former la base de leur enseignement [1].

Les écoles de district et de département avaient pour but de remplacer les colléges et les universités. On ne pouvait y entrer avant neuf ans. L'instruction y durait sept années, et était divisée en cours de grammaire, d'humanités, de rhétorique et de mathématiques.

Dix écoles de droit et quatre écoles de médecine, réparties sur la surface de la France, devaient offrir aux jeunes gens qui se destinent à éclairer leurs concitoyens dans leurs intérêts, ou à leur donner des secours dans leurs maladies, tous les moyens d'acquérir des connaissances.

Le traitement des professeurs variait suivant l'importance de leurs fonctions : les maîtres d'écoles primaires recevaient mille francs; dans les écoles de district, le traitement s'élevait jusqu'à dix-huit cents francs. Il était de trois mille francs pour le droit et la médecine, plus un casuel payé par les écoliers; et enfin les membres de l'institut national recevaient quatre mille francs.

[1] *Rapport fait à l'Assemblée Constituante*, 28, 128.

Les femmes n'étaient pas non plus oubliées dans le plan du rapporteur : leur éducation, qui peut tant influer sur les mœurs publiques, avait fixé son attention, et il en fit mention dans son travail pour exiger que cette éducation fût faite dans le sein de leurs familles et non dans des maisons publiques qui ne devaient s'ouvrir pour elles que jusqu'à l'âge de huit ans. « Destinées aux soins intérieurs, dit-il, c'est dans « leurs familles qu'elles doivent recevoir les premières « leçons et les premiers exemples. Les pères et mères, « avertis de ce devoir sacré, sentiront les obligations « qu'il impose : la présence d'une jeune fille purifie « le lieu qu'elle habite, et l'innocence commande à ce « qui l'entoure le repentir ou la vertu [1]. »

Enfin, la direction suprême de l'instruction publique était confiée aux soins de six commissaires chargés de faire tous les ans, à l'Assemblée, un rapport sur les progrès de l'instruction dans toutes les parties de la France.

Ce plan d'éducation générale, destiné à remplacer le système qui existait depuis des siècles, est le premier des nombreux essais qu'on devait tenter pendant plus de quinze ans avant de s'arrêter à une organisation fixe et durable. Il fut accueilli à son apparition par les éloges de tous ceux qui désiraient voir les représentants de la France s'occuper, avant l'époque de leur dissolution, de cette partie si importante de l'administration. Mais ces éloges sont presque tous

[1] *Rapport fait à l'Assemblée Constituante*, 120.

exagérés. Bien que l'idée et la classification soient assez
ingénieuses, le rapport ne se distingue ni par le mérite du style, ni par celui de l'invention. Des principes sages y sont renfermés; on y énonce quelques
idées nouvelles; la liberté de l'enseignement y est ré-
clamée; mais à côté de ces avantages se trouvaient
des difficultés immenses dans l'exécution. La division
des écoles en séries distinctes, à chacune desquelles
les élèves devaient appartenir suivant leur âge ou
leur degré de connaissances, présentait de graves
inconvénients en les enlevant périodiquement, pour
ainsi dire, à des maîtres qui avaient étudié leur caractère, leur capacité, pour les remplacer par d'autres totalement étrangers à leurs élèves. Par là, on
était privé de cette unité qui doit exister dans l'enseignement pour obtenir de bons résultats, unité qui
naît du concours et de la réunion des maîtres sur un
même point, sous une même surveillance, afin qu'ils
puissent s'éclairer mutuellement de leurs observations
et les faire tourner au profit de leurs élèves.

Les principes d'indépendance, de liberté, d'égalité,
qui déja alors occupaient tous les esprits, et que plus
tard nous verrons encore plus répandus, se font remarquer à chaque page de ce rapport. On veut faire des
hommes instruits, mais pardessus tout des citoyens.
La Déclaration des droits de l'homme, l'étude de la
Constitution est vivement recommandée dans tous les
degrés d'enseignement comme devant en faire partie
intégrante et essentielle. Cette idée à laquelle l'auteur
donne beaucoup trop d'extension, réduite à de justes

proportions, serait peut-être susceptible de produire
de bons effets, et il me semble que ce serait une amélioration utile, aujourd'hui même, que de donner aux
jeunes gens qui finissent leurs études quelques notions sur les devoirs qu'ils auront à remplir comme
citoyens d'abord, et comme hommes ensuite dans les
relations privées.

Ce travail ne servit qu'à développer les théories et
les recherches de son auteur. C'est en vain que le
vœu général appelait l'attention des représentants, et
leur demandait une prompte organisation de l'instruction publique; l'Assemblée, fatiguée de deux ans de
travaux, resta sourde à ces prières. C'est en vain que
M. de Talleyrand, prenant la défense de son ouvrage,
faisait valoir l'économie que présentait pour l'État
l'adoption de son projet, puisqu'à Paris, par exemple,
les écoles primaires ne devaient coûter que soixante
mille francs, au lieu de cent trente mille francs, et
les écoles de district cent seize mille francs, au lieu
de trois cent soixante-dix mille francs qu'on dépensait
pour la faculté des arts [1]; ses observations n'eurent
pas plus de succès, et l'assemblée, satisfaite de ses
travaux et voulant laisser, disait-elle, quelque chose
à faire à ses successeurs, décréta l'ajournement du
projet (séance du 25 septembre), et se déclara elle-
même dissoute quelques jours après.

La seconde Assemblée Nationale, connue sous le

[1] *Discours de* M. *de* TALLEYRAND, *séance du* 25 *septembre*
1791. Voyez *Moniteur du* 27 *septembre* 1791.

nom de *Législative*, s'ouvrit le 1ᵉʳ octobre 1791, sous
la présidence de M. Pastoret. La tâche des nouveaux
mandataires du peuple était difficile à remplir. L'horizon de la France se chargeait des plus sombres
couleurs; l'Europe entière s'ébranlait contre nous,
et il fallait faire face à tant de dangers. Au milieu
de ces circonstances extraordinaires, il semble que la
réforme de l'instruction publique, léguée par les anciens députés à leurs successeurs, devait être remise
à une époque plus tranquille : il n'en fut pas ainsi. La
nécessité de réorganiser les colléges, qui se fermaient
de toutes parts, devenait chaque jour plus impé-
rieuse : les pétitions, les adresses conjuraient l'assemblée d'y donner ses soins, et le duc de Larochefoucault-Liancourt, président du département de Paris,
chargé, au nom de l'administration départementale,
d'exposer aux législateurs les besoins de la nation et
les bienfaits qu'elle attendait d'eux, leur disait dans
la séance du 7 octobre : « Vous organiserez l'instruc-
« tion publique, ce premier besoin d'un peuple libre :
« vous mettrez tous les individus qui composent la
« grande famille à portée d'acquérir les connaissances
« nécessaires à tous. Divisant l'enseignement en plu-
« sieurs branches, vous ouvrirez à chacun la route
« vers la profession qu'il voudra suivre, et secondant
« les efforts du génie, vous lui fournirez le moyen
« de s'élever jusqu'aux plus hautes régions des arts
« et des sciences [1]. » Les paroles de l'honorable ora-

---

[1] *Séance du 7 octobre* : MONITEUR *du 8 octobre* 1791.

teur, qui joignait à l'autorité de son talent l'ascendant de son caractère et de ses vertus, convainquirent
l'Assemblée de l'urgence d'une prompte organisation,
alors surtout qu'il devenait indispensable de retrem-
per le caractère national, pour affermir l'édifice
politique élevé par l'Assemblée Constituante; et elle
décréta la formation d'un comité d'éducation publique, qu'elle autorisa à correspondre avec toutes
les administrations locales et avec les établissements
consacrés à l'enseignement, pour en recueillir tous
les documents dont il pourrait avoir besoin pour ses
travaux [1]. En même temps (23 octobre 1791), elle
plaça tous les colléges sous la surveillance des autorités administratives, et ordonna (21 janvier 1792)
au ministre de l'intérieur d'allouer jusqu'à concurrence d'une somme de cent cinquante mille francs,
pour l'entretien des colléges qui auraient perdu leurs
revenus par suite des lois sur les dîmes, les bénéfices
et les redevances féodales.

Paris surtout réclamait vivement dans l'intérêt de
la population pauvre, dont l'éducation n'avait jamais
jusqu'alors excité la sollicitude du gouvernement,
l'établissement d'écoles primaires; il demandait aussi,
par l'organe du représentant Gaudin, la suppression
du tribunal universitaire qui n'avait pas encore cessé
d'exister, et la suppression de toutes les congrégations religieuses enseignantes, telles que celle de la
Doctrine chrétienne et de l'Oratoire, qui seule était

---

[1] *Décret du 21 novembre 1791.*

riche, dit-on, de plus de six cent mille francs de rente,
ainsi que la destruction de la Sorbonne, « cette cor-
« poration, disait-il, qui abusa si long-temps du droit
« de juger, et qui mérite si bien d'être condamnée à
« son tour par la raison qu'elle a tant de fois pro-
« scrite [1]. » Cette demande (en ce qui concernait seulement l'établissement des écoles primaires) fut combattue par M. Pastoret, l'un des membres du comité
d'éducation publique, tout en approuvant cependant
les motifs qui l'avaient dictée; « mais, disait-il, au
« moment d'établir un système d'éducation générale,
« pourquoi faire des institutions nouvelles? L'Assem-
« blée Constituante a conservé l'administration ac-
« tuelle de tous les lieux d'enseignement jusqu'à
« l'organisation définitive de l'éducation nationale :
« votre comité d'instruction publique a terminé à cet
« égard ses premiers travaux, et bientôt fixera votre
« attention sur ces grands objets. Vos prédécesseurs
« ont fixé la constitution politique de l'empire fran-
« çais, vous fonderez sa constitution morale, et l'en-
« fance, heureuse de trouver la raison et la liberté où
« elle ne trouvait autrefois que les préjugés et l'escla-
« vage, éternisera par ses vertus les droits des législa-
« teurs à la reconnaissance publique. »

A cette époque, le simulacre de l'Université subsistait encore, et la loi qui supprima le tribunal
académique fut le seul coup qui la frappa directe-
ment; mais de même que ses sœurs, les Universités

---

[1] MONITEUR, *Séance du 22 février* 1792.

provinciales, elle n'existait plus que de nom.

C'est un spectacle singulier et digne de toute notre attention que l'évanouissement, pour ainsi dire, et la disparition de l'Université. Ce ne fut pas une chute, car elle s'opéra sans effort, sans commotion, sans résistance. Cette compagnie, respectable par son ancienneté et par la puissance qu'elle avait autrefois exercée, et dont elle avait conservé beaucoup de vestiges; cette compagnie à laquelle les rois n'eussent pas osé toucher, et qui, depuis trente ans surtout, paraissait avoir recouvré toute son ancienne vigueur, puisqu'elle était restée seule en possession d'élever la jeunesse, ne put supporter, je ne dirai pas le choc, mais seulement la vue d'une réforme politique; elle s'abyma devant elle. Usée par sa vieillesse et par un régime que le temps avait consacré, mais qui n'était plus en harmonie avec les besoins du siècle, elle s'étayait sur sa réputation, et ne durait encore qu'en s'appuyant sur un gouvernement qui de tout temps avait été son protecteur : mais si cet appui venait à lui être enlevé, n'étant pas assez forte pour se soutenir elle-même, ne puisant pas de ressources dans son administration intérieure, restée au-dessous du mouvement qui s'opérait, elle se trouvait hors d'état de se soutenir, et elle devait s'écrouler par la force des choses, sans qu'il fût nécessaire que personne contribuât à sa chute. C'est ce qui lui arriva. Un des premiers soins de l'Assemblée Constituante avait été de s'occuper de donner à la France une éducation conforme à ses nouvelles idées; et, si à partir de cette

époque l'Université compta encore quelques moments
d'existence, les principes vitaux n'existant plus en
elle, on pouvait prédire et indiquer l'instant où elle
cesserait tout-à-fait d'être. L'ajournement du projet
de M. de Talleyrand prolongea son agonie; mais l'Assemblée Législative, par le décret dont nous venons
de parler, hâta son heure dernière, et, bien que
pendant cette session aucun mode de remplacement
n'eût été adopté, l'Université ne pouvait pas aller plus
loin, et elle expira sous la Convention, au milieu des
horreurs et des attentats qui la signalèrent.

Si l'Assemblée Législative ne satisfit pas aux prières
qui lui avaient été faites d'organiser l'instruction publique, le temps et les circonstances ne le lui permirent pas. Elle s'en était occupée fort activement
cependant, elle avait nommé un comité chargé d'y
donner exclusivement ses soins, et qui comptait des
hommes de talent parmi ses membres, M. Pastoret
et Condorcet. Ce dernier fut chargé de présenter à
l'assemblée le résultat des travaux de la commission.

Appartenant par sa naissance aux classes que l'é-
galité révolutionnaire poursuivait, le marquis de Condorcet avait été un des premiers à se dépouiller des
titres qui, dans l'ancien régime, étaient l'appanage
exclusif de la noblesse. Élève de la philosophie du
dix-huitième siècle, il avait puisé dans la société
des écrivains de cette époque des principes dont il
désirait pardessus tout voir l'application. Député à
l'Assemblée Législative, il y porta l'ascendant que lui
donnaient sur beaucoup de ses collègues son nom et

ses talents. Membre de presque toutes les sociétés
savantes de l'Europe, Condorcet s'était acquis, dans
les sciences et la philosophie, une réputation méritée; et son génie, qui savait s'élever jusqu'aux idées
les plus hautes et les plus profondes, savait aussi
se plier et descendre jusqu'aux détails nécessaires
pour faire comprendre ses conceptions. Ses méditations constamment dirigées vers tout ce qui pouvait
être utile aux hommes, ses écrits sur la nécessité de
propager l'éducation dans toutes les classes de la société, qu'il considérait comme le moyen de perfectionner l'espèce humaine [1], le faisaient regarder comme
plus capable que tout autre de présenter à l'assemblée
un système d'éducation conforme à ses vues, et que
le plan offert une année auparavant par M. de Talleyrand ne pouvait remplir.

Ce rapport que M. Pastoret annonçait, dans la
séance du 22 février 1792, devoir bientôt être fait,
fut lu le 21 avril suivant. Il montre la vaste capacité
de son auteur. Il n'est pas, comme celui de M. de
Talleyrand, tracé sur le modèle de l'organisation administrative; le plan en appartient entièrement à
Condorcet; il est l'œuvre de son génie. Condorcet
indique lui-même dans son rapport le but qu'il se
propose : « Vous devez à la nation française, dit-il,
« une instruction au niveau de l'esprit du dix-hui-
« tième siècle, de cette philosophie qui, en éclairant

---

[1] CONDORCET, *Mélanges de littérature et de philosophie*,
IX, 1er *Mémoire sur l'instruction publique*.

« la génération contemporaine, présage, prépare et
« devance déja la raison supérieure à laquelle les pro-
« grès nécessaires du genre humain appellent les gé-
« nérations futures. Ce n'est plus seulement de l'in-
« struction particulière des enfants ou même des
« hommes qu'il s'agit, mais de l'instruction de la gé-
« nération entière, du perfectionnement général de la
« raison humaine. Ce n'est pas aux lumières de tel
« individu en particulier qu'il s'agit d'ajouter des lu-
« mières plus étendues, c'est la masse entière des
« connaissances qu'il faut enrichir par des vérités
« nouvelles ; c'est à l'esprit humain qu'il faut préparer
« de nouveaux moyens d'accélérer les progrès, de
« multiplier les découvertes [1]. »

Il divise l'enseignement en cinq degrés d'instruction
sous le nom d'écoles primaires, écoles secondaires, instituts, lycées, et société générale des sciences et arts.

Les écoles primaires seront placées dans tous les
villages qui comporteront quatre cents habitants ; on
y enseignera les éléments de la grammaire, de l'arith-
métique et de la morale.

Chaque district et chaque ville de plus de quatre
mille ames possédera une école secondaire dirigée par
un ou plusieurs maîtres, selon les besoins des localités :
des notions de mathématiques, d'histoire naturelle et
de chimie, les développements des principes de la morale et de la science sociale, des leçons élémentaires du

---

[1] *Rapport fait à l'Assemblée Législative au nom du comité
d'instruction publique, par M. de* CONDORCET.

commerce, formeront la base de l'instruction de ces
écoles destinées à la classe moyenne de la société.

Les instituts, au nombre de cent dix répartis dans
chaque département, embrasseront les éléments de
toutes les connaissances humaines. L'enseignement
sera divisé en plusieurs cours consacrés aux sciences
mathématiques et physiques, aux sciences morales et
politiques, à l'application des sciences aux arts, à
la littérature et aux beaux-arts. Chaque élève, selon
ses goûts ou ses facultés, pourra embrasser un seul
ou plusieurs de ces cours. L'étude des langues anciennes ne forme plus, comme autrefois, la base de
l'enseignement; un cours leur est destiné; mais elles
ne font plus partie essentielle de l'instruction; et
Condorcet s'attache de préférence à l'étude des sciences
morales et politiques, comme nécessaires pour former
de bons citoyens et maintenir la tranquillité dans l'État.

Toutes les sciences, dans toute leur étendue, seront enseignées dans les lycées. Il y en aura neuf sur
le territoire de la France. C'est là que chacun pourra
compléter son éducation; c'est là aussi que l'on vien-
dra approfondir les connaissances spéciales et nécessaires pour exercer un jour la profession que l'on
aura choisie.

Enfin, le dernier degré d'instruction est une société
nationale des sciences et arts, « instituée pour sur-
« veiller et diriger les établissements d'instruction,
« pour s'occuper du perfectionnement des sciences et
« des arts, pour recueillir, encourager, appliquer et
« répandre les découvertes utiles. »

La nomination des maîtres dans les divers degrés devait être faite par les maîtres composant le degré supérieur; seulement dans les écoles secondaires et primaires, le choix des instituteurs appartenait au conseil de la commune ou aux pères de famille de l'endroit. Il assurait leur existence en déclarant leurs places à vie, et il leur donnait toutes les garanties désirables en ordonnant qu'ils ne pourraient être destitués que de la même manière dont ils avaient été élus, et de plus à la majorité des deux tiers de voix.

En même temps, il était permis à tous citoyens de former des établissements publics d'instruction.

Condorcet laissa, comme on voit, la liberté la plus entière à l'enseignement; il l'affranchit de toute puissance étrangère, et l'indépendance qu'il lui accorde, il la proclame comme faisant partie des droits de l'espèce humaine. Ce principe, auquel il donne une extension illimitée, pourrait peut-être être fortement contredit; les raisons ne manqueraient pas pour signaler les dangers qui résulteraient de l'exercice d'un droit si important pour la société tout entière, s'il n'était soumis à aucune espèce de contrôle; mais il n'entre pas dans mon plan de réfuter dans toutes ses parties un système d'éducation : j'écris, non pour tracer des règles ou pour faire une censure, mais uniquement pour faire l'histoire de l'Université.

Comme M. de Talleyrand, Condorcet, dominé par les opinions du jour, exige que dans toutes les écoles les enfants apprennent de bonne heure la Constitution. Mais ce qui lui appartient en propre, c'est l'idée vraiment grande, vraiment généreuse, de rendre les bienfaits de l'instruction accessibles à tous indistinctement en déclarant, dans les quatre degrés, l'instruction totalement gratuite; et pour ne pas rendre ce bienfait illusoire pour les pauvres, il accordait aux jeunes gens qui se seraient distingués et qu'on décorerait du titre d'*Élèves de la patrie,* des pensions qui devaient leur procurer la facilité de suivre le degré d'instruction supérieure [1].

A la suite de son rapport, et pour le compléter en quelque sorte en montrant sur-le-champ les avantages qu'il présentait, et l'économie qui devait en résulter, Condorcet a placé un tableau approximatif des frais que devait coûter, pour toute la France, l'enseignement ainsi gratuit.

Le nombre des écoles primaires devait être de trente-un mille : le traitement moyen de chaque instituteur était de cinq cents francs; total *dix-huit millions cent mille francs.* Deux millions soixante-dix mille enfants formant le dixième de la population devaient les suivre; ce qui portait la dépense par année, pour chaque enfant, à *six francs cinquante centimes,* et, en supposant qu'ils restassent cinq années dans les écoles, il n'en devait coûter à l'État qu'environ *trente-trois francs* pour donner à un individu tous les éléments indispensables de l'éducation.

Les écoles secondaires, au nombre de deux mille

[1] CONDORCET, *Mélanges de littérature et de philosophie,* IX. *Rapport sur l'organisation de l'instruction publique,* 407.

cent, ayant l'une dans l'autre un instituteur et demi, aux appointements de onze cents francs, devaient exiger une somme de trois millions huit cent mille fr. On évaluait à cent trente-cinq mille le nombre des enfants qui viendraient y étudier; ce qui, par année, produisait, pour chaque élève, une somme de *vingt-un francs* à-peu-près.

Les cent dix instituts, fréquentés par quatre-vingt mille jeunes gens, coûteront chacun trente-six mille francs; ce qui fait pour tous, trois millions neuf cent soixante mille francs; et élève la dépense de chaque étudiant à la somme de *cinquante francs.*

Enfin, les dix lycées, à raison de cent trente-cinq mille francs, devaient coûter ensemble un million trois cent cinquante mille francs; la Société Nationale, trois cent mille francs; et les *Élèves de la patrie,* auxquels l'État donnait une pension pour suivre les différents cours, environ un million trois cent mille fr.

Ce qui portait le total général du budget des dépenses de l'instruction publique en France, pour tous les citoyens, à la somme de vingt-huit millions huit cent dix mille francs, répartie ainsi qu'il suit :

Écoles primaires............	18,100,000 fr.
Écoles secondaires	3,800,000
Instituts...................	3,960,000
Lycées	1,350,000
Société Nationale..........	300,000
Élèves de la Patrie.........	1,300,000
Total.............	28,810,000 fr.

Tous ces établissements devaient être ouverts dans
les lieux déja consacrés à l'enseignement, ou dans les
édifices nationaux; l'entretien de ces édifices était
mis à la charge des communes, afin de compenser,
par quelques sacrifices, l'avantage que le projet accordait aux citoyens de pouvoir envoyer leurs enfants
dans les diverses écoles, sans être obligés à la dépense du payement d'une pension [1].

Ce plan d'éducation générale, qui avait coûté tant
de soins et de travaux à son auteur, et à l'aide duquel on devait remplacer l'Université parisienne et
toutes les Universités du royaume, n'était pas destiné à recevoir plus d'exécution que celui que M. de
Talleyrand avait présenté à l'Assemblée Constituante.
Mais, si cette première Assemblée avait fait preuve
d'une grande sagesse en ne voulant porter atteinte à
l'existence d'aucun établissement d'instruction publique avant que d'avoir pu les remplacer d'après le
nouveau système qui lui était offert, l'Assemblée Législative ne mit pas dans sa conduite la même prudence, ni la même sollicitude pour les intérêts de la
France. Pressée par les événements qui se multipliaient de toutes parts, elle ne put ou ne voulut pas
s'occuper de l'instruction publique; elle se contenta
d'écouter le rapport de Condorcet, sans rien statuer
à cet égard; au contraire, cédant à la haine qu'un
grand nombre de ses membres portaient à toutes les
institutions qui avaient appartenu à l'ancien régime,

[1] CONDORCET, IX, 582. *Rapport sur l'instruction publique*.

ils désorganisèrent tous les corps enseignants, en ordonnant par une mesure maladroite, et avant d'avoir
pourvu à leur remplacement, que tous les instituteurs ecclésiastiques seraient obligés de prêter serment à la Constitution civile du clergé [1]. Ce décret
fut le signal de la ruine complète de la plupart des
maisons d'éducation. Beaucoup de maîtres faisaient
partie du clergé, sans en remplir les fonctions. Leur
adhésion aux lois, qui devaient désormais régir les
prêtres, n'était donc pas nécessaire, et il était inutile d'y contraindre des hommes qui, dévoués pour la
plupart à leurs travaux, ne pouvaient causer aucune
inquiétude au gouvernement. Cette exigence de l'Assemblée Législative eut les plus funestes résultats;
beaucoup de maîtres, placés entre leurs devoirs et
leur conscience, renoncèrent à leur profession, et
désertèrent les colléges dans lesquels ils avaient conservé jusqu'alors quelques vestiges d'instruction.

L'Université de Paris fut aussi frappée de cette
mesure; plusieurs de ses membres appartenaient à
l'ordre du clergé, objet alors de tant de défiance, et
bientôt, par leur retraite, elle se trouva presque entièrement dépourvue de maîtres. Ce dernier coup
accéléra l'anéantissement de la compagnie, qui,
depuis long-temps, n'existait plus pour ainsi dire
que de nom, et c'est à cette époque que l'on rapporte
sa cessation absolue d'existence. M. Binet, l'un des
traducteurs d'Horace, fut, à ce qu'il paraît, son der-

[1] *Décret d'avril* 1792. *Moniteur du* 19 *avril* 1792.

nier recteur. Désormais, il ne sera plus question de
l'Université; ce fut sous l'Assemblée Législative qu'elle
reçut le coup de la mort; et il était réservé à cette
Assemblée fameuse de renverser, pendant sa courte
durée, le trône qu'elle avait juré de défendre, et l'U-
niversité qu'elle eût dû maintenir, dans l'intérêt de
la France, en lui donnant toutefois une organisation
plus conforme aux besoins de l'époque. L'Université,
qui se glorifiait du titre de Fille aînée de nos rois,
périt avec le trône qui l'avait toujours protégée. Désormais, elle ne vivra plus que dans les souvenirs
de ses nombreux élèves, jusqu'au moment où une
main puissante, saisissant les rênes de l'État, long-
temps abandonnées aux plus farouches révolutionnaires, l'exhumera, pour ainsi dire, de sa tombe,
pour lui donner une nouvelle vie, et agrandir le cercle dans lequel elle agissait autrefois, en la chargeant
de diriger et de présider à l'éducation de la France
entière.

Jusqu'à cette époque, cependant, quinze années
durent s'écouler, toutes marquées par des essais plus
ou moins heureux en fait d'instruction, mais presque
tous restés sans résultat. Cet espace de temps est rempli par les nombreux efforts que firent les diverses
autorités qui dominèrent la France, pour donner à la
jeunesse une instruction conforme à leurs principes.
Toutes s'en occupèrent successivement, au milieu
même des plus violents orages de la révolution, alors
que les échafauds couvraient la France, et l'arrosaient
du sang le plus noble et le plus pur. Il n'est pas, je

pense, sans intérêt de tracer un tableau rapide des essais tentés, pendant cette désastreuse période, par des législateurs qui s'efforçaient d'ouvrir des écoles pour les enfants, en même temps qu'ils envoyaient les pères au supplice. Ce tableau formera le complément du travail que j'ai entrepris; il remplira la lacune qui existe entre la dissolution de l'Université parisienne sous Louis XVI, et la création de l'Université de France sous Bonaparte.

CHAPITRE VIII.

Convention Nationale. — Rapport de Chénier sur l'Instruction publique. — Discours de Rabaut-Saint-Étienne. — Marat fait ajourner la discussion. — Fermeture des colléges, académies, etc., etc. — Constitution de 1793. — Plan d'éducation de Lakanal. — Système d'éducation *forcée* de Michel Lepelletier, proposé par Robespierre. — Réfutation éloquente de l'abbé Grégoire. — Danton fait rejeter ce système. — Opinion de Chabot. — Travaux du comité d'instruction publique. — Discours de Chénier. — Loi du 29 frimaire an II. — Règne de la terreur. — 9 thermidor. — Création des écoles normales. — Décret du 27 brumaire an III. — Établissement des écoles centrales. — Formation de l'école polytechnique. — Constitution de l'an III. — Rapport de M. Daunou. — Loi du 3 brumaire an IV, sur l'ensemble de l'instruction. — Gouvernement directorial. — Organisation de l'instruction. — Projet d'écoles secondaires. — 18 fructidor. — Mesures prises contre les Instituteurs particuliers. — Efforts pour faire fleurir l'instruction publique. — Nouveau plan proposé par Roger Martin. — Ajournement. — Chute du Directoire. — Bonaparte consul. — Rapport de Lucien Bunaparte sur le Prytané. — Projet de loi de M. Chaptal. — Rapport de Fourcroy. — Loi générale du 10 floréal an X. — Observations de M. Daru. — Fourcroy directeur de l'instruction publique. — Fin du gouvernement consulaire.

Le trône, ébranlé depuis long-temps, avait été renversé dans la journée du 10 août 1792. Avec lui avait été englouti tout ce qui surnageait encore de

nos institutions sur l'océan révolutionnaire. Il était
impossible qu'elles subsistassent davantage au milieu
de la tourmente qui désolait la France. La trombe,
qui avait pris naissance au commencement de 1789,
augmentait chaque jour de puissance et d'intensité;
poussée par une force irrésistible, toutes les som-
mités quelconques disparaissaient devant elle; elle
entraînait dans sa course impétueuse amis et ennemis, et son action désorganisatrice nivelait tout avec
une impitoyable énergie. La royauté, qui s'élevait
encore au-dessus de tant de ruines, n'en put soutenir
le choc terrible, et bientôt elle vit arracher de sa
main défaillante le sceptre sur lequel elle s'était jusqu'alors appuyée. Impuissante contre la violence de
l'orage, effrayée des événements que l'avenir recelait
dans son sein, l'Assemblée Législative, par un reste
de pudeur pour ses serments, n'osa pas briser elle-
même la couronne qui couvrait la tête du petit-fils
de Louis XIV; elle remit, dans cette horrible crise,
les destinées de la patrie entre les mains d'une nouvelle Assemblée.

Cette Assemblée, c'est la Convention Nationale. Sa
première séance se tint le 21 septembre 1792, et,
dans sa première séance, elle abolit la royauté! Troublée, dès sa formation, par les factions rivales de la
Gironde et de la Montagne; chargée de donner à la
France une constitution qui devait immoler à la puissance populaire toutes les institutions légales; acharnée après une auguste victime dont le sang seul ne
devait pas suffire à sa rage, il semble que la Con-

vention, ou plutôt les représentants que les clubs
jacobins avaient imposés à la France, méditant tous
les attentats qui eurent lieu sous son règne, et dont
l'effrayante responsabilité pèse sur sa tête, ne devait
pas trouver le loisir de s'occuper de l'instruction publique. Elle était, depuis le commencement de la révolution, dans le même état de désordre et de désor-
ganisation, et il s'était encore accru. Tous les projets
étaient restés sans exécution; et les Assemblées repré-
sentatives, dominées par les événements, en avaient
ajourné l'examen à des temps plus calmes et plus
tranquilles. Suivant l'exemple de leurs prédécesseurs,
les membres de la Convention voulurent aussi se
donner, aux yeux des Français, le mérite de s'occuper
de l'éducation de la jeunesse. Jusqu'alors, les plans
présentés, ouvrages d'hommes supérieurs, embrassaient dans leur ensemble la totalité des connaissances humaines. Ces plans furent repoussés, les
travaux des Assemblées précédentes furent dédai-
gnés par les nouveaux législateurs, dont la plupart,
dans leur esprit exclusif d'égalité, s'effrayaient autant de l'aristocratie du savoir que de celle des richesses. Presque tous voulaient, pour la France, une
éducation *commune;* et le représentant Lakanal,
faisant la critique des anciens systèmes, demandait,
dans la séance du 22 octobre 1792, qu'il fût prescrit
au comité d'instruction publique de présenter inces-
samment un mode d'instruction provisoire, « à la
« place de l'éducation actuelle, qui n'est bonne qu'à
« faire un peuple de capucins; car, après avoir con-

« sumé les plus belles années de la vie à baragouiner
« du grec et du latin, on complète cette informe édu-
« cation par un cours de philosophie pareil à celui que
« Molière a fait suivre à son Bourgeois-Gentilhomme [1]. »

Chénier fut chargé de présenter un nouveau projet; les talents de l'orateur devaient jeter de vives
lumières sur la discussion; mais son discours ne nous
est pas parvenu; nous savons seulement qu'il fut critiqué par Durand-Maillane et Mazuyer, qui lui re-
prochaient: le premier, de trop favoriser l'éducation
populaire; le second, de présenter des difficultés in-
surmontables. Cependant, dans la séance du 12 décembre 1792, l'Assemblée adopta le premier article
du projet de loi qui prescrivait l'organisation des écoles
primaires, en ces termes : « Les écoles primaires forme-
« ront le premier degré d'instruction. On y enseignera
« les connaissances rigoureusement nécessaires à tous
« les citoyens. Les personnes chargées de l'enseignement
« dans ces écoles s'appelleront instituteurs [2]. » Ici, on
n'avait fait que poser les principes, bientôt on s'occupa
d'en régulariser les effets. Lanthenas souleva la question
de savoir si l'on devait admettre plusieurs degrés d'instruction ; Rabaut-Saint-Étienne, sans adopter exclusivement cette idée, fit, à cet égard, une distinction.
« La nation, dit-il, doit *absolument* la doctrine qui
« enseignera dans les écoles primaires les devoirs de

[1] MONITEUR *du* 23 *octobre* 1792. *Séance du* 22.

[2] *Lois et Réglements concernant l'instruction publique*, I,
2ᵉ *partie*, 1.

« citoyen. Ce qu'elle ne doit qu'*indirectement*, c'est
« l'enseignement des arts et sciences. Faisons des
« hommes, faisons des citoyens, toute la France le
« demande; on ne nous demande pas des colléges,
« mais on nous demande des écoles primaires. Je con-
« clus à ce qu'on discute séparément cet objet. » Néanmoins, la discussion s'ouvrit sur le plan général. Le
même Lanthenas proposa en conséquence (séance du
19 décembre) un système d'écoles primaires calqué
sur celui de Condorcet. Il devait y avoir une école
dans tous les lieux composés de quatre cents à quinze
cents habitants. Leur nombre devait augmenter suivant la population; et les appointements des maîtres
variaient de six cents à quatorze cents francs, suivant
les localités. Lequinio, Petit, Ducos et Leclerc furent
ensuite successivement entendus; enfin, Rabaut-Saint-
Étienne, le dernier, monta à la tribune. Faisant allusion aux malheurs qui menaçaient la France, il cherchait dans l'éducation de la jeunesse un moyen de détourner ces fléaux, et il termina en disant : « Ce qu'il y
« a de certain, c'est qu'il faut absolument renouveler
« la génération présente, en formant en même temps
« la génération qui va venir; il faut faire des Français
« un peuple nouveau, lui donner des mœurs en har-
« monie avec ses lois, lui présenter une éducation
« aimable, séduisante, enchanteresse, lui inspirer la
« liberté, l'égalité, la fraternité surtout, ce sentiment
« aimable et doux, la première loi, l'unique bonheur
« de la société, et dissiper ainsi cette terreur sombre
« qui nous enveloppe, et ces nuages obscurs où les

« spectateurs effrayés croyent apercevoir l'annonce de
« la tempête [1]. » Ce discours, que l'orateur fit suivre
d'une esquisse de décret dans lequel il proposait l'établissement de fêtes nationales, fut fréquemment interrompu par les applaudissements de l'assemblée,
qui adjoignit, par acclamation, Rabaut-Saint-Étienne
au comité d'instruction publique, dont il n'était pas
membre.

Ce fut alors que Marat, le hideux Marat, inter-
rompit brusquement la discussion par une courte
réflexion. «Quelque brillants, dit-il, que soient les
« discours que l'on débite ici sur cette matière, ils
« doivent céder la place à des intérêts *plus urgents*.
« Vous ressemblez à un général qui s'amuserait à
« planter des arbres pour nourrir de leurs fruits des
« soldats qui mourraient de faim. Je demande que l'As-
« semblée ordonne l'impression de ces discours, pour
« s'occuper *d'objets plus importants*. » Et ces objets
plus importants, pour lesquels Marat recommandait
la priorité, c'étaient le procès et la condamnation de
Louis XVI!... Depuis lors, jusqu'après l'achèvement
de la constitution de 1793, il ne fut plus question,
à la Convention, d'instruction publique, si ce n'est
pour porter des lois fiscales qui ordonnaient (8 mars
1793) la vente, au profit de l'État, des biens formant la dotation des collèges, bourses et autres
établissements d'instruction publique, qu'on annihi-

---

[1] RABAUT-SAINT-ÉTIENNE, *Discours et Opinions*; Paris,
1827, p. 281.

lait complètement par cette mesure spoliatrice [1].

Toutes les académies, toutes les sociétés scientifiques et littéraires disparurent devant le vandalisme conventionnel, et il n'y eut d'exception que pour l'académie des sciences, qui s'occupait d'objets d'utilité publique, et qui travaillait alors à établir un système uniforme de poids et mesures pour la république.

Pendant que la Convention détruisait d'un côté, elle s'efforçait de reconstruire de l'autre, et elle élevait l'édifice d'une nouvelle constitution au milieu de la lutte acharnée et sanglante que se livraient dans son sein la Montagne et la Gironde, et qui devait se terminer par la proscription du parti vaincu. Cette constitution, dite de 1793, renfermait l'exposition des principes de l'Assemblée sur l'instruction publique. Condorcet, chargé de présenter un projet de rédaction, avait déjà proclamé, dans la séance du 15 février 1793, « que l'instruction est le besoin de tous, « et que la société la doit également à tous ses mem- « bres [2]. » Cette pensée fut adoptée par la Convention, qui déclara (art. XXII de la constitution) « que la « société devait favoriser de tout son pouvoir les pro- « grès de la raison publique, et mettre l'instruction à « la portée de tous les citoyens. » En même temps, sur la motion de Robespierre, elle garantit (art. CXX)

---

[1] MONTGAILLARD, *Histoire de France depuis la fin du règne de Louis XVI*, IV, 8. — *Lois et Réglements concernant l'instruction publique*, I, 2e partie, 3 et 4.

[2] LANJUINAIS, *Constitutions de tous les peuples*, II, 243.

une éducation commune à tous les Français.

Quelques jours après, Barrère, l'apologiste né de tous les actes du pouvoir de cette époque, fit décréter (26 juin) qu'on s'occuperait sans cesse de l'instruction publique; et, dans la même séance, Lakanal, organe du comité d'éducation, soumettait un projet tendant à établir, par mille habitants, une école nationale divisée en deux sections, consacrées aux deux sexes. L'éducation devait être intellectuelle, physique, morale et industrielle. Les garçons devaient être élevés surtout aux exercices militaires, et les filles instruites à coudre et à tricoter : enfin, l'orateur proposait de décorer les maîtres et maîtresses d'une médaille portant cette inscription : *Celui qui instruit est un second père* [1]. Ce projet de la commission fut vivement critiqué par Lequinio : il lui reprochait de n'établir que des écoles primaires, et d'avoir perdu de vue les sciences si nécessaires « pour former le jugement, et « dépouiller l'esprit de tous les préjugés. « Quant à la littérature, il partageait l'opinion du comité, et il lui semblait *absolument superflu de s'en occuper.*

Mais de tous les discours prononcés dans cette discussion, le plus remarquable, sans contredit, est celui de Michel Lepelletier. L'auteur n'existait plus ; son vote pour la condamnation de l'infortuné Louis XVI avait été la cause de sa mort, et Robespierre se chargea de lire à la Convention ce plan d'éducation « que « Lepelletier, dit-il, a légué à sa patrie avec la mé-

[1] MONITEUR *du* 16 *juillet* 1793.

« moire de ses vertus. » Le délire de l'égalité avait
dicté cet impraticable projet, rêverie d'un homme
qui, dans ses absurdes théories, voulait imposer à la
France une éducation qui, d'après ses idées républicaines, devait être la même pour tous sans distinction.
« L'ancien système social, portait le discours, a dé-
« gradé l'espèce humaine. Je suis convaincu de la né-
« cessité d'opérer une entière régénération, de créer
« un nouveau peuple. Je demande que vous ordon-
« niez que tous les enfants, depuis cinq ans jusqu'à
« douze *sans exception*, seront élevés en commun
« aux dépens de la République, et que tous, sous la
« sainte loi de l'égalité, recevront mêmes vêtements,
« même nourriture, même instruction, mêmes soins.

« Je désire que, pour les besoins de la vie, les en-
« fants, privés de toutes espèces de superfluités, soient
« réduits à l'absolu nécessaire. Ils seront couchés
« durement, leur nourriture sera saine, mais frugale;
« leurs vêtements commodes, mais grossiers. Aucuns
« domestiques ne seront employés dans les maisons
« d'éducation nationale; les enfants, chacun leur tour,
« rempliront les diverses fonctions du service de la
« maison. Le travail des mains formera, pour les
« deux sexes, l'occupation de la principale partie de
« la journée. Les garçons seront employés à des tra-
« vaux analogues à leur âge, soit à ramasser ou à
« répandre des matériaux sur les routes, soit dans les
« ateliers des manufactures du voisinage.

« L'enfant à douze ans devient citoyen; à cet âge
« finit pour lui l'instruction publique; mais, jusque-

« là, nul ne peut s'y soustraire. D'après les principes,
« tous doivent y être obligés. Pour l'intérêt public,
« tous doivent y être obligés. Dans peu d'années,
« tous doivent y être obligés; et quiconque refusera
« ses enfants à l'instruction commune sera privé de
« l'exercice du droit de citoyen, et payera, en outre,
« une double contribution [1]. »

La contrainte que Lepelletier invoquait à l'appui
de son système d'éducation, les peines dont il proposait de frapper les pères de famille qui se seraient
laissés aller au bonheur d'élever eux-mêmes leurs enfants, au lieu de les envoyer dans les écoles de la République, ne furent pas généralement goûtées, malgré
la protection que leur avait accordée le tout-puissant
Robespierre. L'abbé Grégoire monta à la tribune
pour le combattre, et en fit ressortir les inconvénients dans un discours empreint de tous les char-
mes de l'éloquence du cœur. « Nous sommes d'ac-
« cord, dit-il, sur la nécessité d'une éducation com-
« mune; mais doit-elle l'être en ce sens, que tous
« les enfants réunis *à demeure* dans des maisons na-
« tionales y seront élevés et nourris aux dépens de la
« République? Et, d'abord, je demande quel est le
« procédé le plus conforme à la nature, celui de laisser
« les enfants dans le sein de leurs familles, ou celui
« de les élever dans des maisons communes? La ré-
« ponse n'est pas douteuse : ce dernier parti est fac-
« tice; la nature est plus sage que nous; tenons pour

[1] MONITEUR *du* 17 *juillet* 1793.

« certain que, nous éloigner de ses inspirations, c'est
« nous éloigner du bonheur.

« L'éducation commune est contraire au bonheur
« et à la moralité des élèves. Aimer, c'est pour l'en-
« fant une nécessité; son cœur s'épanche sur ceux avec
« lesquels il a des relations constantes. Plaignons l'or-
« phelin à qui la mort ravit l'auteur de ses jours; rien
« ne remplace les bontés d'un père, les caresses d'une
« mère. Laissons donc aux jeunes enfants l'exercice
« journalier de la piété filiale. Convenez, avec moi,
« que nos sentiments les plus moraux, nos affections
« les plus douces, nos plaisirs les plus exquis, c'est-
« à-dire les plus purs, résultent de ces années où,
« dans le sein de nos familles, avec nos parents, nos
« frères, nos sœurs, nous avons vu couler le prin-
« temps de nos jours. Ces souvenirs ont un charme
« qui se répand sur la vie tout entière; et malheur
« à celui qui, dans sa vieillesse, ne sent pas son cœur
« palpiter en se rappelant d'avoir vécu sous le toit
« paternel!... etc., etc. [1]. »

Cette opinion fut successivement appuyée et repoussée par divers orateurs (13 août). Enfin, Danton, le farouche Danton, qu'on a appelé un révolutionnaire gigantesque, vint se réunir à l'avis de ceux
qui repoussaient l'*éducation forcée*. « Citoyens, s'é-
« criait-il, après la gloire de donner la liberté à la
« France, après celle de vaincre ses ennemis, il n'en
« est pas de plus grande que de préparer aux géné-

[1] Moniteur *du* 11 *août* 1792. *Séance du* 30 *juillet.*

« rations futures une éducation digne de la liberté...
« L'enfant du peuple doit être élevé aux dépens du
« superflu des hommes à fortunes scandaleuses. C'est
« à vous, républicains célèbres, que j'en appelle.
« Mettez ici toute l'énergie de votre caractère : c'est
« le peuple qu'il faut doter de l'éducation nationale...
« Après le pain, l'éducation est le premier besoin du
« peuple. Je propose que vous décrétiez qu'il y aura
« des établissements où les enfants seront instruits,
« logés et nourris gratuitement, et des classes où les
« citoyens qui voudront garder leurs enfants chez eux,
« pourront les envoyer. »

Ces propositions furent adoptées ; mais elles eurent
le sort de tous les projets qui les avaient précédées,
c'est-à-dire qu'elles ne reçurent aucune exécution.
Cependant la Convention ne restait pas pour cela
inactive ; elle ordonnait qu'au lieu des prix distribués
annuellement dans les collèges, les élèves recevraient
une couronne de chêne et un exemplaire de la constitution (13 juillet 1793) ; elle accordait, sur la proposition de David, une pension de deux mille quatre
cents francs, pendant cinq ans, aux élèves qui rem-
portaient les grands prix de peinture ; elle adoptait
(26 juillet) l'invention des télégraphes par les frères
Chappe ; elle rendait une loi destinée à assurer la
propriété littéraire (19 juillet) ; et enfin, elle nommait des commissaires chargés d'aller examiner dans
les départements les livres élémentaires sur l'éducation (11 septembre).

Ce ne fut néanmoins que dans le courant de sep-

II.   21

tembre, plus d'un mois après la discussion que nous
venons de rapporter, que la Convention recommença
de nouveau à s'occuper d'une manière spéciale de
l'instruction publique. Le rapporteur, Lakanal,
reparut au nom d'une commission de six membres
(15 septembre), et fit décréter l'établissement de
trois degrés progressifs d'instruction, et la suppression
des colléges de plein exercice, ainsi que des facultés
de théologie, de médecine, des arts et de droit, sur
toute la surface de la République [1], malgré l'opposition de Bourdon, de l'Oise, qui disait : « Il ne s'agit
« pas de décréter actuellement un plan d'éducation,
« mais bien de chasser des colléges l'aristocratie et la
« barbarie qui y règnent, et d'élever à la place de
« l'Université des écoles d'arts et métiers. »

Ce décret fut vivement attaqué le lendemain par
Couppé, de l'Oise, qui trouvait qu'en créant divers
degrés d'instruction, il rompait l'égalité civique. Chabot, après lui, parla dans le même sens : « Ce décret,
« ajouta-t-il, tend à faire revivre l'aristocratie des
« savants et des philosophes, quand nous voulons la
« démocratie des sans-culottes ; il ne faut pas donner
« aux villes un privilége sur les campagnes ; il faut,
« au contraire, lorsque nous aurons un Code civil à la
« portée de tous les citoyens, que nous fassions notre
« possible pour n'avoir plus besoin de procureurs,
« d'avocats et de savants. » Leurs efforts furent cou-

[1] *Lois et Réglements concernant l'instruction publique*, I,
2e partie, 12.

ronnés de succès; le décret fut sinon rapporté, mais ajourné, ce qui était à-peu-près l'équivalent.

Malgré l'opinion de Chabot, qui paraissait vouloir ériger l'ignorance en principe, la Convention continua de s'occuper de l'éducation publique. A cette époque, la plus féconde en terribles souvenirs, puisque ce fut celle de la terreur, l'on vit le comité d'instruction, loin de ralentir ses travaux, redoubler en quelque sorte d'activité. Tout ce qui avait quelque rapport aux sciences et aux arts, tout ce qui était propre à exciter les passions républicaines était de son domaine. Les discours se multipliaient, et on voyait tour-à-tour ses membres monter à la tribune pour signaler des traits de courage; décerner les honneurs du Panthéon; demander l'établissement de maisons d'économie rurale dans chaque département; envoyer dans les provinces les plus reculées, des instituteurs destinés à familiariser les habitants des campagnes avec l'usage de la langue française (8 pluviose an II); proposer des fêtes nationales; et enfin, cédant au délire irréligieux de ces temps d'orages, faire décréter l'abolition du culte catholique, et son remplacement par celui de la raison (10 novembre 1793)[1]. Alors que les échafauds en permanence couvraient la France, que le sang ruisselait de toutes parts, les hommes qui s'étaient érigés en législateurs, affectant des sentiments philantropiques au moins hors de saison, venaient sans cesse faire retentir le lieu de leurs séances

---

[1] MONTGAILLARD, *Histoire de France*, IV, 158.

des grands mots de morale et de vertu. Chaque jour
voyait éclore des projets destinés à rendre les hommes
meilleurs, à les ramener à des idées de fraternité et
d'égalité; et ces étranges publicistes développaient,
avec la meilleure foi du monde, leurs absurdes théories. C'était surtout lorsqu'il s'agissait de l'instruction
publique que l'on entendait les propositions les plus
impraticables, les plus insensées : l'un (Thuriot)
voulait faire l'éducation du peuple au moyen de
feuilles morales, rédigées par un comité spécial, et
affichées, chaque jour, sur tous les murs de Paris et
de la République (séance du 25 septembre) : un autre
(Raffront) demandait que les fonctions d'instituteurs
fussent exercées par les magistrats; et la Convention,
aveugle et docile, rendait, l'une sur l'autre, des lois
dans lesquelles elle déclarait les instituteurs, fonctionnaires publics, leurs fonctions incompatibles avec
celles de tout culte quelconque; elle en éloignait les
nobles et les prêtres, et préférait les hommes mariés
aux célibataires [1].

Au milieu de tous ces informes échafaudages,
écroulés avant même d'être entièrement élevés, de
tous ces plans, souvent aussi mal conçus que mal
exprimés, et que chacun cependant s'efforçait de faire
prévaloir, on ne voit apparaître qu'un seul discours
digne d'être conservé; c'est celui que Chénier prononça dans la séance du 15 brumaire an II (5 no-

---

[1] *Décrets des* 21, 28 *et* 30 *octobre* 1793. — Voyez *Lois et
Réglements concernant l'inst. publ.*, I, 2ᵉ partie, 13 *et suiv.*

vembre 1793). Il se distingue par le style, aussi bien
que par la sagesse des conseils. « Vous cherchez,
« disait-il, au milieu des orages révolutionnaires, le
« moyen de rendre le calme à la République; et, sans
« doute, le moyen le plus efficace est d'organiser l'in-
« struction, premier besoin de l'homme en société,
« première dette de la société envers ses membres. »

Il reproche à l'Assemblée Constituante de ne pas
s'être assez occupée de l'éducation de la jeunesse.
« Quelle était donc votre pensée, premiers législateurs
« de la France, ajoute-t-il, en négligeant l'instruc-
« tion, cette constitution des mœurs, plus importante,
« j'ose le dire, que la constitution même des lois?
« Vous flattiez-vous d'avoir imprimé à votre incohé-
« rent ouvrage une sagesse assez puissante, une force
« assez magique pour changer en hommes nouveaux
« ces instituteurs que vous laissiez dépositaires de la
« destinée nationale, puisqu'ils formaient ceux que la
« nature appelle à nous succéder, puisqu'ils mettaient
« d'ensemble, pour ainsi dire, les éléments de la pos-
« térité? Non, sans doute, vous n'y comptiez pas...
« Qui d'entre nous, en effet, n'a pas été forcé, au
« sortir des écoles publiques, de recommencer son
« éducation, de devenir son propre instituteur, de
« lutter long-temps et sans cesse contre la tyrannie
« des premières impressions, de se reconquérir soi-
« même, malgré la résistance des préjugés qui avaient
« usurpé toutes les facultés de son ame? Eh bien! si
« c'est là une longue et pénible étude, épargnez à vos
« enfants des travaux dont le succès est incertain : ne

« perdez pas un instant pour mettre en activité les
« écoles primaires, et bientôt vous verrez les diverses
« institutions, soit morales, soit physiques, venir,
« comme autant de rameaux, se réunir à ce tronc
« vigoureux dont vous aurez planté les racines [1]. »

Quelques jours après cet éloquent discours, fut
rendue la loi du 29 frimaire an II (19 décembre
1793). L'article Ier portait : l'enseignement est libre;
il sera fait publiquement. Cette rédaction fut adoptée
sur la motion de Fourcroy. Il réclama la liberté la
plus absolue : *laisser faire*, selon lui, était la seule
route des succès certains, le seul système que les
principes de la Convention lui permissent d'accepter.
L'article XIII imposait aux parents l'obligation d'envoyer leurs enfants aux écoles, sous peine d'amende
et de privation des droits de citoyen. Cette disposition fut combattue par plusieurs orateurs; mais, défendue par Danton, qui naguère s'était élevé contre
elle, elle obtint la majorité [2].

Le silence et l'engourdissement succédèrent à l'ardeur que la Convention avait montrée pour l'éducation nationale. Six mois entiers et davantage s'écou-
lèrent, pendant lesquels elle parut pour ainsi dire
oubliée. Robespierre était alors tout-puissant. Le
glaive de la mort était suspendu sur toute la France;

[1] J. M. CHÉNIER (OEuvres complètes), VI. *Mélanges politiques.* — MONITEUR *du 7 novembre* 1793.

[2] *Lois et Réglements concernant l'instruction publique*, I,
2e *partie, 20.*

tous les jours de nombreuses victimes étaient frappées
par les assassins qu'il gageait, et, dans son impitoyable fureur, il avait immolé et ses complices et ses
amis. Danton, son rival, était tombé devant sa fortune; et, avec lui, plusieurs membres de la Convention avaient expié dans les supplices le crime
d'avoir voulu renverser le tyran. Un tel moment n'é-
tait pas favorable pour s'occuper de projets d'utilité
publique; les colléges abandonnés avaient été con-
vertis en prisons; et les voix généreuses, menacées
par le féroce dictateur, avaient cessé de faire entendre leurs accents. Enfin, le soleil de thermidor devait
voir briser le joug affreux qui pesait sur la France :
et Robespierre, entraîné jusqu'à l'échafaud par la
masse des forfaits qu'il avait accumulés sur sa tête, y
monta le 10 thermidor de l'an 11 (28 juillet 1794),
aux acclamations de tout un peuple.

La Convention put alors relever son front courbé
par la terreur, et, maintenant que la crainte n'enchaînait plus les pensées, elle put s'occuper de travaux utiles, et dont l'importance avait de tout temps
fixé son attention. L'instruction publique était de ce
nombre. Dès le 24 thermidor, elle ordonna qu'il lui
serait rendu compte, dans le délai de trois jours, de
sa situation [1]. Deux jours après (26 thermidor), elle
réorganisa ses comités, et, sur le rapport de Berlier,
elle attribua à celui de l'instruction publique la surveillance active des monuments nationaux, biblio-

[1] FABRY, *Génie de la révolution*, I, 115.

thèques publiques, musées, cabinets d'histoire naturelle, collections précieuses, des écoles, des modes
d'enseignement, des inventions et recherches scientifiques, de la fixation des poids et mesures, des spec-
tacles et des fêtes nationales. Ces résolutions excitaient
l'émulation de tous ses membres. Grégoire, dans des
discours marqués au coin d'une énergique indignation,
tonnait contre les barbares qui, dans leur inepte fureur, détruisaient les monuments les plus précieux,
parce qu'ils étaient décorés des emblèmes de la royauté
(10 vendémiaire et 8 brumaire an III). Fourcroy
gémissait de l'ignorance du peuple, se plaignait qu'on
n'apprenait plus à lire ni à écrire; et enfin, Giraud
de l'Aude demandait qu'on s'occupât, trois jours par
décade, de l'instruction publique, jusqu'à son entière
organisation.

Cette organisation, qu'on réclamait avec tant d'in-
stance, que tous les bons esprits appelaient de leurs
vœux, restait à faire. Les lois nombreuses que les
années précédentes avaient vu rendre étaient restées
sans exécution. Toutes les branches des connaissances
humaines, les sciences et les arts, avaient été complètement négligées au milieu de nos jours d'orage,
et le sombre tableau que Fourcroy traçait de notre
ignorance n'était malheureusement pas fantastique.
Cependant, il restait encore des éléments précieux et
suffisants pour reconstituer l'édifice détruit, et donner à la génération naissante l'éducation dont elle
avait besoin; et Chénier, dans un nouveau discours
prononcé au commencement de l'an III, offrait un

tableau rassurant des ressources que présentait encore la France. « Sous le joug sanglant de Robespierre, « qui organisait avec tant de soin l'ignorance et la « barbarie, on a tout fait pour anéantir l'instruction « publique : mais son sommeil n'est pas un sommeil « de mort. Des hommes habiles en tous genres ont « échappé au glaive meurtrier des vandales ; tous ont « gémi, tous ont souffert, mais tous ne sont pas « assassinés. L'harmonieux Lebrun chante encore la « liberté ; le traducteur des *Géorgiques* exerce, dans le « silence, son talent correct et pur ; La Harpe et Ducis « n'ont pas abandonné la scène tragique ; Vien, Re-« naud, Vincent n'ont pas jeté leurs pinceaux ; Gossec, « Méhul, Chérubini, Lesueur n'ont pas brisé leur « lyre ; Houdon, Julien, Pajou tiennent encore en main « le ciseau qui a fait penser le marbre plein du génie « de Voltaire, de Lafontaine, de Pascal [1]. »

Malgré l'espoir que donnait Chénier, la nomencla-ture d'hommes distingués qu'il présentait, ce n'était pas une chose facile que de former, des débris des Universités anciennes, un corps enseignant, uniforme et compacte, et propageant les mêmes doctrines sur toute la surface du territoire. Les malheureux essais tentés jusqu'à ce jour l'avaient prouvé, et ils n'avaient servi qu'à anéantir l'ancien mode, sans en créer un nouveau. L'obstacle le plus grand qui venait s'opposer à l'exécution des plans décrétés, était le manque d'hommes capables de seconder les volontés de la

[1] J. M. CHENIER, OEuvres complètes, VI. *Mélanges politiques.*

Convention. Parmi les instituteurs qui venaient s'offrir, les uns, hors d'état par leur ignorance d'en remplir les fonctions, se trouvaient incapables d'enseigner des connaissances qu'ils ne possédaient pas, et rebutaient leurs élèves; les autres, quoique instruits, étaient repoussés parce que leurs antécédents et leurs doctrines n'offraient pas les garanties qu'on demandait. C'est dans ces circonstances qu'on conçut, pour la première fois, l'idée de la création des *Écoles normales*, ou écoles modèles, destinées à former des instituteurs; conception des plus heureuses et absolument neuve [1], dont l'abbé Grégoire avait déja fait sentir la nécessité et demandé l'établissement.

Ce projet fut attaqué par beaucoup de personnes; on lui reprochait (Lefiot) de commencer l'édifice par le faîte, de limiter les cours à une durée trop peu considérable pour que les auditeurs pussent vraiment y acquérir les talents qu'on voulait leur voir posséder. Ces objections étaient fondées; mais, d'un autre côté, l'état de l'instruction publique exigeait des remèdes prompts et efficaces; on n'avait pas le temps d'attendre, il fallait rapidement former des maîtres que la population attendait partout avec impatience; c'est ce que fit très-bien sentir Lakanal, chargé de la défense du projet. L'orateur, après avoir retracé les efforts des Assemblées Constituante et Législative, rendu hommage aux travaux de Condorcet, et indiqué que le moment n'était pas encore venu d'embrasser, dans un plan unique,

[1] MONTGAILLARD, *Histoire de France*, IV, 296.

l'ensemble de l'instruction publique, s'exprimait ainsi
(3 brumaire an III): « Ce n'est pas au moment où la
« tempête soulève tous les flots que l'architecte naval
« jette les fondements de l'ouvrage qui doit encaisser et
« contenir l'Océan; il attend au moins les derniers siffle-
« ments et les derniers murmures de l'orage. Lorsque,
« du milieu de tant de crises, de tant d'expériences
« morales si nouvelles, il sortait tous les jours de nou-
« velles vérités, comment songer à poser pour l'in-
« struction des principes immuables? Les hommes
« de l'âge le plus mur, les législateurs eux-mêmes,
« devenus les disciples de cette foule d'événements
« qui éclataient à chaque instant comme des phéno-
« mènes, et qui, avec toutes choses, changeaient
« toutes les idées, les législateurs ne pouvaient pas
« se détourner de l'enseignement qu'ils recevaient pour
« en donner à la jeunesse, à l'enfance: ils auraient
« ressemblé à des astronomes, qui, à l'instant où des
« comètes secouent leur chevelure étincelante sur la
« terre, se renfermeraient pour écrire la théorie des
« comètes. C'était une nécessité, c'était une sagesse
« d'attendre la fin de ce grand cours d'observations
« sociales que nos malheurs même avaient ouvert
« devant nous. Le temps, qu'on a appelé le grand
« maître de l'homme; le temps, devenu si fécond en
« leçons terribles et mieux écoutées, devait être, en
« quelque sorte, le professeur unique et universel de
« l'instruction publique.

« Tel a été l'état de la France; mais elle en sort...
« Les événements, qui ne s'arrêtent point, se cal-

« ment. L'Europe se soumet à la puissance de la
« France; la France se soumet à la puissance de la
« raison. C'est le moment de rassembler, dans uu
« plan d'instruction publique digne de vous, digne
« de la patrie et du genre humain, les lumières ac-
« cumulées par les siècles qui nous ont précédés et les
« germes des lumières que doivent acquérir les siècles
« qui nous suivront. »

Le 9 brumaire an III (30 octobre 1794) la loi
fut portée. Une École normale générale fut établie,
à Paris, pour toute la République (art. 1); les
élèves y furent appelés de tous les départements,
dans la proportion d'un pour vingt mille habitants
(art. 2); ils devaient être âgés de vingt-un ans
(art. 3); la durée du cours était de quatre mois au
moins (art. 9); et, de retour dans leurs départements, ils devaient ouvrir des Écoles normales secondaires pour les maîtres qui se destinaient à l'enseï-
ment primaire (art. 11)[1]. Les hommes les plus célèbres furent nommés aux chaires de cette école nouvelle; on la vit, dès sa formation, illustrée par les
talents des Lagrange, Berthollet, Laplace, Garat,
Bernardin de Saint-Pierre, Daubenton, Haüy, Vol-
ney, Sicard, Monge, Thouin, Hallé, La Harpe, etc.;
et les représentants du peuple, chargés de sa surveillance, mirent le sceau à leur ouvrage, en ordonnant
que des sténographes seraient chargés de recueillir les
leçons de tous les professeurs.

---

[1] *Lois et Réglements concernant l'inst. publ.*, I, 2ᵉ partie, 26.

Peu de temps après, fut rendu le décret du 27 brumaire an III, qui établissait des Écoles primaires. Elles étaient divisées en deux sections, l'une pour les garçons, l'autre pour les filles (art. 7), et distribuées à raison d'une pour mille habitants (art. 2); les maîtres seront nommés par le peuple, et approuvés par un jury d'instruction (art. 8); leur salaire sera de douze cents francs pour les hommes et mille francs pour les femmes (art. 19); on apprendra aux élèves à lire et à écrire, la constitution de la République, les éléments de la langue française, les règles du calcul, les éléments de géographie, le recueil des actions héroïques et des chants de triomphe (art. 21); tous les ans des prix leur seront distribués dans la fête de la jeunesse (art. 32).

Ce qui distingue cette loi des précédentes, c'est la liberté laissée à l'éducation : les législateurs de cette époque ne sont plus ces républicains rigides qui voulaient tout égaliser; ils respectent les droits sacrés de la puissance paternelle, et ne contraignent plus les pères de famille à envoyer leurs enfants aux écoles nationales : mais, par un reste de défiance, qui n'est cependant qu'une sage précaution, ils n'admettent aux emplois du gouvernement les jeunes gens qui n'auront pas suivi ces Écoles, qu'autant qu'ils auront subi l'épreuve d'un examen public (art. 35) [1].

Mais ces établissements ne pouvaient pas suffire

[1] *Lois et Réglements concernant l'instruction publique*, I, 2° partie, 31.

aux besoins sans cesse augmentant de la France;
c'étaient des jallons destinés à conduire à un édifice
dont les bases étaient posées, mais qui ne s'élevait
pas encore, et dont tout le monde cependant réclamait l'achèvement. En effet, il arrivait à Paris, de
tous les départements, des adresses pressantes, dans
lesquelles on demandait à grands cris une éducation
supérieure, et déja même, dans plusieurs endroits,
les autorités avaient pris l'initiative, en ouvrant des
Écoles qui aussitôt avaient été remplies. Ce n'était
plus le temps où l'instruction était regardée avec mépris, où des anarchistes ignorants voulaient que personne ne pût s'élever au-dessus d'eux par ses talents
ou ses lumières; leur règne était passé. Les savants,
au contraire, étaient regardés avec bienveillance;
pour eux, l'horizon redevenait calme et serein; et la
raison commençait à reparaître en France, depuis
que son culte avait été détruit. A cette époque, Fourcroy faisait décréter, pour remplacer les facultés de
médecine anéanties, la formation de trois écoles de
santé à Paris, à Montpellier et à Strasbourg (14 frimaire an III). On votait des fonds pour l'entretien
des maisons consacrées aux sourds-muets, depuis long-
temps négligées; sur la proposition de Chénier, on
accordait à l'unanimité des secours à plus de deux
cents hommes de lettres, parmi lesquels on trouve Anquetil, Delille, Ducis, La Harpe, Andrieux, Lacre-
telle, etc. Et, par une faveur toute spéciale, Grégoire,
qui le premier venait de faire entendre à la tribune
le langage inusité de la tolérance religieuse (1er ni-

vose an III), obtenait qu'ils pussent cumuler les traitements des diverses fonctions qu'ils rempliraient dans l'instruction publique [1].

La Convention, comme on voit, était disposée à accueillir les vœux qui se manifestaient de toutes parts : elle s'empressa d'y satisfaire; et, le 7 ventose an III (25 février 1795), les *Écoles centrales*, « pour l'enseigne-« ment des sciences, des lettres et des arts, » furent décrétées. Il y en avait une pour trois cent mille habitants, et il devait y avoir quinze professeurs, chargés d'enseigner les mathématiques, la physique et la chimie expérimentale, l'histoire naturelle, la logique et l'analyse des idées, l'économie politique et la législation, l'histoire philosophique des peuples, l'hygiène, les arts et métiers, la grammaire générale, les belles-lettres, les langues anciennes, les langues vivantes les plus appropriées aux localités, les arts du dessin, l'agriculture et le commerce. Ces écoles étaient au nombre de cent une. Des décrets postérieurs fixèrent leur répartition, en établirent cinq à Paris, pour remplacer les colléges définitivement supprimés; et, pour assurer l'exécution de ces lois, et s'éclairer elle-même sur les améliorations dont elles étaient susceptibles, la Convention, sur la présentation du comité d'instruction publique, fit choix de cinq de ses membres, parmi lesquels on remarque MM. Charles Bailleul et

[1] *Décret du 16 fructidor an III. Lois et Réglements concernant l'instruction publique*, I, 2ᵉ partie, 45.

Jard-Panvilliers, qu'elle chargea de parcourir les départements, et de lui faire part du résultat de leurs observations.

La mission de ces cinq commissaires, les documents qu'ils recueillirent, les nouveaux besoins qu'ils révélèrent, engagèrent l'Assemblée à revenir encore sur les dispositions qu'elle venait de prendre, afin de les rendre plus complètes, et de signaler les derniers instants de son existence par des lois dont la sagesse assurât la durée. Aussi, la vit-on, dans l'espace d'à peine un mois, affranchir les instituteurs publics du service de la garde nationale (5e jour complémentaire an III); réorganiser la bibliothèque royale, oubliée, en quelque sorte, depuis le commencement de la révolution (25 vendémiaire an IV), et la doter d'un fonds annuel de cent quatre-vingt-douze mille francs; et ordonner, sur le rapport de Fourcroy, la formation des *Écoles polytechniques* d'artillerie, du génie, de la marine, des ponts-et-chaussées, de topographie et de navigation (30 vendémiaire an IV).

La Convention, à cette époque, touchait à sa fin : une nouvelle et troisième constitution, dite de l'an III, devait être son dernier ouvrage. Cette constitution, qui modifia la forme trop démocratique du gouvernement, s'était efforcée d'assurer les droits de chacun, de garantir toutes les libertés; et ses rédacteurs, qui tant de fois s'étaient occupés de l'instruction, n'eurent garde de l'oublier dans le dernier monument qu'ils élevèrent.

Un titre entier, composé de six articles, lui fut consacré [1]; et, lorsque la constitution eut été acceptée par
le peuple, M. Daunou, pour compléter les dispositions renfermées dans l'acte constitutionnel, vint, au
nom d'une commission dite des Onze et du comité
d'instruction publique, dont faisaient partie Boissy-
d'Anglas, Grégoire et Chénier, faire à la Convention
un rapport sur l'organisation de l'instruction.

Ce fut le 27 vendémiaire an III (sept jours avant
la clôture de la Convention) que M. Daunou parut
à la tribune. Dans un long et éloquent discours, il rendit hommage aux travaux de Condorcet et de M. de

---

[1] Titre X de la constitution de l'an III. *De l'instruction publique.* Art. 296. Il y a, dans la République, des Écoles primaires où les élèves apprennent à lire, à écrire, les éléments du
calcul et ceux de la morale. La République pourvoit aux frais du
logement des instituteurs préposés à ces Écoles. — Art. 297. Il y
a, dans les diverses parties de la République, des Écoles supérieures aux Écoles primaires, et dont le nombre sera tel, qu'il y
en ait au moins une pour deux départements. — Art. 298. Il y a,
pour toute la République, un Institut national, chargé de recueillir les découvertes, de perfectionner les arts et les sciences.
— Art. 299. Les divers établissements d'instruction publique
n'ont entre eux aucun rapport de subordination, ni de correspondance administrative. — Art. 300. Les citoyens ont le droit de
former des établissements particuliers d'éducation et d'instruction, ainsi que des sociétés libres, pour concourir aux progrès
des sciences, des lettres et des arts. — Art. 301. Il sera établi des
fêtes nationales pour entretenir la fraternité entre les citoyens,
et les attacher à la constitution, à la patrie et aux lois. — *Constitution de l'an III, proposée le 5 fructidor an III.* — Lanjuinais, *Constitutions de tous les peuples,* II, 377.

II.   22

Talleyrand, avoua ce qu'il devait aux judicieuses observations des commissaires qui venaient de parcourir
la France, et traça le tableau des services qu'avait
rendus l'Université ancienne. « Représentants du peu-
« ple, dit-il, les lettres ont suivi, depuis trois années,
« les destinées de la Convention : elles ont gémi avec
« vous sous la tyrannie de Robespierre ; elles montaient
« sur les échafauds avec vos collègues ; et, dans ces
« temps de calamités, le patriotisme et les sciences,
« confondant leurs regrets et leurs larmes, redeman-
« daient aux mêmes tombeaux des victimes également
« chères.

« Après le 9 thermidor, reprenant le pouvoir et la
« liberté, vous en avez consacré le premier usage à la
« consolation, à l'encouragement des arts ; mais au-
« jourd'hui vous devez porter plus loin votre sollici-
« tude ; il ne faut pas que votre mémorable session
« se termine sans que vous ayez organisé ce pouvoir
« moral qui doit servir de complément à ceux que
« vous avez constitués.

« En 1789, l'éducation était vicieuse sans doute,
« mais elle était organisée. Les établissements supé-
« rieurs, tout ce qui formait, pour ainsi dire, le
« sommet de l'instruction, les académies, les sociétés,
« les lycées, les théâtres, avaient honoré la nation
« française aux yeux de tous les peuples cultivés.

« Là, les héritiers, toujours dignes de leurs pré-
« décesseurs, recevaient depuis plus d'un siècle, et
« portaient dignement de génération en génération
« de vastes dépôts de science et de gloire.

« Là, les pensées des grands hommes étaient con-
« tinuées par des grands hommes.

« Là, l'éloquence et la philosophie s'unissaient quel-
« quefois pour jeter au pied des trônes de longs sil-
« lons de lumières à travers l'antique nuit des pré-
« jugés et des erreurs.

« Là, se formait une sorte d'opinion publique qui,
« sans doute, n'était pas toujours pure, et n'avait
« qu'une circulation lente et circonscrite dans un
« étroit espace ; mais on ne pouvait pas dire qu'il n'y
« avait pas d'instruction chez un peuple où l'on com-
« mençait à méditer les écrits de d'Alembert et de
« Condillac, et surtout de l'immortel auteur d'Émile,
« qui semblait avoir été jeté par erreur au milieu de
« nous, comme le représentant des temps antiques et
« de la liberté.

« Voilà ce qu'était, en 1789, l'instruction publique ;
« mais elle était liée par trop de chaînes aux abus
« que vous avez renversés pour qu'elle pût résister
« au choc de la révolution. »

Après avoir examiné rapidement les efforts qu'on
avait infructueusement tentés, depuis six ans, pour
fonder l'éducation nationale, après avoir fait ressortir
les avantages du projet de loi qu'il présentait, les
bienfaits qui devaient en résulter, M. Daunou termine en disant : « Cinq années pleines de tourments,
« de secousses, de sacrifices, sont passées ; et main-
« tenant le besoin le plus universellement senti est,
« sans doute, celui de la bienveillance, du rappro-

22.

« chement, de la réunion, du repos dans le sein des
« passions douces et des sentiments paisibles.

« Or, qui mieux que l'instruction publique exer-
« cera ce ministère de réconciliation générale ? L'in-
« struction n'est-elle pas un centre où doivent se réu-
« nir de toutes parts ceux au moins qui n'ont été
« divisés que par les conseils de la prévention ? Le
« temple des arts n'est-il pas l'asile nécessaire, où
« tous ceux qui sont dignes d'exercer sur leur pays
« une grande influence, doivent s'empresser de se
« réunir ?

« Oui, c'est aux lettres qu'il est réservé de finir
« la révolution qu'elles ont commencée, d'éteindre
« tous les dissentiments, de rétablir la concorde entre
« tous ceux qui les cultivent, et l'on ne peut se dis-
« simuler qu'en France, au dix-huitième siècle et sous
« l'empire des lumières, la paix entre les hommes
« éclairés ne soit le signal de la paix du monde [1]. »

A la suite de ce rapport, fut adoptée la loi du 3
brumaire an IV. Elle était divisée en six titres : le
premier, relatif aux Écoles primaires, offrait quelque
analogie avec la loi de ventose an III ; seulement les
appointements des professeurs n'étaient plus payés
par l'État ; ils devaient recevoir une rétribution annuelle de chacun de leurs élèves (art. 8) ; le second
s'occupait des Écoles centrales, qui devaient être
placées dans les locaux des anciens colléges, et qu'on

---

[1] MONITEUR *des* 3 *et* 4 *brumaire an* IV.

partageait en trois sections, que les élèves devaient graduellement parcourir. On établit également des Écoles spéciales destinées aux sciences morales, politiques et mathématiques, et aux arts; enfin, il y avait par-dessus tout un *Institut national des sciences et des arts*, fondé d'après les conceptions de Condorcet, divisé en trois classes, et composé de cent cinquante membres, qui devaient s'occuper à perfectionner les sciences et les arts par des recherches non interrompues [1].

Tel fut le plan d'éducation par lequel la Convention mit fin à ses travaux : il fut son dernier ouvrage; car, le lendemain (4 brumaire an IV), elle cessa d'exister, et fit place à une nouvelle forme de gouvernement qu'elle-même avait préparée, le gouvernement directorial. Les quatre années qui venaient de s'écouler avaient été fécondes en immenses événements; et la Convention, tour-à-tour opprimante, opprimée et enfin victorieuse, avait constamment travaillé, au milieu même de nos plus violents orages, à des projets d'utilité publique, qui, presque tous, étaient restés sans résultat. L'infatigable comité d'instruction publique faisait retentir sa voix, même au plus fort de la tempête; mais cette voix ne pouvait parvenir à toutes les oreilles attentives à de pressants dangers. Le délire sembla souvent s'emparer de cette assemblée de législateurs; et on les vit, adoptant d'impraticables

---

[1] *Lois et Règlements concernant l'instruction publique*, I, 2ᵉ partie, 45, 46.

théories, s'empresser de sanctionner des décrets qui, par leur nature même, ne pouvaient jamais recevoir d'exécution. Ce ne fut qu'éclairée par l'expérience, ramenée par les conseils d'hommes supérieurs, qu'on la vit progressivement revenir à des principes de liberté et de morale, dont l'application au moins n'était pas impossible. De tous les projets d'éducation qui lui furent soumis, les derniers seuls étaient dignes de la France; ceux-là au moins, s'ils n'étaient pas entièrement exécutés, devaient servir de bases aux perfectionnements qu'on pourrait tenter par la suite; et certes il était permis de bien augurer d'un plan présenté par M. Daunou.

Le Directoire s'empressa, dès son installation, de donner la vie au plan d'instruction publique que lui avait légué la Convention dans sa dernière séance. Le moment était bien choisi; la nation, ébranlée jusqu'alors par les événements qui s'étaient rapidement succédé depuis 89, aspirait au repos. La révolution prenait un nouveau caractère : jusqu'ici elle avait désorganisé ; maintenant elle voulait rétablir. Les degrés supérieurs de l'enseignement étaient les plus faciles à organiser; et bientôt, dès le 1er pluviose de l'an IV, l'Institut, en pleine activité, vit comprendre dans son sein les hommes les plus célèbres en tous genres que renfermait la France, auxquels un décret accorda un traitement de quinze cents francs, décret

qui seul n'a souffert aucune atteinte au milieu de
tous les changements qui devaient encore s'opérer.
Les Écoles spéciales, dont le nombre était restreint, se
formèrent aussi avec assez de promptitude, et l'École
de médecine de Paris surtout, objet de la prédilection
des directeurs, ne tarda pas à donner les plus heureux résultats [1]. Il n'en fut pas de même des Écoles
centrales : c'était, en effet, une chose plus difficile
que l'établissement d'écoles régulières sur toute la
surface du territoire de la République, dont beaucoup
de parties étaient encore agitées par la guerre civile,
ou sourdement remuées par les diverses factions qui
tour-à-tour s'étaient élevées au pouvoir. Dans beaucoup d'endroits, on accueillait avec défiance des
maîtres institués par un gouvernement nouveau, inconnu à la nation, et l'on opposait à leurs efforts
l'indifférence et l'apathie. Dans cet état d'engourdissement moral, l'autorité législative crut devoir prendre des mesures efficaces ; et, pour rattacher autant
que possible les habitants aux écoles nouvelles, en
s'appuyant sur les souvenirs non encore effacés des
anciennes écoles, le Conseil des Anciens, dans sa
séance du 25 messidor an IV (13 juillet 1796), décréta d'*urgence*, sur le rapport de Fourcroy, que les
Écoles centrales, établies dans les divers départements, seraient placées dans les édifices affectés aux
ci-devant colléges, dont une loi postérieure (25 fruc-

---

[1] *Réglement du 4 messidor an* IV. *Lois et Réglements concernant l'instruction publique*, I, 2ᶜ partie, 63.

tidor an v) suspendit la vente [1]. Quant aux Écoles
primaires, excepté dans quelques grandes communes
où elles furent promptement organisées, elles n'exis-
tèrent, comme disait Fabre de l'Aude, que dans les
décrets.

Le peu de succès des moyens employés pour rendre
à l'instruction publique sa splendeur tient au défaut
de suite, d'enchaînement dans les diverses parties du
système alors en vigueur. Les Écoles primaires étaient
bonnes en elles-mêmes; mais en les quittant, les élèves
étaient arrêtés dans leur éducation, parce que le degré suivant (les Écoles centrales) n'offrait pas, avec
les Écoles primaires, cette gradation si nécessaire
pour que l'enseignement soit utile. En effet, les cours
que l'on faisait dans les Écoles centrales étaient au-
dessus de la portée des élèves qui avaient encore besoin, suivant les expressions de M. Bailleul, des secours de la *pédagogie;* et il était indispensable, pour
arriver à de bons résultats, d'établir entre les Écoles
centrales et primaires des Écoles intermédiaires, où
l'on aurait avancé leur instruction. Il ne faut pas
trop accuser le Directoire, si toutes les améliorations
désirées ne furent pas exécutées; sa position était
délicate et difficile. Obligé, à l'extérieur, de faire face
aux efforts d'une coalition étrangère; de comprimer,
à l'intérieur, les tentatives de deux partis opposés,
mais également redoutables, il sut triompher tout

---

[1] *Lois et Réglements concernant l'instruction publique*, I,
2e partie, 81, 84.

à-la-fois de l'ennemi, des jacobins et des royalistes ; mais, pour cela, il avait eu besoin de toutes ses forces, de toute son attention, et il lui avait fallu négliger l'administration intérieure.

Après la journée du 18 fructidor, qui détruisit les espérances qu'avaient pu concevoir les amis de la légitimité, le Directoire, débarrassé de ses ennemis, chercha alors à s'occuper de l'instruction publique. A cet égard, des objets pressants réclamaient ses soins. Le peu de prospérité des Écoles nationales, établies par le gouvernement, avait donné lieu à l'ouverture d'un grand nombre d'écoles ou pensionnats particuliers. Ces maisons étaient rapidement parvenues à un assez haut degré de prospérité, et, dans plusieurs, on inspirait aux élèves des principes monarchiques en opposition avec le gouvernement existant, principes que beaucoup de personnes alors ne redoutaient plus d'exprimer ouvertement. Mais le coup-d'État de fructidor, en décimant par la déportation les conseils des Anciens, des Cinq-Cents et le Directoire lui-même, enleva aux partisans d'un retour vers l'ancien ordre de choses l'appui sur lequel ils comptaient ; et la République, cette fois encore, triompha de la royauté. La révolution, sur le point d'être comprimée, reprit toute son énergie ; le sang ne coula pas, mais les mesures acerbes se succédèrent ; les prêtres et les nobles durent de nouveau abandonner le sol de la patrie. On s'occupa ensuite de combattre l'impression qu'avaient pu laisser les principes des partis vaincus. Dans le conseil des

Cinq-Cents, plusieurs orateurs (Chazal, Garnier de Saintes) s'élevèrent contre ces instituteurs, qui faisaient filtrer dans les veines de la jeunesse le *poison du royalisme*. Le Directoire, excité par ces plaintes, et dans le but d'arrêter, dès sa naissance, un mal qu'il redoutait tant, « considérant que la surveillance « des maisons d'éducation est plus nécessaire que jamais « mais pour arrêter les progrès des principes funestes « qu'une foule d'instituteurs privés s'efforcent d'in- « spirer à leurs élèves, » prit un arrêté (17 pluviose an VI) par lequel il plaça toutes les maisons d'éducation sous l'inspection des administrations municipales ; leur enjoignant de les visiter une fois au moins chaque mois, à des époques imprévues ; d'examiner si on y enseignait les droits de l'homme et la constitution (art. 1er), et leur accordant le droit d'en ordonner, lorsqu'elles le jugeraient nécessaire, la suspension, et même la clôture (art. 3) [1].

Dès avant cette époque, le Directoire avait pris un autre moyen pour faire fleurir l'instruction ; il avait exigé (27 brumaire an VI) que tous les citoyens qui solliciteraient des places dans les administrations publiques justifieraient, s'ils n'étaient pas mariés, qu'ils avaient fréquenté les Écoles nationales ; et, s'ils étaient mariés, qu'ils y envoyaient leurs enfants [2].

---

[1] *Lois et Réglements concernant l'instruction publique*, I, 2e partie, 89.

[2] *Lois et Réglements concernant l'instruction publique*, I, 2e partie, 87.

Mais ce moyen n'avait pas eu tout le succès qu'on en attendait; et malgré les longues discussions qui eurent lieu au conseil des Cinq-Cents, sur la question de savoir si on établirait un degré d'instruction intermédiaire entre les Écoles primaires et centrales, l'éducation de la jeunesse resta dans l'état où elle se trouvait au moment de l'installation du gouvernement directorial.

Cependant, un article de la constitution de l'an III, entre autres qualités, avait exigé qu'à partir de l'an XII on sût lire et écrire pour pouvoir exercer les droits de citoyen. Cet article avait été porté dans un but politique, pour engager tous les Français à suivre les Écoles publiques, et acquérir au moins une éducation élémentaire. Mais les Écoles n'étaient pas encore ouvertes partout, l'an XII approchait, et un grand nombre d'individus étaient menacés, faute d'instruction, de se voir privés d'une qualité qu'ils ambitionnaient. Cette considération importante avait été développée avec force par Portiez, de l'Oise (16 brumaire an VII), qui demanda que, pour remplir les lacunes que tout le monde déplorait dans l'instruction, elle fût mise à l'ordre du jour, et que, dans chaque séance, quelques moments lui fussent consacrés. Cette proposition fut adoptée, et trois jours après (19 brumaire), on entendit un rapport fait par Roger-Martin, sur un nouveau plan d'instruction publique. Il n'y avait pas encore d'Écoles secondaires dans ce projet; mais on avait divisé les Écoles pri-

maires en deux sections, *ordinaires* et *renforcées;*
après elles venaient les Écoles centrales perfectionnées,
puis les lycées au nombre de cinq, ensuite des Écoles
spéciales, et enfin des espèces d'Académies, sous les
noms de Sociétés nationales des sciences, belles-lettres, arts, agriculture, etc., etc.

La discussion s'ouvrit d'abord sur les Écoles primaires. Leur établissement était le besoin le plus universellement senti. C'était la barrière qu'on voulait opposer à l'influence qu'avaient exercée les instituteurs particuliers, dont les républicains de cette époque, effrayés encore de la contre-révolution que le coup-d'État
de fructidor avait empêchée, redoutaient les principes
monarchiques. Des amendements furent présentés en
grand nombre; ils avaient presque tous pour but de
reproduire les idées de Michel Lepelletier, et de demander l'éducation commune. Combattus par Boulay
de la Meurthe et Andrieux, ils furent vivement appuyés
par Duplantier, Bonnaire, Scherlock et Santonax, qui
demandaient la peine de la dégradation civique contre les parents qui cherchaient à soustraire leurs enfants à la surveillance des maîtres républicains [1].

Cette discussion se prolongea jusqu'au 14 floréal
de l'an VII. A cette époque, elle fut ajournée, et ne
devait plus être reprise, du moins sous le gouvernement directorial. Les représentants de la France,
mécontents des directeurs, leur demandaient compte

[1] MONITEUR *du 5 ventose an* VII.

des revers qu'essuyaient nos armées et de la pénurie
de nos finances. Ces graves intérêts occupaient seuls
l'attention du Corps-Législatif, lorsque, lui-même,
se vit enlever tout à-la-fois, par une révolution rapide
et inattendue, son pouvoir et son existence. Un soldat
heureux, inconnu il y avait à peine quatre années,
était devenu, dans ce court espace de temps, la
plus grande renommée de l'époque. Vainqueur de
l'Autrichien, conquérant de l'Italie, Bonaparte avait
reculé au loin les frontières et les principes de la
France. Aux lauriers qui ombrageaient sa tête, il
venait d'ajouter de nouveaux lauriers, et une expédition presque fabuleuse, gigantesque comme les py-
ramides aux pieds desquelles elle s'était passée, l'avait
encore grandi dans l'opinion publique. Bonaparte
avait appris en Orient l'état d'agitation où se trouvait
la République; il jugea sa présence nécessaire, traversa la Méditerranée, débarqua à Fréjus le 17 vendémiaire an VIII (9 octobre 1799), et un mois après,
18 brumaire an VIII (9 novembre 1799), le gouvernement, établi par la constitution de l'an III,
n'existait plus; le Directoire était tombé, et l'heureux
général était devenu, sous le titre modeste de consul,
le maître de la France.

Bonaparte, en saisissant les rênes de l'État, sut
aussitôt imprimer à toutes les parties de l'administra-
ion une action puissante et forte. Il s'annonçait

comme devant combler sans retour l'abyme des révolutions, et donner à la France et à ses institutions
encore chancelantes une stabilité qui leur manquait.
Son génie actif et étendu lui permettait d'embrasser
à-la-fois tous les besoins de la République. En y satisfaisant, il obtenait l'amour de ses concitoyens,
qui venait se joindre à l'enthousiasme et à l'admiration qu'avaient excités ses exploits. Ambitionnant
la gloire de conquérant et celle de législateur, il
voulait compléter l'œuvre de la révolution, en accordant à l'existence intérieure de la nation toutes
les améliorations que l'ancien régime laissait à désirer, et c'était à l'aide de semblables concessions
qu'il espérait lui fermer les yeux sur le peu d'étendue
qu'il devait laisser à la liberté politique. Les premiers
bienfaits de son administration, le retour de l'ordre,
la tolérance religieuse, le rappel des émigrés, l'activité donnée au commerce, changèrent en peu de
temps la face de la République, et la civilisation se
développa d'une manière extraordinaire [1]. Il était
indispensable de seconder ce mouvement, sinon le
pouvoir, débordé par l'esprit public, n'aurait pas
tardé à perdre de sa considération et de son influence.
Il fallait donc offrir, à une génération avide d'apprendre, les aliments dont elle avait besoin. Ce fut ce
dont s'occupa avec promptitude le gouvernement, et
il s'empressa de prendre des mesures provisoires,
mais qu'il devait étendre par la suite à toute la

[1] MIGNET, *Histoire de la Révolution française*, 2ᵉ part., 658.

France; je veux parler de l'organisation du Prytané. Ce nom, emprunté à la Grèce, avait été donné en l'an vi, par François de Neufchâteau, au collége de Louis-le-Grand, qui, depuis la révolution, avait successivement porté les noms d'*Institut central des Boursiers* et de *Collége de l'Égalité*. Lucien Bonaparte, ministre de l'intérieur sous le Consulat, résolut de donner à cet établissement une base plus large, et d'en faire le chef-lieu des colléges qu'il se proposait d'établir, pour remplir les lacunes que présentait l'instruction publique. En conséquence, le 1er germinal an viii (22 mars 1800), il fit décréter un arrêté portant : que le Prytané serait divisé en quatre colléges, placés à Paris, à Fontainebleau, à Versailles et à Saint-Germain. Plus tard, on ajouta un cinquième collége à Bruxelles. Ces colléges étaient destinés principalement aux enfants des militaires morts sur le champ de bataille, qui devaient y recevoir une instruction gratuite. Cependant ils pouvaient prendre des pensionnaires. Les élèves étaient divisés en deux sections, composées des enfants au-dessus et au-dessous de 12 ans. L'instruction était commune à tous dans la première section; dans la seconde, elle variait suivant que les jeunes gens se destinaient à la carrière civile ou militaire. Dans l'une, on faisait apprendre les humanités, la rhétorique, la philosophie; dans l'autre, les sciences mathématiques; à toutes les deux, les langues allemande et anglaise, le dessin, les armes, la danse.

Pendant que le ministre ouvrait ainsi des établis-

sements destinés « à annoncer à la France la réor-
« ganisation des collèges, et qu'on devait multiplier à
« mesure que le nombre des pensionnaires augmen-
« terait [1], » le Corps-Législatif ne restait pas inactif;
il s'efforçait de suppléer au silence que la nouvelle
constitution de l'an VIII, imposée à la France après
le 18 brumaire, avait gardé sur l'instruction publique,
et il entendait des projets d'organisation générale.

Cette fois, ce fut à M. Chaptal à présenter ses idées.
Il classait l'instruction publique en trois degrés, occupés par des Écoles municipales, communales et
spéciales, et desservies par des *maîtres d'écoles*, des
instituteurs et des *professeurs*. Les premières devaient
donner l'instruction élémentaire; les secondes avaient
pour but de remplacer les collèges, et les troisièmes,
dans lesquelles on n'était admis qu'après avoir passé
par le degré inférieur et avoir subi un examen de
capacité, étaient divisées en dix cathégories renfermant les Écoles de médecine, d'art vétérinaire, de
législation, d'agriculture, d'arts mécaniques et chi-
miques, des beaux-arts, de musique, d'histoire naturelle, de littérature et de sciences, de langues vivantes.

Ce rapport fut présenté au Corps-Législatif en
l'an IX, et l'auteur, après avoir réclamé, comme les
plus sages de ses devanciers, la liberté de l'enseignement, repoussait de toutes ses forces l'idée d'un monopole exclusif exercé par le gouvernement, cherchait
à en faire voir les conséquences, et disait : « L'auto-

---

[1] *Lois et Réglements concernant l'inst. publique*, II, 5, 9.

« rité n'a que le droit d'exiger de celui qui exerce la
« profession d'instituteur les obligations qu'elle im-
« pose à tous les citoyens dévoués à une profession
« quelconque; elle a sur lui une surveillance qui doit
« être d'autant plus active, que l'exercice de cette pro-
« fession intéresse plus essentiellement la morale pu-
« blique : là se bornent tous ses pouvoirs..... S'il
« en était autrement, quelles affreuses conséquences
« ne verrions-nous pas en découler? Le gouvernement,
« maître absolu de l'instruction, pourrait, tôt ou tard,
« la diriger au gré de son ambition : ce levier, le plus
« puissant de tous, deviendrait peut-être dans ses
« mains le premier mobile de la servitude. Toute
« émulation serait éteinte; toute pensée libre serait
« un crime; et, peu à peu, l'instruction qui, par sa
« nature, doit éclairer, bientôt dégénérée dans la
« main de quelques instituteurs timides, façonnerait
« toute une génération à l'esclavage. »

De tels principes ne devaient pas être favorablement accueillis. L'homme qui gouvernait alors la
France, mais qui déja fixait des yeux les débris du
trône qu'il se proposait de relever pour s'y asseoir,
voulait bien retirer l'instruction publique du néant,
mais en la faisant servir à ses vues politiques. Il repoussait de l'enseignement toute idée d'indépendance
et de liberté; car ce que veut le consul, général bien
plus que magistrat, dit l'abbé de Montgaillard, c'est
une nation de soldats bons pour étouffer chez nous
tout élan de liberté qui entraverait sa marche ambitieuse, et toujours prêts à détruire les sages institu-

tions des autres peuples. Le projet de loi de M. Chaptal ne pouvait donc convenir à l'ambition de Bonaparte; aussi fut-il négligé, et on chargea Fourcroy d'en préparer un autre, qu'on devait soumettre à la discussion du Corps-Législatif et du Tribunat.

Il semble que ce dernier projet aurait dû différer de tous ceux qu'on avait jusqu'alors présentés, par une amélioration importante pour le moral des élèves, l'introduction de l'éducation religieuse à côté des principes que le législateur traçait pour l'instruction publique. En effet, la France, à cette époque, avait relevé les autels du Dieu de ses pères; les temples, si long-temps fermés, venaient de se rouvrir, et le concordat, œuvre d'une politique habile, venait de rattacher la République à l'Église romaine, dont elle était séparée depuis dix ans. Désormais, on pouvait avouer les sentiments religieux qui remplissaient l'âme; on commençait à reconnaître que la religion est la première des garanties sociales, que son intervention, dans tout ce qui tend à former le cœur de l'homme, peut avoir la plus salutaire influence, et que c'était une calamité publique que de priver la jeunesse de ses bienfaits. « Il est temps, disait devant « le Corps-Législatif le conseiller d'État Portalis, que « les théories se taisent devant les faits. Point d'in- « struction sans éducation, et point d'éducation sans « morale et sans religion. Les professeurs ont enseigné « dans le désert, parce qu'on a proclamé imprudem- « ment qu'il ne fallait pas parler de religion dans les « écoles. L'instruction est nulle depuis dix ans. Il faut

« prendre la religion pour base de l'éducation. Si l'on
« compare ce qu'est l'instruction avec ce qu'elle devrait
« être, on ne peut s'empêcher de gémir sur le sort des
« générations présentes et futures. » Malgré les craintes
exprimées par l'orateur du gouvernement, il ne fut
nullement question, dans le nouveau projet, de l'é-
ducation religieuse de la jeunesse; et ce ne fut que
plus de six mois après (arrêté du 19 frimaire an xi)
qu'on ordonna, pour la première fois, qu'il y aurait
un aumônier dans chaque lycée.

Le projet de Fourcroy, décrété le 11 floréal an x
(1er mai 1802), renfermait quatre séries : les *Écoles
primaires*, dont les maîtres étaient logés par les communes, et rétribués par les parents (art. 3); les
Écoles secondaires; les *Lycées* pour l'enseignement
des langues anciennes, de la rhétorique, de la logique,
de la morale et des sciences mathématiques et physiques (art. 10); ils étaient destinés à remplacer les
Écoles centrales; et enfin les *Écoles spéciales,* établies
au nombre de dix pour le droit, de six pour la médecine (art. 25), etc., etc. Ces divers établissements,
principalement les Écoles secondaires et primaires,
étaient sous la surveillance spéciale des autorités locales; et les établissements particuliers, qu'on regardait comme Écoles secondaires, ne pouvaient pas
s'ouvrir sans une permission du gouvernement.

Six mille quatre cents bourses furent créées dans
les Lycées et les Écoles spéciales pour les enfants des
fonctionnaires publics civils et militaires qui auraient
bien mérité de la patrie, et pour les élèves des Écoles

23.

secondaires qui les auraient obtenues au concours (articles 33 et 34).

Lorsque ce projet fut soumis à la discussion du Corps-Législatif et du Tribunat, plus de vingt orateurs prirent la parole dans ces deux assemblées pour le défendre ou le combattre. On lui reprochait de doter avec luxe et magnificence les Écoles supérieures, accessibles seulement à un petit nombre d'individus, et de laisser sans secours, sans encouragements les Écoles primaires, si utiles pour répandre, dans les campagnes et dans le peuple, les premières notions de l'éducation ; on lui reprochait encore d'apporter des obstacles à la liberté de l'enseignement, en soumettant les Écoles secondaires, pour lesquelles le gouvernement ne faisait rien, à la nécessité d'une autorisation et en les plaçant sous la surveillance particulière des préfets pendant leur existence. Siméon répondit à ces objections sans les réfuter.

Ces critiques s'adressaient à la partie mécanique, pour ainsi dire, de l'instruction : quant à la partie morale et religieuse, nulle voix ne s'était élevée pour la blâmer, lorsque M. Daru, dont le nom est inséparable de tout ce qui est bien et utile, parut à la tribune. Il fit remarquer les lacunes qui existaient à cet égard dans le projet de loi, et chercha à fixer sur elles l'attention du législateur. « Je ne puis donc « voir sans étonnement que le projet de loi sur « l'instruction publique ne fasse aucune mention des « idées de religion à donner aux enfants.

« Je pense qu'une omission si importante détruirait

« les espérances que la loi qui vous est présentée per-
« met de concevoir. Dans l'état actuel de la législa-
« tion, il me paraît impossible de retrancher entière-
« ment la religion de l'instruction publique. Je dis
« plus, j'avoue que, quel que fût l'état de la législa-
« tion, je ne concevrais pas une éducation qui ferait
« abstraction de toutes les idées religieuses.

« Cette omission, je crois l'avoir prouvé, paralyse-
« rait l'instruction elle-même. Elle serait injuste pour
« les enfants, effrayante pour les pères; elle serait
« impolitique, c'est-à-dire dangereuse pour l'État;
« elle doit être réparée par une loi. »

Malgré ces sages observations, le projet ne fut pas
changé; il resta tel qu'il avait été présenté; mais cependant les paroles de M. Daru ne furent pas perdues,
et l'on s'en souvint probablement, lorsque six mois
après, dans le décret portant organisation de l'enseignement, on nomma un aumônier par chaque Lycée.

Fourcroy fut chargé de l'exécution de la loi qu'il
venait de faire rendre. Par ses soins, on vit bientôt se
coordonner toutes les parties que renfermait le vaste
ensemble de l'instruction publique. En peu de temps,
plus de trois cents colléges, près de trente lycées,
s'ouvrirent pour recevoir une jeunesse nombreuse.
Une multitude de réglements, d'arrêtés relatifs aux
Écoles de droit, de médecine, de théologie, aux traitements des professeurs, à l'enseignement et à la discipline des Lycées, des maisons particulières d'éducation, furent rendus et attestèrent ses talents administratifs. Le moment était enfin venu, de procéder

à l'établissement d'institutions stables; il sut habilement en profiter, et c'est à lui que la France doit la
splendeur des Écoles nouvelles.

Tels furent les travaux du gouvernement consulaire
sur l'instruction publique, jusqu'à l'époque où ce
gouvernement devait encore disparaître. Le titre de
premier consul que Bonaparte s'était temporairement
adjugé d'abord, et qu'il avait ensuite rendu perpétuel,
ne suffisait pas à son ambitieuse vanité: il lui fallait
un sceptre, une couronne; il voulait ceindre son front
du diadème des rois. Servi par la fortune, par ses
talents, par son immuable volonté, il marchait depuis
long-temps vers ce but qu'il devait bientôt atteindre.
La nation, éblouie par ses victoires; le Sénat, pros-
terné devant son génie, lui en frayèrent le chemin.
Le 18 mai 1804, après onze années d'existence, la
République, fondée sur tant de sang et de ruines,
s'écroula. Napoléon Bonaparte, élevé sur le pavois, fut
salué du titre d'empereur; et c'est revêtu de cette dignité
imposante que nous le verrons donner à l'instruction
publique une forme à laquelle il imprima le cachet de
sa puissance, et qu'elle conserve encore aujourd'hui.

CONCLUSION.

Empire. — Divers décrets relatifs à l'instruction publique. — Création de l'Université impériale. — But de Bonaparte. — Décrets de 1806 et 1808. — Fourcroy est chargé de leur présentation. — Exposé de l'organisation universitaire. — M. de Fontanes est nommé grand-maître. — Examen rapide de la constitution universitaire. — Quelques mots contre ses détracteurs. — Fragment d'un discours de M. Royer-Collard.

Dès que le sceptre eut été relevé dans les mains de Napoléon, le nouvel empereur s'empressa de continuer l'ouvrage du consul, en s'efforçant de donner à l'éducation de la jeunesse les développements et les améliorations dont elle avait encore besoin. De 1804 à 1806, une multitude de décrets impériaux eurent pour objet de fixer les détails d'administration des établissements d'instruction publique, ou de donner des encouragements à l'essort qu'il voulait faire prendre aux esprits, et que la stabilité de son gouvernement, succédant à quinze ans d'orages, lui permettait de voir réaliser. Des prix décennaux, d'une valeur considérable, furent promis aux auteurs des meilleurs ou-

vrages de science, de littérature et d'arts (11 septembre 1804); les écoles de droit furent régulière-
ment organisées; des récompenses furent accordées
au père de famille qui comptait plus de sept enfants, dans la personne même de ses enfants, dont
l'un était élevé aux frais de l'État (19 janvier 1805);
et des écoles d'arts et métiers, si précieuses pour la
classe populaire, furent établies sur les diverses parties du vaste territoire de la France.

Mais ces bienfaits n'étaient que le prélude des
conceptions plus importantes que Bonaparte méditait
déja à cette époque. Occupé des soins immenses que
lui créait sa propre ambition, il fut obligé d'ajourner
quelque temps ses projets; et ce ne fut qu'après avoir
affermi sa position en Europe; après avoir, dans
l'immortelle campagne de 1805, triomphé de l'Autriche et de la Russie, qu'il put songer à en reprendre l'exécution.

Monarque révolutionnaire, chef d'une dynastie nouvelle, Napoléon devait principalement songer à s'affermir sur le trône qu'il avait construit. Il était important
pour lui d'effacer les souvenirs que l'antique famille
de nos rois avait laissés dans tous les cœurs, ou au
moins d'opposer à leur puissance le dévouement d'une
génération nouvelle, étrangère aux sentiments de la
génération qui l'avait précédée. Cette pensée avait
frappé l'esprit de l'habile conquérant; il résolut de
façonner lui-même, pour ainsi dire, la jeunesse française, afin de s'en faire un jour un appui. Pour
arriver à ce résultat, il fallait s'emparer de l'instruction

publique. Exploitant avec adresse les idées que la crainte d'un retour vers l'ancien ordre avait fait adopter à divers gouvernements révolutionnaires, il partit de ce principe pour arriver à cette conséquence que l'éducation devait être publique et donnée par le gouvernement, appliquant ainsi à son propre intérêt des moyens que l'amour seul de la patrie avait jadis pu faire adopter.

Indépendamment de l'utilité qu'il pouvait en retirer pour ses desseins, Bonaparte, ami des créations gigantesques, fut enivré sans doute de la gloire qui devait résulter pour son nom de la formation d'un corps exclusivement chargé de l'éducation de la jeune France. On peut donc dire, sans crainte de se tromper, que deux motifs principaux déterminèrent l'institution de l'Université impériale; d'abord l'utilité dont elle devait être pour son fondateur, et ensuite la passion qu'il avait pour la gloire.

Ce fut le 10 mai 1806 que fut promulgué le décret portant formation d'une Université pour tout l'Empire. Fourcroy, placé depuis le Consulat, à la tête de l'administration de l'instruction publique, fut chargé de faire agréer au Corps-Législatif le nouveau projet. Loin de s'appuyer sur le besoin de nouvelles réformes, il fit, au contraire, l'éloge des établissements existants, et traça le tableau de leur splendeur; mais, en même temps, il invoqua la nécessité de consolider, au moyen d'un système général d'enseignement, les institutions nouvelles, et d'en lier entre elles les diverses parties. Malgré toute son adresse, il

ne sut pas entièrement cacher le but du gouvernement dans l'adoption de la loi nouvelle. « De quelle impor-
« tance n'est-il pas pour lui, disait-il, de voir croître
« et élever sous ses yeux ces jeunes plantes, l'espoir de
« la patrie; de les réunir dans des enceintes où leur
« culture soit confiée à des mains habiles et pures;
« où le mode d'éducation reconnu pour le meilleur
« joigne à cet avantage celui d'être uniforme pour
« tout l'Empire; de donner les mêmes connaissances,
« d'inculquer les mêmes principes à des individus qui
« doivent vivre dans la même société; ne faire en
« quelque sorte qu'un seul corps, n'avoir qu'un même
« esprit, et concourir au bien public par l'unanimité
« des sentiments et des efforts [1] ! » Ces raisons paru-
rent suffisantes au Corps-Législatif. La proposition fut adoptée, et on ordonna (art. 3) que dans la session de 1810 l'organisation du corps enseignant serait présentée en forme de loi.

Le délai de quatre ans avait paru nécessaire pour préparer l'organisation de l'Université; mais deux ans n'étaient pas encore écoulés que déja cette organi- sation était faite. Elle n'était pas, il est vrai, l'ou- vrage d'une loi; aucune discussion n'avait précédé un acte d'une nature si importante; et, malgré les solennelles promesses faites en 1806, le chef de l'État, réunissant en lui seul tous les pouvoirs législatifs, s'était attribué le droit de donner, sans aucune par-

---

[1] *Recueil de Lois et Réglements sur l'instruction publique. Motifs de la loi présentée*, III, 154.

ticipation quelconque, des lois à la France, sur un objet si intéressant pour elle. Par là, dit un savant écrivain moderne [1], « l'instruction reçut, dès son origine, « l'empreinte des intentions de son fondateur; la po- « litique personnelle de Bonaparte en avait altéré la « nature, l'avait assujettie à des conditions étrangères « à son objet, avait introduit dans son gouvernement « des éléments nuisibles ou inutiles, et s'était efforcé « de convertir en un instrument de despotisme une « institution qui tendait à n'être qu'un foyer de lu- « mières, un principe d'ordre et de régénération. » Un décret annonça à la France, le 17 mars 1808, que le corps enseignant avait enfin reçu son organisation. Fourcroy fut encore le rédacteur de ce nouveau travail, qu'on pourrait appeler la constitution universitaire. Il en fut mal récompensé. Après un temps considérable de peines et de soins, après avoir recommencé plus de vingt-trois fois son projet, sans avoir pu satisfaire les exigences ou les vues de l'empereur [2], Fourcroy, dont les principes républicains portaient ombrage à Bonaparte, et qui refusait de se prêter à la direction militaire que ce dernier voulait imprimer à l'éducation, fut écarté d'une place qu'il considérait comme devant être le prix de ses services; et la dignité de grand-maître de l'Université impériale, conférée à M. de Fontanes, servit à solder

---

[1] GUIZOT, *Essai sur l'histoire et l'état actuel de l'instruction publique en France*, 92.

[2] *Biographie universelle*, article FOURCROY, par M. CUVIER.

l'abnégation politique du président du Corps-Législatif.

Le décret de 1808, qui donna l'existence à l'Université, fut divisé en dix-neuf titres : il attribua spécialement au corps enseignant l'instruction de la jeunesse (art. 1); et nul ne put, à dater de ce moment, ouvrir d'écoles s'il ne faisait partie de ses membres (art. 3). Il divisait l'Université en académies, dont le nombre égalait celui des cours d'appel; et chaque académie était composée de facultés, de lycées, de colléges, d'institutions, de pensions et d'écoles primaires (art. 5).

Il y eut cinq ordres de facultés : les facultés de théologie, de droit, de médecine, des sciences et des arts.

Les grades, dans les diverses facultés, ne purent être obtenus qu'en subissant des examens et des actes publics qui garantissaient la capacité des récipiendaires.

Les rangs des divers employés universitaires furent déterminés ainsi qu'il suit :

RANGS

D'ADMINISTRATION.	D'ENSEIGNEMENT.
1° Le grand-maître.	
2° Le chancelier.	
3° Le trésorier.	
4° Les conseillers à vie.	
5° Les conseillers ordinaires.	

RANGS

D'ADMINISTRATION.	D'ENSEIGNEMENT.
6° Les inspecteurs de l'Université.	
7° Les recteurs des académies.	
8° Les inspecteurs des académies.	
9° Les doyens des facultés.	
10°	Les professeurs des facultés.
11° Les proviseurs ⎫ des lycées.	
12° Les censeurs ⎭	
13°	Les professeurs des lycées.
14° Les principaux des colléges.	
15°	Les agrégés.
16°	Les régents des colléges.
17° Les chefs d'institutions.	
18° Les maîtres de pensions.	
19°	Les maîtres d'études.

Ces emplois ne pouvaient se remplir qu'autant qu'on avait obtenu, dans les diverses facultés, des grades correspondants à la nature des fonctions (art. 31).

Les bases de l'enseignement devaient être les préceptes de la religion catholique, la fidélité à la dynastie régnante, l'obéissance aux statuts du corps enseignant, qui ont pour objet l'uniformité de l'instruction, et qui tendent à former pour l'État des citoyens attachés à leur religion, à leurs pères, à leur patrie, à leur famille (art. 38).

Les membres de l'Université doivent obéissance au grand-maître, qui peut leur imposer des peines disciplinaires, dont la plus forte est la radiation du tableau de l'Université (art. 47).

Toutes les nominations à toutes les places appartiendront au grand-maître, qui seul a le droit de permettre l'ouverture des maisons d'enseignement (art. 54).

Le conseil de l'Université, divisé en cinq sections, est chargé de s'occuper de l'état et du perfectionnement des études, de l'administration et de la police des écoles, de leur comptabilité, du contentieux, et des affaires du sceau de l'Université. Son concours sera aussi nécessaire pour infliger la peine de la radiation du tableau (art. 79).

Des inspecteurs-généraux de l'Université et des inspecteurs d'académie sont chargés de parcourir la France, pour s'assurer de l'état des études dans les divers degrés d'enseignement (art. 90).

Chaque académie est gouvernée par un recteur, sous les ordres immédiats du grand-maître (art. 94).

Les proviseurs, censeurs des lycées, les principaux et régents des colléges, les maîtres d'études, et enfin tous les employés à l'administration sont astreints au célibat et à la vie commune (art. 101). On s'écarte, par cet article, des principes jusqu'alors en vigueur, même dans la loi de l'an x, et par lesquels on exigeait que ces fonctionnaires fussent mariés ou l'eussent été. La prohibition ne fut cependant pas étendue jusqu'aux professeurs ; mais, dans ce cas, ils ne purent loger dans l'intérieur des colléges et lycées.

Le grand-maître, sur la proposition des recteurs,

l'avis des inspecteurs, et après avoir consulté le conseil de l'Université, peut faire fermer les institutions
où il y aurait des abus graves, et où l'on enseignerait
des principes contraires à ceux de l'Université (art.
105).

L'École normale, établie par la Convention, et
que la négligence du gouvernement avait laissé tomber, est rétablie; trois cents jeunes gens, choisis
chaque année dans les lycées par les inspecteurs, y
seront formés à l'art d'enseigner les lettres et les
sciences (art. 110); leur cours d'études devra durer
deux ans (art. 115).

Les fonctionnaires de l'Université, après trente
années d'exercice, sont déclarés émérites, et ont droit
alors à une pension de retraite (art. 123).

L'Université, pour faire face à toutes les charges
qui devaient peser sur elle, fut dotée d'abord de
quatre cent mille francs de rente sur le grand livre
(art. 131) : un décret postérieur (11 décembre 1808)
lui adjugea les biens restés disponibles de tous les
anciens établissements d'instruction publique. Elle
compta encore dans ses revenus les rétributions payées
pour obtenir des grades dans les trois facultés de
théologie, des lettres et des sciences, et le dixième
de celles payées dans les facultés de droit et de médecine (articles 132 et 133); plus un vingtième
sur les prix de la pension de tous les élèves dans
l'étendue de l'Empire; et enfin un droit de sceau pour
les diplômes, brevets, permission d'enseigner, qui
s'élevait, à Paris, jusqu'à six cents francs, et qui

devait être renouvelé tous les dix ans [1] (17 novembre 1808).

Nous avons rapporté en substance les principales dispositions du fameux décret de 1808, qui, aujourd'hui encore, est la loi fondamentale de l'Université. Bonaparte, pour assurer la splendeur de sa création, chercha à l'appuyer sur les talents et les vertus des hommes les plus distingués que possédât la France savante; et l'on vit figurer, parmi les dignitaires de l'Université impériale, des noms recommandables, qui depuis se placèrent au premier rang parmi les défenseurs de la religion et de la légitimité.

Les études, déja florissantes, reçurent une forte impulsion de cette organisation nouvelle. Des destinées brillantes étaient promises aux lycées et aux établissements supérieurs; et le chef de l'instruction publique s'efforçait, par une bonne administration, de soutenir la réputation littéraire dont il jouissait. Des milliers d'élèves affluaient dans les écoles impériales; et leurs portes, qui s'ouvraient pour recevoir les enfants des familles les plus opulentes, n'étaient pas pour cela fermées au fils du citoyen peu fortuné. Des bourses, en grand nombre, furent destinées à récompenser les services des pères, et à donner aux enfants une éducation qui les mît à même d'être un jour utiles à leur patrie. Chaque lycée devait renfermer cent cinquante boursiers; et, par une mesure

[1] *Lois et Réglements concernant l'instruction publique*, IV, 2 et suivantes, 39.

assez sage, une partie de leur entretien fut mis à la charge des départements qui les avaient vus naître[1]. Napoléon, en gratifiant ainsi beaucoup de jeunes gens des bienfaits de l'éducation, s'attachait, par les liens de la reconnaissance, des hommes qui, dans sa pensée, devaient un jour disposer de leur influence et de leurs talents en faveur de celui à qui ils en étaient redevables.

Malgré les vices que l'on pourrait signaler dans l'organisation de l'Université, qui, pour me servir des expressions d'un illustre publiciste, devint, entre les mains du chef de l'État, un instrument de despotisme, cependant, cette conception du génie qui, pendant quinze ans, pesa sur la France, est empreinte de la force qu'il savait donner à tous ses ouvrages. Sans doute, on peut s'élever contre la puissance dont on investissait le Grand-Maître, qui n'était qu'un fantôme derrière lequel se cachait la volonté suprême, et qu'elle pouvait faire disparaître à son gré; sans doute, on peut déplorer l'absence de toute garantie pour les maîtres, dont l'existence dépendait de fonctionnaires amovibles eux-mêmes; sans doute, on peut gémir de voir les établissements particuliers livrés à la merci d'un seul homme, puisque le Grand-Maître avait le droit exorbitant d'ordonner leur fermeture en observant la vaine formalité de consul-

[1] *Décret du 2 mai 1811.* Voyez *Lois et Règlements concernant l'instruction publique;* IV, 291.

II. 24 .

ter un conseil dont il n'était pas tenu de suivre l'avis; sans doute, enfin, il était affligeant de voir des hommes honorables et pleins d'aptitude réduits à l'impossibilité d'être utiles à la jeunesse par le défaut d'autorisation : mais, néanmoins, l'institution, considérée en elle-même, et dégagée des entraves dont on l'avait embarrassée, était susceptible de produire les plus heureux résultats.

Lorsque la fortune eut renversé le trône impérial, mille voix s'élevèrent contre l'Université : tout le monde lui reprocha son origine; et des hommes qui, naguère, s'extasiaient devant la beauté de cet immense édifice intellectuel, maintenant, en haine de son auteur, conspirent à le renverser. Il a bravé leurs impuissants efforts; il est resté debout au milieu de leurs clameurs, et son existence prospère, après quinze ans de restauration, réfute victorieusement leurs sinistres alarmes.

Des plumes éloquentes ont pris soin de défendre le corps qu'on attaquait, et auquel les temps anciens et modernes n'auraient rien de comparable à offrir. Après elles, ma voix ne serait pas entendue : je dirai seulement à ceux qui, dans leur chimérique douleur, s'imaginent que l'Université est un obstacle à l'affermissement du pouvoir royal, et que l'instruction qu'elle donne n'est pas en harmonie avec les principes qui doivent animer tous les bons Français, je leur dirai : Cessez des plaintes imaginaires; la jeunesse aujourd'hui ne peut plus recevoir des principes subversifs de l'ordre et de la tranquillité, car personne ne désire le trouble et les révolutions. Tout ce qui tendrait à nous écarter de nos devoirs serait repoussé avec indignation, et jamais l'Université n'a pu causer de craintes sérieuses aux amis du trône et de nos institutions ; car l'Université c'est le gouvernement lui-même ; c'est lui qui nous dirige dans notre éducation, qui nous fait ce que nous sommes, et j'ai pour garant de mes paroles un homme dont vous ne récuserez pas l'autorité, un puissant orateur, dont le caractère et les talents sont admirés dans les deux mondes, M. Royer-Collard, enfin, qui s'exprimait en ces termes, le 25 février 1817, à la tribune de la Chambre des députés : « L'Université n'est autre chose « que le gouvernement appliqué à la direction uni- « versalle de l'instruction publique, aux colléges des « villes comme à ceux de l'État, aux institutions « particulières comme aux colléges, aux écoles des « campagnes comme aux facultés de théologie, de « droit et de médecine. L'Université a été élevée sur « cette base fondamentale, que l'instruction et l'édu- « cation publique appartiennent à l'État. L'Univer- « sité a donc le monopole de l'éducation, à peu près « comme les tribunaux ont le monopole de la justice, « et l'armée celui de la force publique. »

Je sais que l'éducation de l'enfant, de droit naturel, appartient au père, parce que l'enfant, durant le premier âge, n'appartient qu'à la famille. C'est là un des plus doux et des plus beaux attributs de la

24.

puissance paternelle; mais cette puissance même, que
les anciens décoraient du nom imposant de majesté,
a des limites. L'homme en société contracte des devoirs, et ces devoirs que la société impose pour prix
de la protection qu'elle accorde, doivent être remplis
par tous sans distinction. Si l'enfant appartient à la
famille, le jeune homme appartient à la société; dès
le moment que ses facultés se développent, l'intérêt
public exige qu'on leur donne une bonne direction.
S'inclinant avec raison devant la qualité de père, la
loi n'a voulu apporter aucun obstacle à l'éducation
de l'enfant dans l'intérieur de la famille, et ce religieux ministère peut y être exercé sans avoir à redouter aucune entrave, aucune inquisition. Mais là
devait s'arrêter le respect de la loi pour la puissance
paternelle : plus de condescendance eût été une fai-
blesse. En effet, si, dans l'impossibilité de faire élever
son fils sous ses yeux, le père se repose sur un étranger du soin de le suppléer dans cette tâche, n'est-il
pas à craindre que, abusé par les manœuvres du char-
latanisme, séduit par l'apparence de fausses vertus,
égaré par le prestige de doctrines dangereuses, il
ne fasse un choix non moins funeste à la société qu'à
lui-même? Il est donc nécessaire d'investir les hommes qui se destinent aux importantes fonctions de
l'enseignement public, d'un caractère en quelque
sorte officiel, qui seul soit une garantie de leur savoir, de leur sagesse, et qui les signale à la confiance
des pères de famille. En agissant ainsi, la loi n'a pas

voulu imposer de contrainte, mais seulement pré-
munir contre des dangers. La liberté des parents est
sauve : ils peuvent, dans l'intérieur de leur maison,
faire élever leurs enfants sous l'influence de leurs
principes, de leurs méthodes d'enseignement. Mais,
s'ils veulent leur donner une éducation en commun,
s'ils veulent qu'ils contractent l'habitude des devoirs
qu'ils auront un jour à remplir dans la société, il est
indispensable de les accoutumer de bonne heure à les
connaître, à les respecter. Destinés à devenir citoyens
d'une monarchie constitutionnelle, dans les écoles
dirigées ou surveillées par l'État, ils apprendront à
aimer la forme de leur gouvernement. Au contraire,
il faudrait plaindre la génération nouvelle si, accordant une liberté absolue, on laissait s'élever des
écoles où les doctrines les plus opposées seraient enseignées, où les élèves puiseraient, les uns des principes de républicanisme, les autres de vénération pour
la monarchie absolue, et prépareraient ainsi, dans
leur choc inévitable, de nouveaux malheurs pour
leur pays.

Des améliorations peuvent être introduites ; mais
qu'elles soient le résultat de l'expérience, sanctionnée par le temps. Défions-nous de ceux qui, dans
leur haine des priviléges, ne voudraient peut-être
que se débarrasser de toutes entraves.

Ici est atteint le but que je m'étais proposé. J'ai
montré l'Université à sa naissance, dans sa splendeur,
à sa chute ; j'ai décrit les efforts qu'on avait tentés

pour la remplacer; j'ai indiqué les bases du corps qui s'est élevé à sa place; maintenant, je dois m'arrêter; et je m'estimerai récompensé de mes travaux, si le corps enseignant de la France daigne accueillir cet hommage de reconnaissance et de respect d'un de ses élèves.

CHAPITRE DERNIER.

Quelques idées générales sur la question de la *liberté de l'enseignement secondaire*, à l'occasion du projet de loi présenté à la Chambre des pairs, le 2 février 1844.

..., Avril 1844.

Depuis quinze ans que les pages qui précèdent sont écrites, des faits immenses se sont accomplis dans l'ordre politique, et la Charte de 1830, au nombre des promesses qu'elle faisait à la France, a inscrit l'organisation de l'instruction publique et la liberté de l'enseignement.

Ce sera un titre d'honneur pour le gouvernement de juillet d'avoir pourvu aux lacunes que présentait notre législation à cet égard, et d'avoir doté la France d'un système complet d'enseignement. La loi du 28 juin 1833 sur l'instruction primaire a été le premier acte de cette grande œuvre, et elle a été faite de manière à rassurer toutes les consciences, à satisfaire tous les esprits, car elle s'appuie sur les bases les plus solides qu'on puisse donner aux institutions humaines, la religion et la liberté. Là, pour la première fois, le principe de la libre concurrence a été nettement posé par le législateur, et en même temps qu'il

écrivait sur le frontispice de la loi les deux grands
mots de morale et de religion, il accordait à tous les
Français, sous les garanties que prescrivait la prudence, le droit d'ouvrir une école. Les résultats ne
se sont pas fait attendre : une louable émulation s'est
établie entre tous les ordres d'instituteurs, laïques, ou
appartenant aux congrégations religieuses; ceux-ci,
il importe de le remarquer, n'ont pas hésité à renoncer aux priviléges dont ils jouissaient avant 1830, ils
se sont soumis au droit commun, pour toutes les
épreuves de capacité [1], et l'enseignement primaire
a pris un développement rapide.

La question de la liberté de l'enseignement secondaire reste encore intacte, et, il faut le reconnaître,
elle présente de graves difficultés. En effet, il ne s'agit
plus de créer ; il s'agit de modifier profondément une
institution, dont le nom tant de fois séculaire est
cher à la France, et d'enlever à l'Université, cette
création puissante de l'Empire, ce qu'on appelle le
monopole de l'enseignement; il s'agit d'abandonner
les voies connues, l'unité des études, qui, dans
l'ordre intellectuel et moral, n'a pas donné moins de
force à la patrie, que l'unité administrative ne lui a
donné de puissance, pour se jeter dans les hasards
du libre enseignement. Si la Charte prescrivait cette
épreuve, c'était un devoir pour le gouvernement de

---

[1] *Tableau de l'état actuel de l'instruction primaire en France.
Rapport au Roi du 1er novembre* 1841.

ne l'aborder qu'avec prudence : deux tentatives ont déjà été faites, deux projets de loi ont été présentés aux Chambres dans les sessions de 1836 et 1841, et n'ont amené aucun résultat. Il faut s'applaudir de ces lenteurs : si des esprits impatients et ardents ont porté dans le débat leur irritation et leur colère, cette polémique passionnée a été fertile en utiles enseignements. Comme aux époques réactionnaires de 1815 et de 1829, l'Université a été attaquée avec une violence inouïe. Dans de nombreux écrits, dans certains organes de la presse, dans la chaire même, les accusations les plus odieuses ont été formulées contre ce qu'on appelle « le sanglier universitaire, l'enfer du « monopole, une institution qui, chez l'homme, « double toutes les puissances du mal [1]. »

Le bon sens public, et plus encore la justice du pays [2], ont dignement répondu à ces exagérations. En même temps, dans un document remarquable, M. le Ministre de l'instruction publique mettait sous les yeux du Roi et de la France la preuve de la prospérité constante, de la supériorité des établissements universitaires, et des progrès qu'ils faisaient dans la confiance des familles [3].

[1] *Mémoire adressé aux évêques de France et aux pères de famille, sur la guerre faite à l'Église et à la société par le monopole universitaire.*

[2] *Arrêt de la cour d'assises de la Seine, du 6 mars 1844.*

[3] *Rapport au Roi sur l'instruction secondaire,* par M. Villemain, ministre de l'instruction publique. Mars 1843.

Aujourd'hui, en réclamant la liberté de l'enseignement, le but que certaines personnes se proposent, et
qu'elles ne cherchent plus à dissimuler, est moins de
revendiquer la liberté promise par la Charte, qu'une
liberté absolue, affranchie de toute règle, de toute
surveillance. Ce qu'elles veulent, c'est une indépendance complète, loin des regards de l'État, car l'État
est suspect; l'Université n'est-elle pas dans son sein?
Partie intéressée, par conséquent partiale, son action
doit donc être écartée.

Dans un pays de libre discussion, une telle prétention a pu être produite; mais l'exposer, c'est la juger.
Parmi les libertés dont nous jouissons, en est-il une
seule qui soit sans limites? Toutes n'ont-elles pas été
réglées, modérées par la loi, dans un intérêt bien autrement puissant que l'intérêt individuel, dans l'intérêt public et général?

Si, comme on l'a prétendu, la mission d'élever et
d'instruire la jeunesse n'est plus qu'une industrie,
est-ce à dire pour cela qu'elle uisse être accessible à
tous sans examen, sans garantie; qu elle puisse s'exercer sans entraves, comme lorsqu'il s'agit d'acheter ou
de vendre? Est-ce à dire que la puissance publique
puisse abandonner le droit, et même le devoir de
surveiller l'enseignement, sans s'inquiéter de la moralité ni de la capacité de ceux qui s'y consacrent, et
livrer ainsi les générations futures aux dangers des
théories les plus subversives!

Si de pareilles idées pouvaient prévaloir, c'en serait

fait de la France; de sa puissance, car comment
résisterait-elle aux luttes intestines qui la diviseraient;
de sa supériorité intellectuelle, comment pourrait-
elle se maintenir au niveau des progrès de la science
au milieu d'une telle anarchie?

La liberté de l'enseignement, c'est le droit pour
tous d'instruire la jeunesse, à condition d'en être
digne par ses mœurs, d'en être capable par la science.
Mais cette liberté ne peut être exercée que sous la
surveillance et l'autorité de l'État; mais ce droit ne
peut être conféré qu'à ceux qui réunissent les conditions que l'État impose. Ce sont là les principes
auxquels s'associaient les chambres, lorsque, répondant
cette année même au discours de la couronne, elles
proclamaient : « que l'intervention tutélaire de l'État
« dans l'éducation publique est le besoin de la so-
« ciété¹. » Partie de si haut, cette déclaration est

---

¹ Voici en quels termes s'exprimaient la Chambre des pairs
et la Chambre des députés, dans leur réponse au discours du
trône, au commencement de la session de 1844 :

La Chambre des pairs : « La loi sur l'instruction secondaire
« sera l'objet de nos méditations. La liberté de l'enseignement
« est le vœu de la Charte; l'intervention tutélaire de l'État
« dans l'instruction publique est le besoin de la société. »

La Chambre des députés : « Nous accueillons avec em-
« pressement l'assurance que le projet de loi qui nous sera
« présenté sur l'instruction secondaire, en satisfaisant au vœu
« de la Charte pour la liberté de l'enseignement, maintiendra
« l'autorité et l'action de l'État sur l'éducation publique. »

une sauvegarde : elle indique la nécessité des barrières dont la loi devra déterminer les limites, et dans un pays où la plus vitale des libertés, celle de tout dire, a rencontré des bornes, il n'est plus permis de prétendre qu'on a le droit de tout enseigner.

Il est deux mots qui, depuis 1830, sont en quelque sorte devenus la devise de la France, qui expriment impérieusement nos droits et nos besoins, et qui ne peuvent plus être séparés : ce sont les mots *Ordre, Liberté.* Les idées qu'ils représentent doivent recevoir leur application aussi bien dans le domaine des faits intellectuels, que lorsqu'il s'agit de nos intérêts matériels ou de notre sécurité. L'ordre est l'auxiliaire inséparable de la liberté, il implique la nécessité d'une active surveillance, et sous les regards de l'autorité publique, il doit régner dans tous les établissements consacrés à l'éducation de la jeunesse.

Tel a été le but du projet de loi sur l'enseignement secondaire présenté le 2 février 1844 à la Chambre des pairs; projet qui est devenu le point de départ de tant de prétentions extrêmes, le texte de tant de déclamations amères contre l'Université. Dans l'impossibilité de contester la supériorité de l'enseignement universitaire, on en a attaqué la moralité. La discussion qui se poursuit aujourd'hui, si large et si haute, à la tribune de la Chambre des pairs, a réduit à leur juste valeur ces accusations passionnées, auxquelles les rapports officiels sont venus d'ailleurs donner un démenti formel.

Après quarante années d'existence, après avoir traversé tant de régimes divers, le despotisme de l'empire, les tendances religieuses de la restauration, l'esprit démocratique de 1830, lorsque partout, sur tout, pénètre l'œil de la critique, s'exerce la liberté du langage, n'est-ce pas de tous les reproches celui auquel l'Université devait le moins s'attendre, que celui de ne pas agir dans une direction morale et religieuse [1]? Qui donc pourrait penser qu'au sein d'une grande nation, sous la surveillance et la direction même du gouvernement, on laisserait exister une institution qui, chargée d'élever la jeunesse, ne tiendrait aucun compte des idées morales ni de la religion? Qui donc pourrait le penser, lorsqu'on voit chaque année cette institution se développer et grandir, lorsque l'on voit les pères de famille lui prêter chaque jour un plus ferme appui et lui confier l'éducation de leurs enfants; lorsqu'on lit en tête des lois qui la régissent, que les choses de la religion y seront respectées, honorées, enseignées; lorsqu'on sait enfin que dans tous les établissements qui en dépendent, un ministre des autels a la respectable et sainte mission de faire aimer et comprendre à la jeunesse les vérités éternelles et les mystères du christianisme? Qu'on ne dise donc pas, « qu'un aumônier de collége est une

---

[1] Discours de M. Guizot, ministre des affaires étrangères, à la Chambre des pairs, séance du 25 avril 1844. Voir le *Moniteur* du 26 avril.

« anomalie et un non-sens [1], » puisque, au contraire,
sa présence est un éclatant hommage rendu aux idées
religieuses, et une garantie de la moralité de l'enseignement. Qu'on ne dise pas non plus que l'Université
ne renvoie à la société que des hommes sans principes
et sans foi, car le reproche retomberait de toute sa
puissance sur ceux-là même qui, par leur caractère,
sont spécialement préposés dans les colléges à l'enseignement des matières religieuses.

La bonne éducation de la jeunesse fait les mœurs et la
force de l'État : l'État doit donc s'en préoccuper comme
de l'un des principes essentiels de son existence. Son action doit être incessante, son œil toujours ouvert sur tous
les degrés de l'enseignement, sur les méthodes qui s'y in-
troduisent, sur les hommes qui les appliquent. Ce sont
là des idées politiques devenues vulgaires par leur sim-
plicité même. Qu'on remonte les âges, qu'on interroge
toutes les civilisations, que l'on consulte l'ancien droit
public de la France, et partout, toujours, on verra
les écoles et les maîtres placés sous l'influence immédiate du gouvernement, soumis à sa surveillance, à
ses lois. Ces principes tutélaires ne doivent jamais
être abandonnés : si désormais les promesses de la
Charte, les besoins nouveaux des esprits refusent à
l'État le monopole de l'instruction publique; s'ils
ouvrent la carrière de l'enseignement à tous ceux qui
voudront la parcourir, que ce soit sous la condition

[1] *Mémoire adressé aux évêques de France*, déjà cité.

d'offrir les garanties que l'État offre lui-même : le libre accès, l'exercice d'une profession qui doit avoir, qui a, une si haute influence sur le caractère, sur l'esprit et les mœurs des générations, ne saurait être surveillé avec trop de vigilance et de sévérité. La liberté en pareille matière ne doit jamais être exposée à dégénérer en licence : la sécurité de l'avenir est à ce prix. Que tous ceux qui aspirent à la grave mission d'instruire et d'élever la jeunesse soient soumis aux mêmes épreuves. « La loi, « disait M. Royer-Collard, en 1817, doit donner à « l'instruction, mère des doctrines sociales, son or- « ganisation, ses règles, ses formes [1]. » Que ces règles soient les mêmes pour tous; que tous, sans distinction, soient astreints à passer sous le même niveau; et alors, seulement alors, nous aurons la liberté suivant la Charte, la vraie liberté, c'est-à-dire l'égalité.

Pour l'Université, la concurrence créée par le projet de loi n'a rien qui doive l'affaiblir : fille du siècle, elle saura marcher avec le siècle. Placée entre les écoles du clergé et les établissements privés, elle saura rester à leur tête. Sous l'influence d'un principe nouveau d'émulation et de liberté, elle saura garder sa prééminence dans les lettres comme dans les sciences, et la confiance publique continuera d'être acquise à la grande institution dont les maîtres, pour me

---

[1] Discours de M. Royer-Collard à la Chambre des députés, séance du 25 février 1817.

servir des belles paroles de M. le Ministre de l'instruction publique, ont pris en quelque sorte pour
programme : « de rappeler sans cesse à leurs élèves
« ce qu'ils doivent à Dieu, à leurs parents, à leur pays
« et au roi. »

FIN DU TOME SECOND ET DERNIER.

TABLE

FIN DE LA TABLE DU SECOND ET DERNIER VOLUME.

www.ingramcontent.com/pod-product-compliance
Lightning Source LLC
Chambersburg PA
CBHW072014270326
41928CB00009B/1651